新しい「色」の教科書

神山瑤子 ◆ 楢崎悦子 著

イヴ・ガーデン

C　　N　　E　　H

新紀元社

※本書で使用する用語には、筆者らが独自に名づけたものや、辞書にはない意味を当てられているものもあります。

まえがき

　十代のころに「あなたには、この色が似合います」と言われたときの驚きと感動は、今でも忘れることができません。そのときまでは関心がなかった「色」に対し、興味を覚えた瞬間でした。
　人には似合う色があること、今までは試さなかった色が着られるようになることがおもしろく、それがパーソナルカラー（似合う色）との出合いでした。
　筆者は、長年にわたって「色彩」と「色彩応用」に関する活動を行ってきました。私たちのもとにパーソナルカラーシステムについて学びに来た方々は、似合う色を発見し、その色を身に着けるとめざましく変化しました。衣服が着こなせるようになるだけではなく、本来の自分に目覚め、美しさを発揮したのです。その変化に魅せられた筆者は、さらにパーソナルカラーシステムに深くかかわるようになりました。しかし経験を重ねるにつれて、その効果を実感する一方で、「なぜパーソナルカラー以外は似合わないのだろう」と考え、それらの色を着こなす工夫はないものかと試行錯誤を始めました。
　筆者は、子どものためのアトリエ（就学前から小学校高学年までの幼児・児童が造形に触れる場）を主催した経験があります。その中で、子どもたちが色と形を用いて表現することは、感動、喜び、力、そして自由を獲得することであると知りました。色、形、素材を自由に扱うことには、（大人たちの無粋な評価とは関係なく）純粋な喜びがあります。子どもたちの身体と心の成長が、既成の枠を超える人間の自由さを筆者に教えてくれました。並行して、子どもたちの自由さに対して、大人たちの枠からはみ出さない行儀良さに違和感を覚え、「大人ももっと自由になれる可能性がある」ことを自分自身を含めて考えたのです。
　自然が四季と年月で姿を変えるように、人間も時の流れとともに変化していきます。自由になれない大人が、変化を率直に受け入れられるようになるにはどうしたらいいのだろうか。この問を解決するために大きな力となったのが、自然観察でした。

自然を見つめることで、いろいろなことが理解できるようになりました。絶えず変化して、四季は繰り返す。このような自然の営みは、自由にあふれていながらも、調和を保っています。

　こうした体験、実践、疑問、思考から、パーソナルカラーシステムをもとにして、自然、人間、色、形に思いをめぐらせ、色と形を統合した「CNEH」の法則を発見しました。色に性格があるように形にも性格があり、人に色をコーディネートするように人に形をコーディネートできる、つまり似合う色も似合わない色も衣服に取り入れ、またどんな形（デザイン）でも着こなせることを理論的に理解したのです。

　筆者は今「自分ブランド」という企画に取りかかっています。自分だけの色と個性の衣服を一着だけ、自分のために作ろうというものです。やはり、CNEHを活用しています。CNEHで新たな可能性が広がることを筆者自身の活動の中でも実感しています。

　CNEHを実践する中で、人が実際に変わっていくことを目にしました。CNEHによって、誰もが体験したことのない色、形、柄、素材などによって新たな自己を開花させ、思わぬ自身と出会い、変化できることを確信しています。

　外的なものは内的なものに影響を受け、内的なものは外的なものに影響を受けます。衣服も例外ではなく、外に現れている衣服の色や形は、自分の内面を表しています。人間は、自然と同様に絶えず変化しながら生きています。

　自然の変化とともに、人間が存在していることを、色と形から本書では考察します。また、色や形を適切に用いることで誰もが「変わることができる」ことを提案します。これは、ファッションに限らず、新しいもの、こと、生き方を創造するきっかけとなることでしょう。そのように開花することを心より筆者は期待します。

　本書を上梓するにあたっては、多くの方々のご協力をいただきました。皆様に心より御礼申し上げます。

栖崎悦子

本書の構成

　この本は、「色」と「形」についてイラストや写真をまじえて解説し、衣服をはじめ、生活全般を美しく豊かにコーディネートするための考え方と実用的なノウハウを提供します。

第1章　世界を色で観る
1.1　パーソナルカラー分析と似合う色
1.2　パーソナルカラーと身体の色・形
1.3　似合う色と好きな色
1.4　「色」と食、住

　第1章では、「似合う色」を求めるパーソナルカラーシステムについて解説します。パーソナルカラーシステムは文字どおり、個人個人についてその人の色（その人にふさわしい色、似合う色）を探す手法で、見つかった一群の色をその人のパーソナルカラーとします。ソーシャル、パーソナルのどちらの場面でも、自らが心地良く、他人の目からも心地良いと感じられる色彩の提案を行う仕組みです。また「色」という観点から世界を見つめ直すことで、色彩が衣服だけではなく、食、住とも深くかかわっていることを実感することができるようになります。

第2章　線・形・色を知る

2.1　形の法則

2.2　ラインの法則

2.3　面の法則

2.4　柄の法則

　第2章では、形について考察します。パーソナルカラーシステムはおもに色を対象としています。ここでは、色と深いかかわりのある「形」の性質と色の性質との類似性を分析します。人類の進化とともに、また乳児が誕生してから、どのように人は形を発展させたのか、身体の形が人の感性にどのように影響してきたのか、自然の形、人間による造形物の形を観察することによって、形の本質が見えてきます。なお、人は、形を理知的に、色を感覚的にとらえる傾向があります。

第3章　新しい色の法則を使いこなす

3.1　色の自由な組み合わせ

3.2　CNEHに「色」の法則

3.3　CNEHの各論

3.4　CNEHの実践

　観察によって発見した「形の法則」を、パーソナルカラーの実践から体得・発見した「色の法則」と組み合わせて、筆者らは新しい「色と形の統合理論CNEH」を完成させました。形の性質を色の性質に置き換え、また色の性質を形の性質に置き換えることによって、形を感覚的にとらえ、色を理知的にとらえることができるようになります。ここでは、色と形の統合理論を展開し、すべての場面で「調和」と「調和を破る新しい調和」のために活用できる手法を解説します。

第4章　色の科学
4.1　色の基礎
4.2　色に関するさまざまな現象
4.3　調和論
4.4　配色

　色彩は、ギリシャ時代から哲学の1つの範疇として扱われ、19世紀初頭には高名な文学者であり科学者でもあったゲーテが『色彩論』を表しました。第4章では、ゲーテ以降にも発達をとげた科学としての色彩学について、本書の理解のためにぜひ必要な部分を抜粋して解説します。色や音は人間の感覚を通して「感性」に訴えます。たとえば芸術のような活動は、科学とは縁が浅いと考えられがちですが、科学としてとらえ直すことによって、新たな認識が開けます。

本書で示す色票について

　本書では、パーソナルカラーシステムのカラーパレットをはじめとして、多数の色を、色票、イラストなどさまざまな形で示します。色の数は無限にあり、パーソナルカラーシステムではすべての色を4つ(4シーズン)に分類します。本書ですべての色を掲載することはできないので、代表的な色を解説に合わせて掲載します。なお、色数は無限にありますが、色名の数には限りがあります。同じ色名でも、その色名で表される色はある範囲の中で複数があるということです。

　色票、イラストで示す色は、解説内容について対比がわかりやすいように意図的に選択した色です。したがって、ページによって、同じシーズンでも異なる色が登場することもありますが、それらは本書での分類(パーソナルカラーシステムの分類、本書で提案するCNEHの分類)に則ったものであり、矛盾したものではありません。

目次

まえがき……………………………………………………………………………………3
本書の構成…………………………………………………………………………………5

第1章　世界を色で観る　　11

1.1　パーソナルカラー分析と似合う色……………………………………13
　1.1.1　パーソナルカラー分析の手順　13
　1.1.2　パーソナルカラーのコーディネートの基本　22
　1.1.3　4シーズンの言葉　33

1.2　パーソナルカラーと身体の色・形……………………………………36
　1.2.1　パーソナルカラーと身体色　36
　1.2.2　顔の形とパーソナルカラー　41

1.3　似合う色と好きな色……………………………………………………52
　1.3.1　「似合う」ということ　52
　1.3.2　「好き」ということ　54
　1.3.3　好きな色は似合う色　55

1.4　「色」と食、住…………………………………………………………59
　1.4.1　色を意識する　59
　1.4.2　「色」と食べること　60
　1.4.3　「色」と住むこと　64

第2章　線・形・色を知る　　67

2.1　形の法則…………………………………………………………………69
　2.1.1　子どもの成長と形　69
　2.1.2　形の特性　72
　2.1.3　形と色の組み合わせ　79

2.2 ラインの法則 ──────────────────────────── 86
- 2.2.1　身体のライン　**86**
- 2.2.2　ラインの基本　**100**
- 2.2.3　ラインによる分割　**112**
- 2.2.4　輪郭線　**117**
- 2.2.5　ラインの繰り返し　**122**
- 2.2.6　ラインの心理的働き　**125**
- 2.2.7　ラインによるコンプレックスのカバー　**128**

2.3 面の法則 ──────────────────────────── 139
- 2.3.1　面積比率と印象　**139**
- 2.3.2　明暗比が印象を変える　**145**

2.4 柄の法則 ──────────────────────────── 151
- 2.4.1　柄の見え方　**151**

第3章　新しい色の法則を使いこなす　157

3.1 色の自由な組み合わせ ──────────────────────── 159
- 3.1.1　ベーシックカラーを使ったコーディネート　**159**
- 3.1.2　色による季節表現　**177**
- 3.1.3　色の自由なコーディネート　**179**
- 3.1.4　色の特徴と本質　**186**

3.2 CNEH による「色」の法則 ────────────────────── 192
- 3.2.1　「色」の新しい調和 － CNEH －　**192**
- 3.2.2　CNEH の色と形　**199**

3.3 CNEH の各論 ───────────────────────── 212
- 3.3.1　C の特徴　**212**
- 3.3.2　N の特徴　**215**
- 3.3.3　E の特徴　**218**
- 3.3.4　H の特徴　**220**
- 3.3.5　CNEH を感じる組み合わせ　**223**

3.4　CNEH の実践　230
- 3.4.1　CNEH におけるベーシックカラーの使い方　230
- 3.4.2　柄と CNEH　244
- 3.4.3　CNEH の応用　247

第4章　色の科学　257

4.1　色の基礎　259
- 4.1.1　色相　260
- 4.1.2　混色　264
- 4.1.3　明度、彩度、トーン　267

4.2　色に関するさまざまな現象　271
- 4.2.1　残像現象と色彩対比　271
- 4.2.2　色の感情　277

4.3　調和論　280
- 4.3.1　イッテンの調和論　280
- 4.3.2　ルードの調和論　281
- 4.3.3　ジャッドの調和4原理　281
- 4.3.4　ビレンの色彩調和　282

4.4　配色　284
- 4.4.1　色相配色　285
- 4.4.2　明度配色　289
- 4.4.3　トーン配色　290
- 4.4.4　配色技法　292
- 4.4.5　流行配色　296

付録　色名と色彩体系／色相・トーン・明度ダイアグラム　299
あとがき　304
図書案内　309
索引　311

第1章

世界を色で観る

春、夏、秋、冬、私たちは四季の変化の中で生活しています。
　春には若葉が若々しく芽吹き、花が開きます。梅雨には水分を含んだみずみずしい緑色が目立ち、夏には樹木や野菜は色を濃くします。秋には紅葉と果物が実り、冬には冬枯れの樹木の間の空が冷たく澄みわたり、夜空には冴え冴えと星が輝きます。四季によって移り変わる自然は、色の変化で感じることができます。
　春に花が咲き始めると、人も新たに生まれ変わるような気持ちになります。春の花の代表はたんぽぽやチューリップ、菜の花などがあり、春の花の色の性格には共通性を見出すことができます。チューリップのピンク、黄色、赤など、花びらの色彩と若々しい葉や茎の緑には美しい色の調和を感じます。冬の間、地中でひっそりと育ち、春に一気にエネルギーが吹き出し、喜びあふれるようです。
　梅雨には紫陽花、睡蓮、あやめ、花菖蒲、藤、ラベンダーなどが咲き出し、薄紫、白、青紫、薄いピンクの花の色が涼しげで爽やかな気分を感じさせます。やがて樹木の葉は茂って背を伸ばし、緑の濃い真夏になります。
　秋は実りの季節で、柿、栗、ざくろ、梨などが実をつけます。地中には、さつまいも、じゃがいも、ごぼうが太ります。もみじに代表される紅葉では、赤、黄、オレンジ、渋みのある色が重なり合い、心に彩りを与えてくれているかのようです。
　冬には地面に落ちた実や落葉が茶に変色して大地と同化し、土に帰っていきます。地中の栄養となり、春に向かう準備が始まります。そして、冷たく澄んだ夜空にキラキラと星が輝くとき、地中では春に向けて新しいエネルギーが誕生しています。冷たく身が引き締まる冬を感じさせる濃紺の夜空と星の黄、椿のピンクや赤、葉の深い緑といった、コントラストの美しさと透明感を感じさせる色が際立ちます。

1.1 パーソナルカラー分析と似合う色

　四季のいろいろな自然の色と表情を観察して、それを人間に当てはめ、自然の色彩の調和をファッションに取り入れたのがパーソナルカラーシステムです。

　20世紀に米国で発祥したといわれるパーソナルカラーシステムは、その人本来の肌の色や眼の色（瞳孔と虹彩の色、いわゆる「黒眼」の色のこと）、髪の色などに調和する色を分析し、似合う色を選び、身にまとう衣服全体のカラーコーディネートへ発展させる理論と方法です。人それぞれの個性を考慮して、その人の雰囲気に合ったイメージ創りを目指します。その人に似合い、その人を引き立てる色が「パーソナルカラー」です。

　パーソナルカラーシステムの起源については、ヨハネス・イッテンの主観色、ロバート・ドアのブルー＆イエローアンダートーンによる調和論など諸説があります。

1.1.1 パーソナルカラー分析の手順

パーソナルカラー分析で似合う色を見つける

　「似合う色（パーソナルカラー）」の衣服を身に着けると、良い変化が現れます。似合う色は、その人の良い点を引き出し、個性が自然に表出します。その効果は本人に良い影響を及ぼすばかりではなく、周囲の人にも心地良い影響を与えます。そして、良いコミュニケーションが行えるようになります。

　パーソナルカラー分析を受けた人は、似合う色と語り合うようになります。似合う色との対話の繰り返しが本人の自信に結びつき、それまでの決まりきった色使いやコーディネートのファッションから抜け出し、いろいろな自己の演出が可能となります。

　似合う色を身に着けることによって、多くの美点が発生します。性別によって異なりますが、ここでは女性の例をいくつかあげてみます。

まず、人の身体色（肌の色や眼の色、髪の色などを総じて身体色という）の中でもっとも重要な顔の肌の色が、似合う色の衣服を身に着けることによって綺麗に見えます。艶感や透明感が出て、色白に見えます。また、似合う色により顔の形態の見え方などにも変化が出ます。顔をより小顔に見せるなど、リフトアップされたように見えます。

　このようにパーソナルカラー分析で見つけた似合う色を活かすことは、人の個性を充実させます。

　パーソナルカラーシステムでは、私たちが認識できる色を4つのグループに分類します。4分類された各グループの名称は「スプリング(SP)」「サマー(SU)」「オータム（A）」「ウィンター（W）」です（かっこ内は略記に用いる頭文字）。このグループを総称して「4シーズン」といいます。なお、4分類をさらに分類して、8分類や12分類などとしたパーソナルカラーシステムもあります。

2つのアンダートーンと4シーズンのカラーパレット

　パーソナルカラーシステムでは、色はイエローベースまたはブルーベースのどちらかのアンダートーンを持つとしています。アンダートーンとは、各色に含まれており、その色のベースとなっている色み（色の片寄りのこと）のことです。アンダートーンのことをベースカラー（基調色）ともいいます。

　イエローベースの色は「アンダートーンに黄みを感じる」、つまり色に黄が

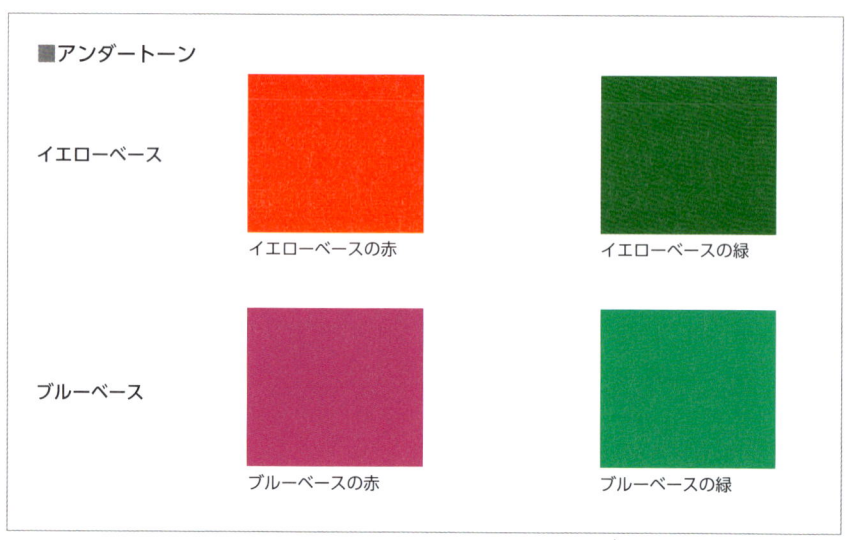

混色されている色のグループです。ブルーベースの色は「アンダートーンに青みを感じる」、つまり青が混色されている色のグループです。アンダートーンが「イエロー」か「ブルー」かが、パーソナルカラーにとってもっとも大切な要素です。

イエローベースとブルーベースをさらに2種類に分け、4分類したそれぞれに四季の名前を当てはめたものがパーソナルカラーの4分類です。

パーソナルカラーシステムの派生系である6分類法、8分類法、12分類法においても、基本は同じです。

パーソナルカラー分析は第三者が行う

パーソナルカラー分析では、分析を行う人（パーソナルカラリスト、カラー分析者という）が分析を受ける人（被分析者）を観察して、4シーズンのどれかに当てはめていきます。第三者であるパーソナルカラリストを通して身体色に調和する色を選択するので、分析される人は客観的に色と向き合うことができます。単に好みや感覚で色を選択するのとは、この点で大きく異なります。

自分の身体色に調和する色を客観的に見ることで、調和する色が顔映りにどのように影響を及ぼし、それがどれだけその人の印象を変えるか、具体的に観察することができるようになります。また、調和する色を検討する過程を体験することで、結果として得た自分の身体色に調和する色は、その人にとって「似合う色（パーソナルカラー）」であることがはっきりと理解できます。

具体的には、本人の身体色とドレープ（色布、つまり分析に用いるいろいろな色相の布。色相は赤、黄、青など一般にいう色のこと）の色を、鏡を通して比較し、調和する色を探します。これがパーソナルカラー分析（診断）です。

一般にパーソナルカラー分析では、数十色ほどのドレープを使用します。分析に用いるドレープは、4シーズンの特徴をよく表す色で構成されています。パーソナルカラー分析を行う際に、顔の肌の色の変化がもっとも現れやすいようにドレープの色は選択されています。

パーソナルカラー分析の結果を活かす

パーソナルカラーシステムでは、4シーズンそれぞれに「似合う色」がカラーパレットとして用意されています。パーソナルカラリストは、分析される人に適合するカラーパレットに基づいてコーディネートのアドバイスを行います。分析を受けた人は、今まで気づかなかった色にも似合う色があることを理解し、

■ 4シーズンのドレープ

使える色が増え、その結果として使える色の組み合わせも大きく増えます。
　パーソナルカラリストは、誰でもできるコーディネート方法をアドバイスすることが求められています。その結果、自分で頭から足元まで全体のコーディネートができるようになり、本人にも本人以外の人にも満足の行く自然で心地良い印象が完成します。
　パーソナルカラー分析の結果に基づいて、メイクアップカラー、ヘアカラー、ヘアスタイルのアドバイスを行うこともできます。なお、伝統的なパーソナルカラーシステムでは「形」のことは分析・コーディネートの対象としませんが、じつは形とも深い関係があります。この点については後述します。

4シーズンのカラーパレットで色の組み合わせを見つける

　パーソナルカラー分析の結果がスプリングタイプである人（しばしば「スプリングの人」のように略される）は、スプリングカラーが似合うので、スプリングの色が提示されているカラーパレット（スプリングのカラーパレット）の色を使って衣服などの色の組み合わせを考えます。1つのカラーパレットに含まれる色は、どのように組み合わせても調和するようにできています。その理由は、

色みのベースが同じである、トーンが類似関係にあるなど、各色に共通点があるからです。

また、白、黒、グレー、紺、茶、ベージュといった無彩色、あるいは有彩色であっても色相の表情が少ない基本的な色をベーシックカラーといいます。ベーシックカラーにも細かいニュアンスの色みがあり、4シーズンの各カラーパレットでは調和がとれる色みのベーシックカラーが選択されています。つまり、1つのカラーパレット内の色を使えば、誰にでも容易に一定水準以上のコーディネートができるということです。

なお、各シーズンのカラーパレットに含まれる色のうち、代表色を18ページ〜19ページに示してあります。

ベースカラーを基本とするパーソナルカラー分析の手順

パーソナルカラー分析の手順には複数あり、その1つがベースカラーを基本とする手順です。パーソナルカラー分析を受ける人の肌の色や眼の色などとドレープ（だいたい5色相）の色を同時に見比べていきます。最初にベースカラー（イエローベースまたはブルーベース）を探します。次に同じベースカラー同士（例：スプリングとオータム）を比較し、最終的に1つのシーズンに絞っていきます。ドレープの色は通常、赤系、ピンク系（オレンジも含む）、黄系、緑系、青系の色すべてを使います。ブルーベースであるか、イエローベースであるかを、ドレープを当てて判定します。

具体的には、20ページの図にあるように、顔の下（首の付け根あたり）に、イエローベースのシーズン（オータムかスプリング）のどちらか一方の色と、ブルーベース（サマーかウィンター）のどちらか一方の色のドレープを当てて比較します。たとえばスプリングの赤とサマーの赤のドレープを交互に胸元に当て、色による変化を見逃すことなく、調和感（調和するかしないか）を観察します。スプリングの赤のドレープを当てると、肌の色や顔の骨格などはどう見えるか、次にサマーの赤のドレープを当てるとどう見えるか、2つを比較して、調和感を判定します。

ほかの色でも同様に、スプリングの黄とサマーの黄、スプリングの緑とサマーの緑というように比較を繰り返します。なお、図の例でははじめに赤同士の比較から始めていますが、始める色は任意です。

2つのシーズンのうち、より調和しているシーズンが選択できたら、残りの2つのシーズン（オータム／ウィンター）を同じようにすべての色で比較してい

■ 4シーズンのカラーパレット（代表色）

スプリングカラー

サマーカラー

オータムカラー

ウィンターカラー

1.1 パーソナルカラー分析と似合う色

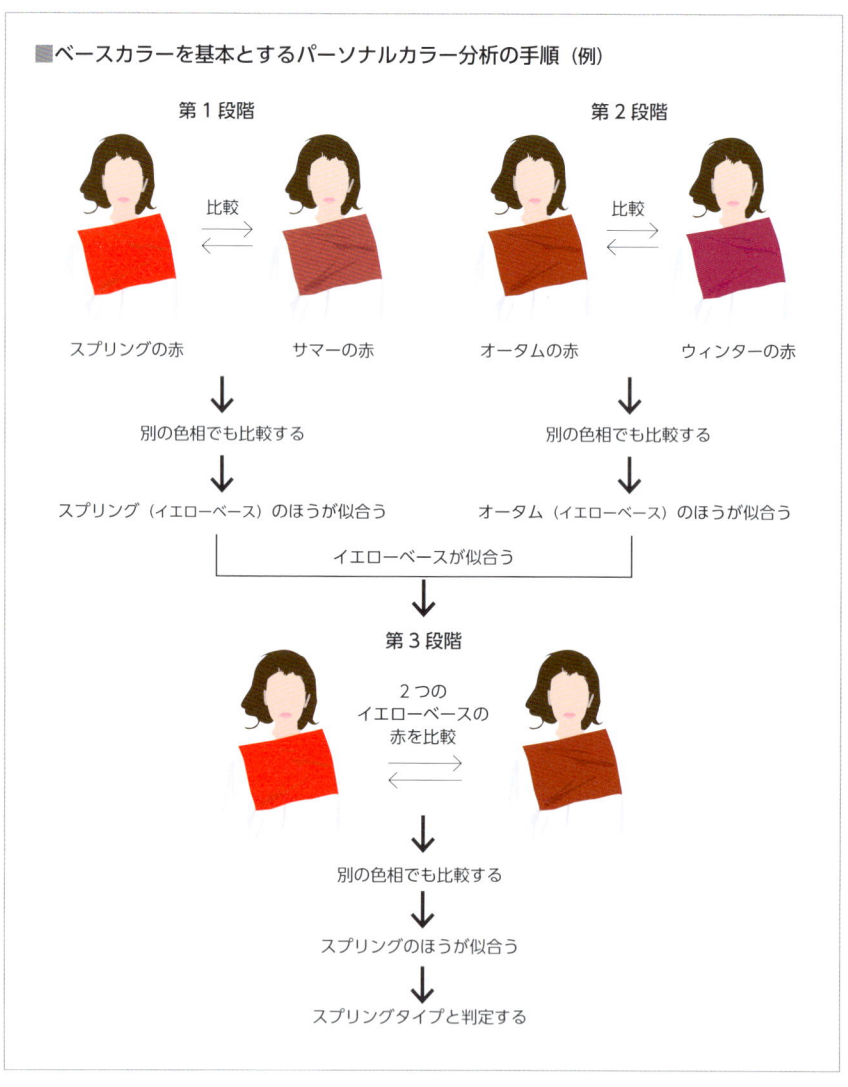

きます。最初のスプリング／サマーの比較からスプリングがより似合う、次のオータム／ウィンターではオータムがより似合うとなると、ベースカラーが決定されます。2段階でベースカラーが決定されない場合は組み合わせを変え、繰り返し分析します。イエローベースが似合うと判定されたら、最終的にイエローベース同士のスプリング／オータムの比較をします。スプリングのほうがより似合うとされれば、スプリングがベストなシーズンと判定されます。

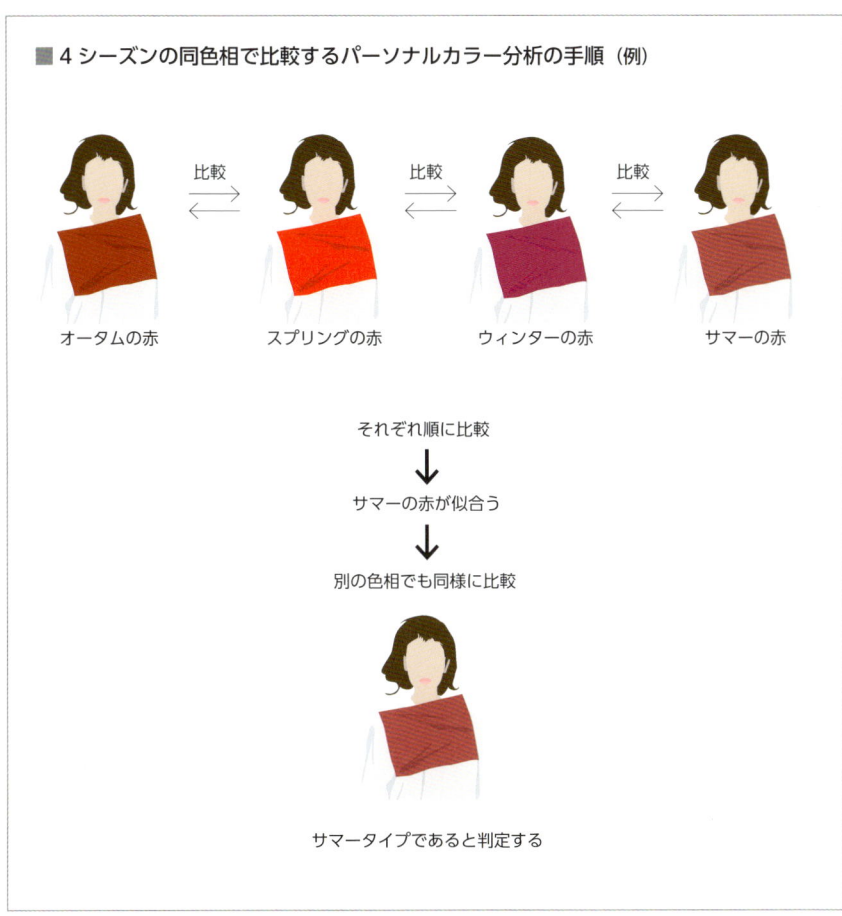

4シーズンの同色相で比較するパーソナルカラー分析の手順

　スプリング、オータム、サマー、ウィンターの4シーズンの同色相で比較分析する方法もあります。色相は前述のベースカラーから始める手順と同じように5色相程度で、赤系、ピンク系（オレンジも含む）、黄系、緑系、青系を使用します。

　どのシーズンのドレープから始めるかについては、決定的な順序はありませんが、経験と直感から「似合わない、調和しない」と思われる色から始めるのがよいでしょう。つまり、該当するシーズンを予想し、もっとも該当しないと思われるシーズンから開始します。似合わないと思われるシーズンから始める理由は、パーソナルカラー分析を受ける人が「だんだんと似合う色になる」こ

とを実感でき、またそのことを納得しやすいからです。

　例をあげながら手順を説明します。サマータイプと予想した人にとっては、オータムの色はどれも肌の色をくすませたり、濁らせたりします。まず、あまり調和しないとされるオータムの赤のドレープを胸元に当てて肌の色、顔の骨格などの調和を見ます。次にスプリング、そしてブルーベースへ移りウィンターの赤、最後にサマーの赤を当ててそれぞれの調和感を検討します。不明感があったり、迷いがあったら、再度ドレープを当てて比較を繰り返します。最終的にどのシーズンの赤がもっとも調和する色なのかを判断します。

　続けて、色相を変えて（ここでは緑とする）同じ順番でドレープを当てていきます。オータムの緑、次にスプリングの緑、さらにウィンターの緑、サマーの緑と続けてドレープを当てて同じように検討します。

　その他の色相についても同じように繰り返し分析します。比較検討の結果として、似合う色にサマーの色相が多ければ、サマーがベストなシーズンと判定されます。

1.1.2　パーソナルカラーのコーディネートの基本

　パーソナルカラーシステムで使用する4シーズンの呼び方は、四季のある地域に生活する人にとってはとてもわかりやすいといえます。

　パーソナルカラーシステムは、自然界における色の調和をパーソナルカラーに重ね合わせて「調和」を考えています。パーソナルカラーによるコーディネートの基本は、4シーズンのカラーパレットに含まれる色同士の組み合わせです。各シーズンのカラーパレットには、各シーズンタイプに似合う色が配され、各色相がカバーされています。色相、明度、彩度、トーン（色相、明度、彩度、トーンについては第4章を参照）に片寄りがありますが、代表的なシーズンの特徴が取り入れられています。パーソナルカラー分析の結果に対応したカラーパレットに含まれる色を使えば、誰でも失敗なくコーディネートできるシステムです。

　シーズンごとのカラーパレットに配されたカラーグループは、次のような特徴を持ちます。また、あわせてシーズンのイメージを表す言葉を示してあります。これは、単に色と色を組み合わせるのではなく、結果をイメージしながらコーディネートすることが大切だからです。言葉をもとにイメージを明確にしてコーディネートしたいものです。

スプリングカラーの特徴

　スプリングカラーは、春の季節を感じさせる色合いのカラーグループです（25ページの表参照）。このグループに属する色は、クリア（濁りがない）で明るく、暖かみを感じさせます。アンダートーンはイエローベースです。スプリングカラーの明度は中明度～高明度、彩度も中彩度～高彩度です。

スプリングの言葉とイメージ

　スプリングの色や季節感は、明るい、かわいい、軽快、元気、楽しい、若々しい、愛らしいなどの言葉で表現できます。スプリングのカラーパレットでカラーコーディネートを行うとこのようなイメージが完成します。

　パーソナルカラー分析でスプリングタイプと判定された人は、上記のような色や言葉で表されるように、かわいい、明るい、楽しい、若々しいといった性質と印象を潜在的に持っています。代表的なスプリングカラーであるピンクや黄、ベージュなどの色合いをまとうと、その印象がさらに引き立ちます。

　「スプリング」というと誰でも思い浮かべる言葉を、春の自然（植物など）、それらから連想する色やイメージに分けて、パーソナルカラー分析、それに基づくコーディネートのアドバイス、自分で行うコーディネートに役立つトータルイメージとして図（29ページ上）に示しました。

オータムカラーの特徴

　オータムカラーは、秋の季節を感じさせる色合いのカラーグループです（26ページの表参照）。このグループに属する色は、暖かみのある落ち着いた色でナチュラルさを感じさせます。アンダートーンはイエローベースです。オータムカラーの明度は低明度～中明度、彩度も低彩度～中彩度です。

オータムの言葉とイメージ

　オータムの色や季節感は、落ち着いた、自然な、大人の、粋な、シックなどの言葉で表現できます。オータムのカラーパレットでカラーコーディネートを行うとこのようなイメージが完成します。

　パーソナルカラー分析でオータムタイプと判定された人は、上記のような色や言葉で表されるように、大人の雰囲気を持っています。オータムカラーのシックな色合いをまとうと、粋で洗練されたイメージがさらに引き立ちます。

　「オータム」というと誰でも思い浮かべる言葉を、秋の自然（植物など）、そ

れらから連想する色やイメージに分けて、パーソナルカラー分析、それに基づくコーディネートのアドバイス、自分で行うコーディネートに役立つトータルイメージとして図（29ページ下）に示しました。

サマーカラーの特徴

　サマーカラーは、夏の季節に求められる涼しさを思わせる色合いのカラーグループです（27ページの表参照）。このグループに属する色は、ソフトで、爽やかさやみずみずしさを感じさせます。また、パステル調で柔らかな印象の色です。アンダートーンはブルーベースです。サマーカラーの明度は中明度～高明度、彩度は低彩度～中彩度です。

サマーの言葉とイメージ

　サマーの色や季節感は、エレガント、優しい、優雅な、爽やかな、ソフトなどの言葉で表現できます。サマーのカラーパレットでカラーコーディネートを行うとこのようなイメージが完成します。

　パーソナルカラー分析でサマータイプと判定された人は、上記のような色や言葉で表されるように、涼やかで優雅な雰囲気を持ちます。サマーカラーのソフトで優しい色合いをまとうと、エレガントな印象がさらに引き立ちます。

　「サマー」というと誰でも思い浮かべる言葉を、夏の自然（植物など）、それらから連想する色やイメージに分けて、パーソナルカラー分析、それに基づくコーディネートのアドバイス、自分で行うコーディネートに役立つトータルイメージとして図（30ページ上）に示しました。

ウィンターカラーの特徴

　ウィンターカラーは、冬の季節を感じさせるカラーグループです（28ページの表参照）。このグループに属する色は、コントラストのあるクールさとクリアさ（濁りのなさ）を感じさせます。アンダートーンはブルーベースです。ウィンターカラーの明度は低明度または高明度、彩度も低彩度または高彩度です。

ウィンターの言葉とイメージ

　ウィンターの色や季節感は、知的な、澄んだ、ピュア、クール、モダン、シャープなどの言葉で表現できます。ウィンターのカラーパレットでカラーコーディネートを行うと、このようなイメージが完成します。

■スプリングの有彩色とベーシックカラー

代表的な色		特徴
赤		・黄み寄りの赤 ・バーミリオンが代表的
ピンク		・黄み寄りのピンク ・カーネーションピンクが代表的
オレンジ		・明るいオレンジ ・サンオレンジが代表的
黄		・広範囲の黄 ・サフランイエロー（たまご色）が代表的
緑		・明るい黄緑 ・若葉色が代表的
青		・ターコイズ系の青 ・ターコイズブルーが代表的
紫		・クリアな紫色 ・ベルフラワーが代表的

ベーシックカラー

ベージュ		・スプリングの代表的なベーシックカラー
茶		・明度が高くクリアな茶
グレー		・明るめのグレー
紺		・明るく、クリア感のある紺
白		・ソフトな白
黒		・艶感のある黒

第1章 世界を色で観る

1.1 パーソナルカラー分析と似合う色

■オータムの有彩色とベーシックカラー

代表的な色		特徴
赤		・オレンジに近い赤 ・ラッカーレッドが代表的
ピンク		・オレンジ寄りのピンク ・サーモンピンクが代表的
オレンジ		・広範囲のオレンジ ・みかん色が代表的
黄		・明度が低めの黄 ・ゴールドが代表的
緑		・広範囲の緑 ・抹茶色が代表的
青		・青緑寄りの青 ・ダックブルーが代表的
紫		・濃い紫 ・江戸紫が代表的

ベーシックカラー

茶		・オータムの代表的なベーシックカラー
ベージュ		・広範囲のベージュ
グレー		・緑みや赤みなどを含むグレー
紺		・黄み、赤み、緑みを含む紺
白		・ソフトな白〜生成りの白
黒		・マットな黒

■サマーの有彩色とベーシックカラー

代表的な色		特徴
赤		・紫みのソフトな赤 ・ローズレッドが代表的
ピンク		・紫みのピンク ・ローズピンクが代表的
黄		・明るい緑みの黄 ・ライムライト（ソフトレモン色）が代表的
緑		・青みの緑 ・アクアマリンが代表的
青		・広範囲のソフトな青 ・ヒヤシンス（ライトブルー）が代表的
紫		・広範囲の紫 ・ラベンダーが代表的

ベーシックカラー

グレー		・サマーの代表的なベーシックカラー
ベージュ		・ローズ系のベージュ
茶		・ローズ系の茶
紺		・広範囲の紺
白		・ソフトな白
黒		・広範囲の黒

1.1 パーソナルカラー分析と似合う色

■ウィンターの有彩色とベーシックカラー

代表的な色		特徴
赤		・紫みの赤 ・ルビーが代表的
ピンク		・紫みのピンク ・フクシアが代表的
黄		・緑みの黄 ・レモンイエローが代表的
緑		・緑〜青緑 ・マラカイトグリーンが代表的
青		・広範囲の青 ・ロイヤルブルーが代表的
紫		・青みの紫 ・ビクトリアバイオレットが代表的
ベーシックカラー		
黒		・ウィンターの代表的なベーシックカラー
白		・ウィンターの代表的なベーシックカラー
茶		・明度が低いクリアな茶
グレー		・広範囲のグレー
紺		・明度が低い紺

■スプリングのトータルイメージ

春の季節

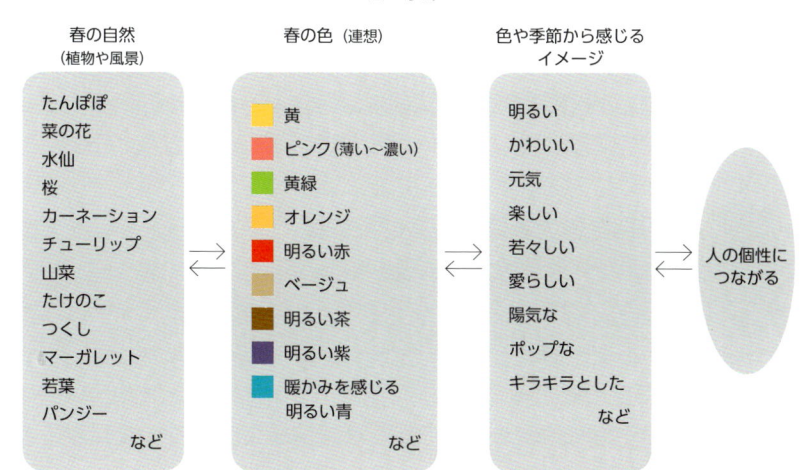

春の自然（植物や風景）
- たんぽぽ
- 菜の花
- 水仙
- 桜
- カーネーション
- チューリップ
- 山菜
- たけのこ
- つくし
- マーガレット
- 若葉
- パンジー

など

⇄

春の色（連想）
- 黄
- ピンク（薄い〜濃い）
- 黄緑
- オレンジ
- 明るい赤
- ベージュ
- 明るい茶
- 明るい紫
- 暖かみを感じる明るい青

など

⇄

色や季節から感じるイメージ
- 明るい
- かわいい
- 元気
- 楽しい
- 若々しい
- 愛らしい
- 陽気な
- ポップな
- キラキラとした

など

⇄ 人の個性につながる

春の色が似合う人は春のイメージにつながり、そして個性につながる
（このような個性やイメージを持っている人はこれらの色が似合ってくる）

■オータムのトータルイメージ

秋の季節

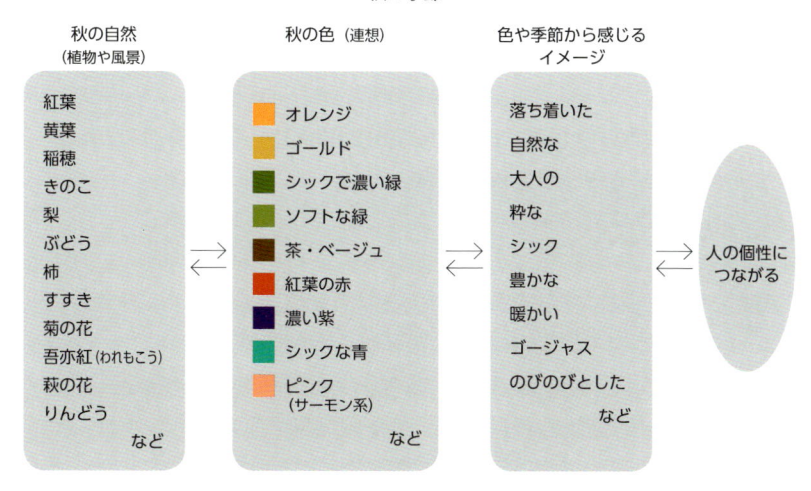

秋の自然（植物や風景）
- 紅葉
- 黄葉
- 稲穂
- きのこ
- 梨
- ぶどう
- 柿
- すすき
- 菊の花
- 吾亦紅（われもこう）
- 萩の花
- りんどう

など

⇄

秋の色（連想）
- オレンジ
- ゴールド
- シックで濃い緑
- ソフトな緑
- 茶・ベージュ
- 紅葉の赤
- 濃い紫
- シックな青
- ピンク（サーモン系）

など

⇄

色や季節から感じるイメージ
- 落ち着いた
- 自然な
- 大人の
- 粋な
- シック
- 豊かな
- 暖かい
- ゴージャス
- のびのびとした

など

⇄ 人の個性につながる

秋の色が似合う人は秋のイメージにつながり、そして個性につながる
（このような個性やイメージを持っている人はこれらの色が似合ってくる）

■サマーのトータルイメージ

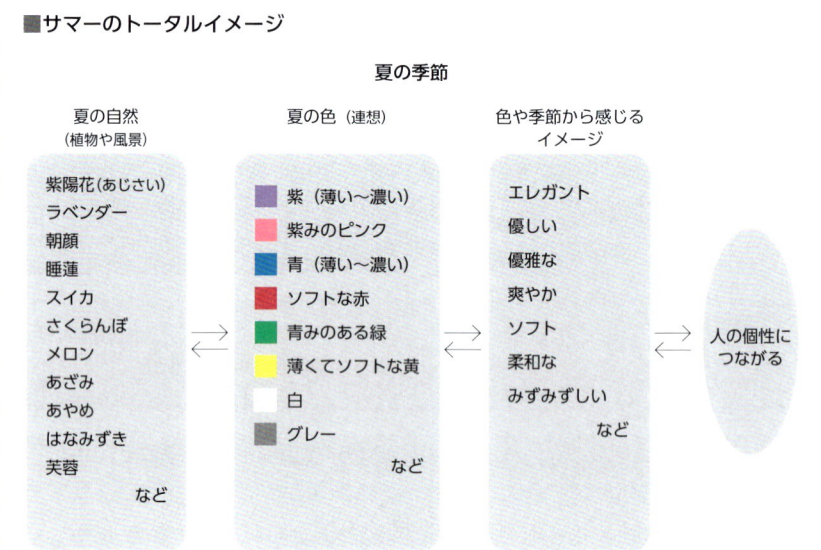

夏の色が似合う人は夏のイメージにつながり、そして個性につながる
（このような個性やイメージを持っている人はこれらの色が似合ってくる）

■ウィンターのトータルイメージ

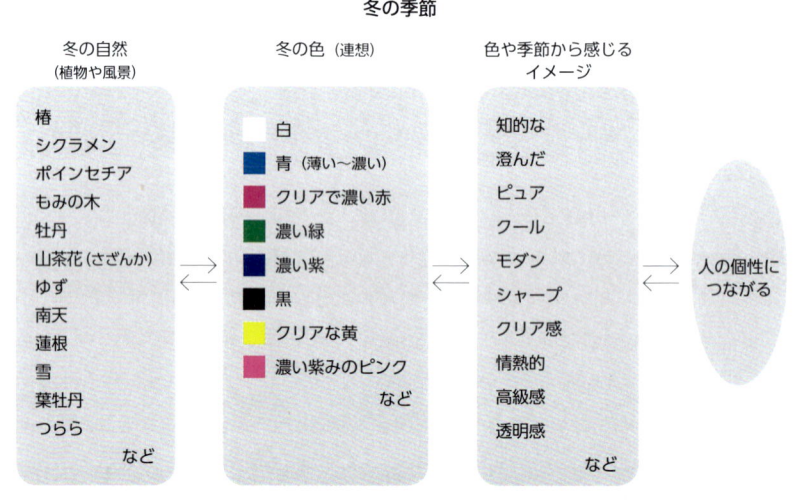

冬の色が似合う人は冬のイメージにつながり、そして個性につながる
（このような個性やイメージを持っている人はこれらの色が似合ってくる）

パーソナルカラー分析でウィンタータイプと判定された人は、上記のような色や言葉で表されるように、知的でピュアな雰囲気を持ちます。ウィンターカラーでコントラストのある装いをすると、モダンで知的さのあるイメージがさらに引き立ちます。

　「ウィンター」というと誰でも思い浮かべる言葉を、冬の自然（植物など）、それらから連想する色やイメージに分けて、パーソナルカラー分析、それに基づくコーディネートのアドバイス、自分で行うコーディネートに役立つトータルイメージとして左図（下）に示しました。

色相と色みの違い

　「色相」と「色み」は、色彩学において本来は同じ意味であり、色相とは色みや色合いのことをいいます。しかし、ここでは2つの言葉を違うとらえ方をして区別してみます。

　色相は、一般にいわれる色のこと、たとえば赤、黄、青などのことをいいます。

　色みは、同じ色相、たとえば「赤」であってもその中での「色の片寄り」をいうことにします。色彩学では、色の片寄りを「赤み、黄み、緑み、青み、紫み」の5つに分類しています。たとえば「黄みのほうへ片寄った赤」は、オレンジに近い赤です。「紫みに片寄った赤」は、紫に近い赤です。

　これをパーソナルカラーシステムの色に当てはめてみましょう。パーソナルカラーでは、色を4つのグループ（スプリング、オータム、サマー、ウィンター）に分類して、それぞれのグループに各色相の色が配置されています。ここで、4つのグループはそれぞれ特徴を持っているので、色相ごとの割合が多かったり少なかったりします。

　たとえば、オータムのカラーパレットには、オレンジ系と緑系の色相が多くあります。しかし、サマーとウィンターのカラーパレットにはオレンジ系の色相はありません（ほかの色相と異なり、オレンジ系の色にはいっさい青みが含まれず、そのためブルーベースのカラーパレットには入らない）。オータムのカラーパレットには紫系やピンク系は少数です。逆にサマーのカラーパレットにはピンク系や紫系の色相が多くあります。このように色相の配分に片寄りがありますが、一応はあらゆる色相が網羅されていて、「誰でもすべての色相が似合う色として存在する」ことがパーソナルカラーのカラーパレットの中に示されています。つまりパーソナルカラーのカラーパレットでは、色相が「色みが異なる」4タイプに分類されているのです。

「赤」は、色みの片寄りによって4分類されています。同じ赤でもいろいろな赤が存在することは誰でも気づいていることと思いますが、それらの少しずつ異なる赤を4つに分類したものがパーソナルカラーシステムのカラーパレットなのです。

　具体的に説明しましょう。スプリングの赤は、中心の赤より黄みに寄った赤です。オータムの赤は、同じ黄みに寄った赤ですが、スプリングの赤に比べると明度と彩度が低い色です。ウィンターの赤は、中心の赤より紫みに寄った赤です。赤に青みが含まれてきます。サマーの赤はウィンターと同じく紫みに寄った赤ですが、ウィンターと比較すると明度が高くなります。

　このように赤でもたくさんの種類があり、「この赤は好みだが違う色みの赤は嫌い」というように人は区別していきます。ある人は「赤が好き」でしたが、似合う色として提示された色がその人が「好みではない色み」なので拒否感が出てしまうと、「好きな色が似合う」とは限らないということになってしまいます。ひと口に「赤」といっても「いろいろな赤」があることを知ること、また知ってもらうこと、またどのような片寄り（色み）のある赤なのかを、理解してもらうことがとても必要です。

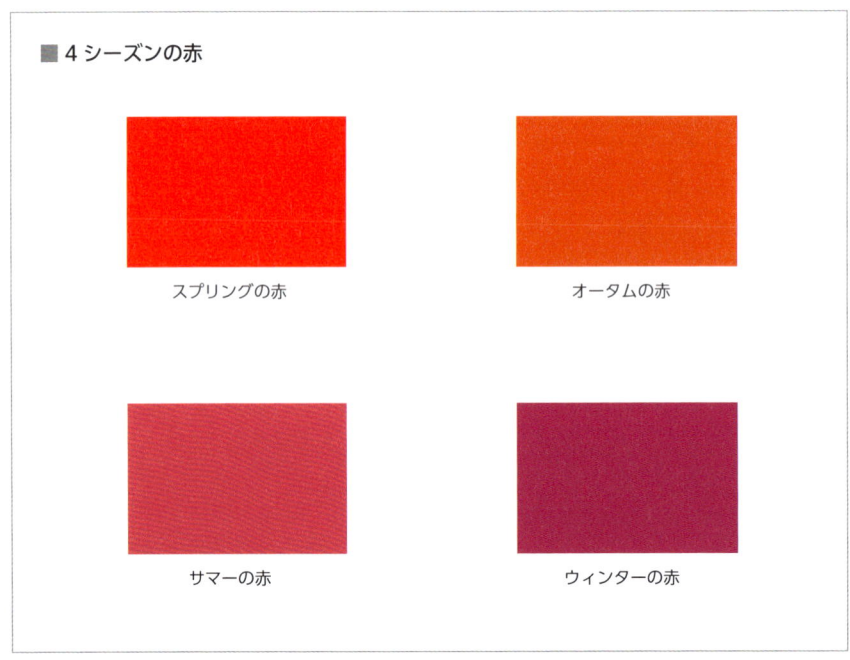

■ 4シーズンの赤

スプリングの赤　　　　オータムの赤

サマーの赤　　　　ウィンターの赤

色について学習したことのない一般の人は、このような色みが異なることには気づきにくく、また理解されにくいのが現状です。パーソナルカラリストは、同じ色相でも色みが異なることを、四季にある自然の花や食物などに色を当てはめるなど多くの具体例をあげて伝えます。たとえば、前述の赤の例をとると、スプリングの赤は春に咲くチューリップの赤を思い出してくださいと伝えます。もちろん人により思い浮かべる赤が違ってくるはずですが、ウィンターのような紫みの赤や暗い赤を、春の季節から連想し選ぶことはありません。春に咲く暖かみのある明るい赤を選ぶことでしょう。

「色み」を正しく選択すれば、すべての色相が好きな色になる可能性があり、同時に似合う色になります。好き・嫌い、似合う・似合わないは、色みの違いによるのです。

1.1.3　4シーズンの言葉

シーズンカラーの解説で、4シーズンのカラーパレットの色について、言葉とイメージを示しましたが、ここでは言葉についてもう少し考えてみます。

言葉の持つ色のイメージ

普段使っているいろいろな言葉について考えてみましょう。

〈Aグループの言葉〉

のびのびとした　　落ち着いた　　粋な　　自然な　　シックな　　渋い
大人っぽい　　円熟した　　しっかりした　　ゴージャスな　　洗練された

〈Aグループの言葉〉からどんな色が思い浮かぶでしょうか。思い浮かぶ色は、明るい色や軽く感じる色ではなく、深みのある、少々重みを感じる色でしょう。

「あの人はシックな感じ」「あの人はしっかりした感じ」など、人の印象を言葉で表現することがあります。色についても同じような印象があります。茶系統の色は自然な感じや落ち着いた感じを受けます。大地の色や秋の風景の色を着ていると、上に連ねたような言葉の雰囲気を感じます。それは色の印象とつながります。

では、次の〈Bグループの言葉〉はどうでしょうか。今度は逆に明るい色を感じると思います。決して暗い色をイメージしないでしょう。

〈Bグループの言葉〉
かわいい　若々しい　明るい　活発な　楽しい　華やかな
陽気な　愛らしい　ポップな

「今日は本当に楽しかった」という思いを言葉に出したとき、その言葉は外へ発散されます。色に例えると、黄やピンク、オレンジや赤など、明るい暖かみを感じる色がイメージされます。寒々しい色はイメージしません。〈Bグループ〉の言葉は、これらの色と共通点を持っています。

〈Cグループの言葉〉
女性らしい　静かな　温和な　爽やかな　柔和な　優しい
柔らかな　涼やかな　エレガントな　優雅な

これらの言葉からは、ソフトな色を感じると思います。派手感がある鮮やかな色は思い浮かびません。強い色もイメージしません。〈Cグループの言葉〉は優しい女性的な感じの言葉で、色ではソフトな紫や青、ピンク、また水の流れを思わせるような色をイメージします。

〈Dグループの言葉〉
すっきりした　シャープな　知的な　澄んだ　クールな
高級な　情熱的な　ドラマチックな　モダンな

〈Dグループの言葉〉からは、透明感のある色、ダーク系の原色の色を感じると思います。前半の言葉からは青や紫、ピンク系、後半の言葉からは赤、青、黒や白などを感じます。

言葉と色の連想

　前項の〈Aグループの言葉〉～〈Dグループの言葉〉は、パーソナルカラーの4シーズンにふさわしい言葉をグループにしたものです。
　〈Aグループの言葉〉はパーソナルカラーの「オータム」に、〈Bグループの言葉〉は「スプリング」に、〈Cグループの言葉〉は「サマー」に、〈Dグループの言葉〉は「ウィンター」に対応します。言葉と色には共通したイメージがあることを

理解できたと思います。

　もちろん色と言葉の対応には、個人の体験が深くかかわります。人によっては、幸福と感じていたときにその場を取り巻いていた色の印象が強くインプットされ、「黒を幸せ色」だと感じることもあります。しかし、幸福を感じる色として「薄いピンク系」、「黄系」などをあげる人もいます。感じることに、正しい、間違っているということはありません。

　「太陽」からは、赤やオレンジ、黄を連想するのが一般的です。空を見上げたときに、光を感じる暖かい何か、熱い何かというように、自分もほかの人も共通に丸い形の熱いものが「太陽」という名前であると認識し、言葉を覚えます。ただし、名詞としての「太陽」と、各人がそれぞれに感じる「太陽」とは異なることがあり、人によっては「透明な青い光」を感じることもあります。人によって異なる感じ方があることが、豊かな表現の源泉となっているのではないでしょうか。

　ここで、色と言葉、イメージの関係について記したのは、第3章で色と形とその調和について解説するので、そのときに言葉の持つイメージの大切さを読者に意識していただきたいからです。

1.2 パーソナルカラーと身体の色・形

　パーソナルカラーシステムの基本は身体色（肌の色や眼の色、髪の色など）です。身体色は、その人に「似合う色」のもとになる要素であり、じつはその人についていろいろなことを語っています。また、肌の色、眼の色に加えて、顔の形（顔の骨格）やヘアスタイルなども「似合う」と深い関係にあります。

1.2.1　パーソナルカラーと身体色

肌の色を理解する

　人間の肌の色は、地球上の地域によって分布は異なりますが、共通して暖かみのある色（オレンジ系の暖色）です。肌の色はメラニンの量や大きさ、血管の色が透けて見えるなど、それらの総体が肌の色として人の眼に認識されます。肌の色は暖色系で、人によって赤み、黄み、緑み、青みが混ざり、すべての色みが含まれています。

　肌の色は持って生まれたものが多くを占めますが、それは個性でもあるのです。肌の色は同じように見えても、一人ひとり微妙に異なります。黄みに寄る肌の色、赤みに寄る肌の色、微妙に青みや緑み、または紫みを感じる肌の色など、肌の色の色みは多種多様に存在します。また肌の色の明るさにはいくつもの段階が存在します。

　色の白いは七難隠すというように、色白できめ細やかな肌を持つ人のほとんどは、あまり苦労せずにファンデーションの色を選ぶことができ、明るい色の衣服でも抵抗なく着ることもできます。不健康そうに見えてしまいがちな肌の色の人は、それを悩みと感じていることが多いようです。肌の色は、時代を問わず、とくに女性にとっては大きな関心事となっているのが現状です。

　さて、人はそれぞれに固有の肌の色を持ちますが、自分自身の本当の肌の色を理解している人がどれだけいるのでしょうか。専門家は、多くの人の肌の色を観察し、分析を続けているため、冷静に見ることができます。しかし、自分

とは異なる肌の色を一般的にいわれる「理想的な肌の色」として考えてしまい、自信をなくしている場合が多くあります。パーソナルカラー分析において、肌の色はたいへんに重要なことなのです。自分の肌の色を活かすということは、自分自身を知り、気づくことであり、自分の個性を活かすということになります。

また、「眼で語り合う」、「眼はものを言う」という表現があるように、眼の表情は大切です。眼は、俗にいう「黒眼」と「白眼」に分かれ、よく観察するととくに黒眼（瞳孔と虹彩）には多様な色が見られます。眼の色（黒眼の色）の表情でコントラストやソフト感が生まれます。パーソナルカラー分析では、肌の色と同じくらいに眼の色を重視します。

パーソナルカラー分析の対象はおもに顔の肌の色

パーソナルカラー分析では分析される人の全体の印象を対象としますが、じつは全体の印象の多くを作るのは、顔の面積として認識される顔から首の部分の肌の色なのです。ですから、パーソナルカラー分析は、正確にいえば顔（から首）の肌を分析対象の部位としているのです。とくに顔の色が重要で、眼の色は肌の色に続いて重要な要素です。

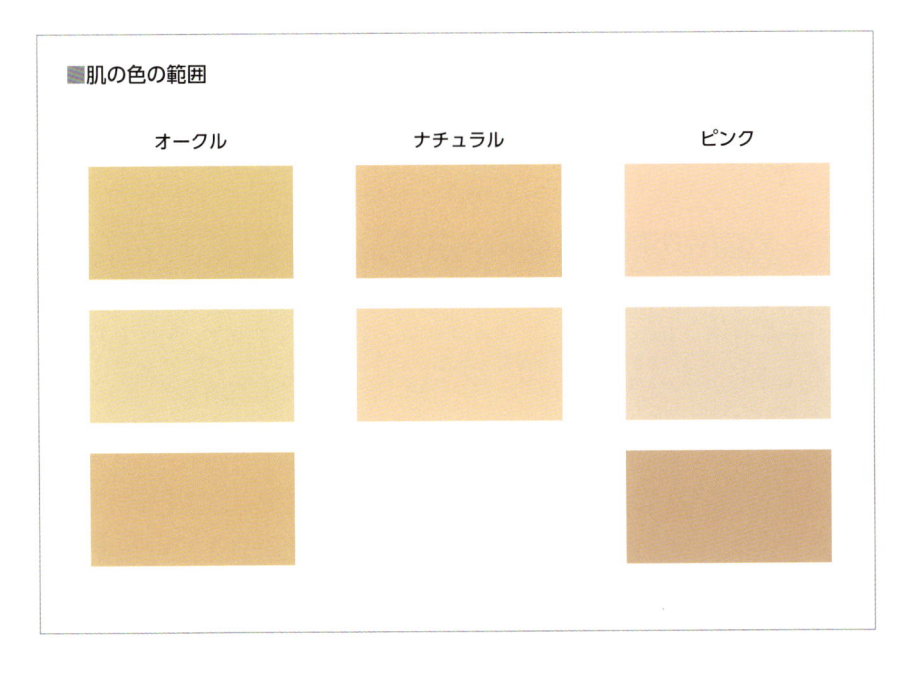

■肌の色の範囲

| オークル | ナチュラル | ピンク |

顔の肌の色は、「スプリング」の肌の色、「オータム」の肌の色、「サマー」の肌の色、「ウィンター」の肌の色のように4タイプに分けることができるといえます。

　一般に肌の色はオレンジ系の色相の範囲内にあります。オレンジ系でも赤みに寄った肌の色から、黄みに寄った肌の色まで、広い範囲に渡ります。一般的な肌の色の呼び方として、赤みに寄っている肌の色を「ピンク系」、範囲の中心付近の肌の色を「ナチュラル系」、黄みに寄っている肌の色を「オークル系」といいます。

　さらに肌の色には、色相以外に明度や彩度の要素があり、その差はわずかなのですが、実際の肌の色は多彩に存在します。

　眼の色は、茶色、琥珀色、緑色、灰色、青色など多彩ですが、日本人においては、おもに明るい茶～濃い茶に分布しています。

スプリングタイプの身体色

　スプリングタイプの肌の色は、ナチュラル系から赤みの黄系（オークル系ともいう）の色みとして観察されます。特徴的なことは、明度と彩度が高めで、肌の色に赤みや青みなどをあまり感じない「混ざり気の少ない肌の色」であることで、「明るい」印象を与えます。黄みを感じさせるピンク系の肌の色では、健康的な印象を与えます。

　また、眼の色も明度が高く、明るい茶系です。明るく健康的な肌の色と、明るい眼の色には、スプリングカラーがよく調和します。明度と彩度が高いほうの領域の色です。

オータムタイプの身体色

　オータムタイプの肌の色は、ナチュラル系から、オレンジの色みやさらに赤みが見られる色です。スプリングタイプの肌の色と比較すると、明度と彩度が少し低く、暖かみを感じさせます。肌質は4タイプ中でもっともきめ細かくなっています。

　眼の色はダークな茶系です。黒眼と白眼のコントラストが低く、スプリングタイプよりソフトな感じがします。暖かみを感じる肌の色とソフト感のある茶系の眼の色には、落ち着いたナチュラル感のあるオータムカラーがよく調和します。スプリングカラーより明度と彩度がやや低い範囲の色です。

サマータイプの身体色

　サマータイプの肌の色は、ナチュラル系からピンク系による色みとして観察されます。特徴的なことは、明度が高めで、スプリングタイプと比較して彩度が低いことです。赤みや青み、緑みなどを感じさせる、混ざり気のある肌の色です。また、ローズ系のピンクを感じさせることもあります。

　眼の色はダークな茶系で、薄い墨色のフィルターがかかっているような色です。オータムタイプと比べて黒眼の明度は低く、黒眼と白眼とのコントラストは高くなります。ピンク系の肌の色とダークブラウンの眼には、ソフトで涼やかなサマーカラーがよく調和します。明度が高めで、彩度がやや低めの色です。

ウィンタータイプの身体色

　ウィンタータイプの肌の色は、サマータイプと同じくナチュラル系からピンク系の色みとして観察されます。サマータイプと比べると赤みを多く持ち、ピンク系に寄る傾向があります。また、サマータイプ同様に赤みや青み、緑みなどを感じさせる、混ざり気のある肌の色を持つ人も多くいます。

　眼の色は特徴的で、黒眼の部分は黒くて（実際はダークブラウン）大きく、明度がほかのどのタイプよりも低く、強いコントラストを感じます。ピンク系に寄る肌の色と黒くコントラストのある眼には、ピュアでシャープ感のあるウィンターカラーがよく調和します。コントラストの度合いに合う明度と彩度が高い色、または明度と彩度が低くてはっきりした色です。

肌の色が語ること

　「元気そう」という言葉には、血色が良く、ピンクがかった顔の色を思い浮かべます。「体調が良くない」というと、顔の色が青緑がかってくすみを感じることを思い浮かべます。また、手のひらや指の色から、体調を知ることができます。肌の色は身体の健康状態や精神状態を表し、そこには体調に関するいろいろな情報が集まっています。たとえば、肌の色の違いから、スプリングタイプの人のもともと持っている健康状態とサマータイプの人の健康状態とは、もともと異なるということです。どちらがいいということはなく、それぞれにふさわしい「良い健康状態」があるということです。

　肌の色は年齢によって少しずつ変化します。20代の後半になると「肌の色がくすんだ」と感じる人が出始め、年齢差はあっても年とともに肌にくすみを感じるようになります。これは、肌の色が赤みから青みに寄り、黄みを感じる色

みに変わるということです。また、年齢とともに肌の表面にしわ状の溝ができることで陰影がつき、顔の色がグレーがかって（くすんで）見えるのです。毛細血管の血流が低下し、赤みが薄くなってきます。

一般に「顔色が良い」状態とは、赤みがあり、弾力のある肌（ハリのある肌）ということになっています。メイクアップでは、年齢による肌の状態に合わせてベースの色みやベースの作り方を変化させます。スキンケアも同様です。若いころと同じようにコスメティックを使っても、思うようにならないのは、肌が変化しているからです。

また、衣服も同様です。肌の色が変化するので、自分に似合う色は絶えず変化しているのです。過去の「この色は似合った」という記憶や「この色は似合わない」という記憶は、当てにはなりません。自分の変化に合わせて色（衣服）を選ぶと、似合わなかった色が似合ってしまうことがしばしばあるのです。

「私の似合う色はこの色」と決めつけてしまうのは、変化の流れに逆らうことになります。

肌質も4シーズンに分類できる

肌質や毛穴の大きさ、乾燥肌や脂性肌などもパーソナルカラーの4分類に対応させることができます。以下では特徴的な点をあげていますので、すべての方に当てはまることではありませんが、肌の色との共通性があり、おおむねこのような傾向にあります。

スプリングタイプは、肌に比較的厚みがあり、毛穴も大きめです。肌質は、顔の骨格に準じて弾力があるためたるみにくい性質です。

オータムタイプは、肌が比較的薄い、日光に当たると赤くなり、しみになりやすい、肌質が柔らかい、きめが細かいという特徴があります。顔型が面長のためたるみやすい性質です。

サマータイプは、肌に比較的弾力がありますがスプリングタイプほどではありません。肌の潤いが不足しがちで、乾燥肌です。そのため、しわやくすみを感じやすいという傾向がありますが、たるみにくい性質です。肌質はスプリングタイプとオータムタイプの中間あたりです。

ウィンタータイプは、眼鼻立ち、骨格がはっきりとし、肌の弾力がもともと備わっているため比較的たるみにくい性質です。肌質は厚みがある、またはオータムタイプのように薄いという両極端の場合があります。

4シーズンで見ていくと、食の好みや体質なども大きく異なる傾向があり、

たいへん興味深いところです。

1.2.2　顔の形とパーソナルカラー

　人間の顔は、骨格（顔の形）、肌の色、顔のパーツ（眼鼻口など、とくに眼）、髪の色と形（ヘアスタイルとしてアレンジされている）といった要素から成り立っています。

　これまでに解説したように、パーソナルカラーシステムでは身体色を基本にして似合う色（パーソナルカラー）を4タイプに分類しています。この考え方を基本に、多くの人を観察すると、実際にパーソナルカラーを決定するのは、身体色だけではなく、「顔」の要素が大きくパーソナルカラーに影響していることに気づきます。

　もちろん、顔でパーソナルカラーが決まるわけではありませんが、顔の形（顔の骨格）、眼鼻立ち、髪の色や毛質などが大きな要素となっていることは確実です。色と形を結びつけて観察、分析することで、パーソナルカラーはより的確なものとなります。

　この考えをさらに深めると、色がその性格として4シーズンの特徴を持つように、形にも性格があり、その性格は色の場合の各シーズンの性格ときわめて似ている、または同一であると思われてきます。

顔の形と4シーズン

　「顔」の要素（顔の形、眼鼻立ち、ヘアスタイル）は、肌の色の場合と同じように、パーソナルカラーシステムの「スプリング」「オータム」「サマー」「ウィンター」の4タイプに分類できます。各タイプの顔の特徴が、シーズンの特徴と一致します。表（42ページ）には、それぞれのシーズンタイプに分類される「顔」の要素の代表を例としてあげています。

スプリングタイプの顔の形

　顔の骨格は、凹凸があり、額、頬、眼球、鼻などが目立つ、つまり大きな面積を占めます。とくに眼が大きく、くっきりとした丸みのある二重のラインを持つ人が多くいます。フェイスラインはたまご型に近く、一般にたまご型に加えて耳から顎へのラインがVラインであるのが特徴です。頬はしっかりとハリがあり、丸みを持っています。

■顔の形と4シーズン

タイプ	スプリング	オータム	サマー	ウィンター
顔の形				
眼鼻立ち				
ヘアスタイル				

　顔に凹凸があり、眼鼻立ちのパーツが大きいため、全体に陰影がはっきりとして、明るい印象を持つ顔立ちです。明るく見える顔には、明度と彩度が高い色が似合います。

オータムタイプの顔の形

　顔の骨格は、スプリングタイプに比べると凹凸感がやや少なく、面長のすっとした顔立ちです。とくに眼は切れ長、深い色で、多くの人は奥二重や一重のシャープなラインを持ちます。鼻は長めで鼻筋の整ったライン、頬にスプリングのような凹凸感はありません。フェイスラインは、U型のなだらかなラインを持つ面長型です。眼鼻立ちの線がすっきりとして大人っぽく、全体の陰影に深みがあります。大人っぽさのある顔には、明度と彩度が比較的低い色が似合います。

サマータイプの顔の形

　顔の骨格は、凹凸感がやや少なく、眼鼻口はやや小さめです。眼鼻立ちのどれもが小作りの感じです。とくにスプリングタイプの顔と比較すると特徴がよくわかります。眼は丸くソフトな感じで、一重または二重でも浅めのラインで

す。また、スプリングタイプのような眼の凸感はありません。フェイスラインは丸顔に近い形です。耳から顎にかけては丸みがあり、顎は台形型（ベース型）に近い形です。全体の眼鼻立ちが小さいサマータイプは、光の陰影にスプリングタイプのような強さがなく、また肌にいろいろな色が重なって、彩度が低く見えます。この点からも、調和する色は、明度が高め、彩度がやや低めです。

ウィンタータイプの顔の形

顔の骨格はサマータイプと似ているか、または全体の眼鼻が大きいかの両方があります。サマータイプとの違いは、眼のコントラストの強さと眼のラインがサマータイプより深くくっきりとしていることです。眼は、二重ならサマータイプより大きく幅が広くて深い、一重ならオータムタイプより深みのある強い一重です。黒眼の面積がどのシーズンタイプよりも大きく、眼力があります。口元はくっきりと締まっています。全体の凹凸感はサマーと似ていますが、比較すると深さがあります。フェイスラインはサマーと比較して、ベース型＋面長の人が多いといえます。凹凸があり、コントラストや明瞭さがある眼鼻立ちのため、くっきりとしてスマートさのある印象を持ち合わせています。シャープさやクール感のある顔には、低明度・高明度、低彩度・高彩度の両極のクリア感のある色が似合います。

ヘアスタイルの4分類

顔の形の検討により、「形」にも季節性があることがわかりました。さらに進めてヘアスタイルについても検討してみましょう。

ヘアスタイルを変えるだけで、気分を一新することができます。ヘアスタイルにより顔の印象が華やかに見えたり、落ち着いて見えたりと形自体の印象が顔に影響を与えます。前述したように、形の持つ性格は4シーズンに大別できることから、ヘアスタイルも4シーズンに分類することができます。

大きな巻き髪に代表される華やかさがあるヘアスタイルやキュートな丸みのスタイルは、代表的なスプリングタイプの形です。前髪が左右非対称で分けられたワンレングス（ワンレン）や、丸みのない自然なウェーブで洗練されたヘアスタイルは、オータムタイプの形です。作りすぎることのないウェーブや自然な丸さのあるヘアスタイルは、サマータイプの形です。直線的なボブやとても大きなウェーブで豪華な個性と存在感を感じさせるスタイルは、ウィンタータイプの形です。

■ヘアスタイルの4分類

タイプ	スプリング	オータム	
代表的な毛先の流れとライン	丸みのあるライン	直線で毛先が細いライン	
代表的なスタイル			
特徴	・艶感 ・丸みのあるふんわり感 ・手入れ感	・ナチュラル感 ・緩め感 ・空気感	

　ヘアスタイルと顔の特徴を4シーズンで分類し、それらが一致すると調和がとれて、引き立ちます。つまり、顔の特徴を分析してシーズンに当てはめると、似合うヘアスタイルも同じシーズンとすれば調和がとれやすくなるといえます。

形の4シーズン

　顔や眼の形、ヘアスタイルが4シーズンに分類できるように、同じ考え方、感じ方に基づいて形の特徴を分析すると、幾何学的な形、あるいは柄としての形にも4シーズンの属性を当てはめることができます。さらには、小物などファッションアイテムにおける形にもシーズンごとの特徴を見て取ることができます。

　以下に、幾何学的な形の例として丸、四角形、三角形、格子柄を、柄の形の

サマー	ウィンター
緩やかな丸のあるライン	直線のライン
・艶感 ・ソフトなふんわり感 ・手入れ感	・艶感 ・フィット感 ・ボリューム感 ・手入れ感

例として花形、リボン形、ハート形を、さらにファッションアイテムの例としてバッグとベルトを4シーズンに分類し、特徴を記します。

形についても4シーズンを当てはめられると、衣服のコーディネートの変化に広がりと深みが加わります。

幾何学的な形の4シーズン

幾何学な形（丸、四角形、三角形）自体は、4シーズンのどれにも片寄ることなく適合します。線を組み合わせた格子柄も含めて詳細に見ると、4シーズンのイメージと形の特徴がつながります。

- **丸**　スプリングタイプの得意な形です。小さめ〜中くらいで、輪郭が比較的はっきりしています。オータムタイプは、楕円形を得意としており、縦、横、斜めのどの向きでもかまいません。サイズは中くらいです。サマータイプは

■幾何学的な形の4シーズン

形＼タイプ	スプリング	オータム	サマー	ウィンター
丸	○	楕円（縦）／楕円（横）	○	◯
四角形	■ ◆	□／台形／◇	角丸四角／菱形	□ ◆
三角形	△	△	しずく型	△／△
格子柄	格子	格子／斜め格子	細格子／細格子	太格子／斜め太格子

丸みを得意としており、ソフトな輪郭の、中くらいのサイズがベストです。ウィンタータイプは、くっきりとした輪郭、または、輪郭線だけではなく中まで塗りつぶされた丸が適合します。サイズは中〜大です。

- **四角形** スプリングタイプは、小さい正方形を得意としています。正方形は水平でも斜めでも全方向に配置することができます。オータムタイプは、長方形や台形を得意としています。サマータイプは、輪郭線の細いものや、角を丸くした形が合います。ウィンタータイプは、くっきりとした形で、中くらい〜大までのサイズがベストです。
- **三角形** スプリングタイプは、あまり大きくない正三角形が合います。オータムタイプは、二等辺三角形が合います。向きはすべての方向です。サマータイプは、角を少し丸くしたしずく形が合います。向きはすべての方向です。ウィンターは、どんな三角形も得意としていますが、中でも輪郭のはっきりしたものがベストです。
- **格子柄** スプリングタイプは、規則的な柄で、小〜中くらいの大きさを得意としています。千鳥格子、シェパードチェックなどが代表です。オータムタイプは、縦、横のどちらか一方の線が太めのチェック柄、またはしっかりした太めの線のチェック柄が合います。多色使いの格子柄も合います。大きさは中くらいでアーガイルチェックやタータンチェックなどが代表です。サマータイプは、線が細めのチェック柄か縦横のどちらかを細くソフトにした線の柄が合います。ピンチェックなどが代表です。ウインタータイプは、形がしっかりとし、線もくっきりとした中〜大の大きさのチェック柄が似合います。代表はブロックチェックやグレンチェックなどです。

柄の形の4シーズン

花、リボン、ハートなどの形は、よく見かけるなじみ深い柄です。バリエーションをイメージしやすいので、これらの形の4シーズンの特徴をあげておきます。

- **花** スプリングタイプは、輪郭や形がはっきりとした花（菜の花やチューリップなど）が合います。サイズは小〜中くらいです。オータムタイプは、花弁が長めのすんなりとした花がイメージとつながります。たとえば、菊、ワレモコウのような形です。サイズは中くらいです。サマータイプは、輪郭線が淡いソフトな花が合います。たとえば、朝顔や蓮の花です。サイズは小〜中くらいです。ウィンタータイプは、輪郭がはっきりとした厚みを感じる形が合います。たとえば、椿、ポインセチアのような形です。サイズは中〜大で

■柄の形の4シーズン

形＼タイプ	スプリング	オータム	
花			
リボン			
ハート			

サマー	ウィンター

第1章 世界を色で観る

1.2 パーソナルカラーと身体の色・形

すが、小さくてもコントラストがあれば合います。
- リボン　スプリングタイプは、輪郭がはっきりとしたかわいらしいリボンが合います。サイズは小〜中です。オータムタイプは、自然に結んだ感じの形で、多少ルーズな形、たとえば片結びや垂れたリボンの感じが合います。くっきりとした形は不向きです。サイズは中くらいです。サマータイプは、柔らかでエレガントさのある形です。サイズは中くらいです。柔らかいといってもルーズな結び方ではイメージから遠くなります。ウィンタータイプは、はっきりとした輪郭で、サイズは中〜大がベストです。サマータイプのような細い輪郭線やオータムタイプのルーズな形はイメージから離れます。
- ハート　スプリングタイプのハートは、崩しのないくっきりした形です。変形したり、輪郭線を曖昧にしたものは不向きです。サイズは小〜中がベストです。オータムタイプは、長細い感じの形（ペーズリーに近い）のハートが合います。くっきりとした形は不向きです。サイズは中くらいです。サマータイプは、輪郭線の細いソフトな形のハートが合います。くっきりとした形はイメージから離れます。サイズは小〜中くらいです。ウィンタータイプは、幾何学的な角のある形やくっきりとした形が合います。サイズは中〜大くらいです。

ファッションアイテムの形の4シーズン

　小物などファッションアイテムの場合は、上記にあげた形の特徴が現れていることに加えて、使われている素材などにもシーズンごとの特徴を見て取ることができます。ここではその代表としてバッグの例をあげます。また、バッグも含めてファッションアイテムには、前述したシーズンごとの形や柄などを装飾として取り入れても調和するようになっています（どの部分に置いてもよい）。その例として装飾にリボンを施したベルトの例もあげています。なお、ベルトは太さを同一にしています。

　スプリングタイプのバッグは、丸み感のあるキュートさを感じる形です。オータムタイプは、長方形のバッグが良く似合います。角にほんの少し丸みがある形、あるいは丸みがなくても似合います。サマータイプのバッグは、ソフトな素材感でほんの少し丸みのある形が似合います。ウィンタータイプは、硬めでしっかりした素材、四角・丸・楕円の形のものが合います。

　スプリングタイプのベルトには、輪郭がはっきりとした丸みのあるかわいい感じのリボンがついています。オータムタイプには皮の素材を生かした、力の

■バッグとベルトの形の4シーズン

スプリングタイプ

オータムタイプ

サマータイプ

ウィンタータイプ

入らない自然な結び方のリボンがついています。サマータイプには、柔らかさを感じるリボンがついています。ウインタータイプは、シャープで輪郭のはっきりしたリボンがついています。

1.3 似合う色と好きな色

　パーソナルカラーシステムは、「似合う」色を実証的・科学的に分析してその人のパーソナルカラーとし、合理的なカラーコーディネートを行う方法でした。パーソナルカラー分析により、思わぬ色が自分に似合うことを発見することもあり、また、似合うと判定された色が好きな色と一致していることに納得することもあります。

　なぜ「似合う」色を選ぶのか、「似合う」色と「好き」な色に違いはあるのか。「似合う」と「好き」についてあらためて考えることは自分を見つめ直すきっかけとなり、色をより積極的に取り入れることができるようになります。

1.3.1　「似合う」ということ

人は似合うものを自然と選択する

　着心地が良い、柄や色が気に入っている、デザインが好き、今日の気候に合うなど、いろいろな理由でその日に着る服を選びます。選んだ服装が本当に自分に似合っているのかどうか、自信を持っている人は意外と少ないのです。本人に自信がない場合でも、周囲の人の眼で見ると、それぞれその人に似合う衣服を着て、ふさわしいアクセサリーを着けていることが多いものです。人は、自分に似合うものを自然と選んでいるのです。

　自然界の植物、動物、天候や季節、風景がそのままで調和がとれているのと同じように、肌の色、眼鼻立ち、顔の骨格と、その人が選んだ衣服などの色、形、素材は共通の性質を持ち、その人の個性の中で調和しています。その調和を活かし、さらに引き立て、広げることがパーソナルカラーシステムの効用です。

　また、こんなことがあります。ある人が好きだと思って選んだ衣服は、デザインがその人にはあまり似合わなかったとしても、色と素材がその人にぴったりなことがあります。逆に、好きだと思う色の衣服を選んだ結果、じつは色はあまり似合っていなくても、デザインや素材感はよく似合っていたりします。

つまり、好きなものを選んだ結果、どこかに似合わない要素があっても、別の部分の似合う要素を自分で選択しているのです。

自分が好きなもの＝似合うものという選択は、楽ですし、快適です。不思議なことに、（本当は当然なことなのですが）人は意識せずに、自然とどこかで自分に合うものを選択し、心身の調和をとっているのです。

「似合う」の幅を広げる

自分が好む衣服は知らず知らずのうちに、いつも同じような色やデザインばかりが集まります。クローゼットを開けてみるとなぜか物足りないと感じることがあるでしょう。違ったものを着てみたい、違うイメージになってみたいと思っても、自分の中の常識が「これは似合わない」と考えて、いつも無難にしてしまうことが多いものです。

衣服やアクセサリー、メイクアップから範囲を広げて、バッグの中の小物、携帯電話や財布、ハンカチなどの色や柄を見てみましょう。よく着る衣服にはない色があるのではないでしょうか。衣服は人間の見かけの中で大きな面積を占めるので、自分に似合いそうもないと思い込んでいる色や形を取り入れるのには勇気が必要です。しかし、バッグの中の小物なら躊躇せずに色やデザインの冒険をして楽しんでいます。つまり、小さな面積であっても自分にとって必要な色を選んでいるのです。その色には、自分に合う、そして似合う色がかならず混ざっています。

人間のバランス感覚は素晴らしいもので、身に着けるもの以外に、住まいのインテリア、カーテンやベッドカバーの色など、自分に必要な色を選び、心地良い状態を自然と作っています。しかし、このことには気づきにくく、また自信を持ちにくいのです。また、常識にとらわれて好きな色を選べなかったりすることがよくあるものです。

まずは、自分の選択に自信を持つことが第一ですが、そこに留まらず、何らかの理由で選択しなかったものにも似合うものがたくさんあり、それを発見してより幅広い着こなしができることを目指してください。

じつは、似合わないとされる傾向の色みであっても、組み合わせを変えるなどの工夫によって変化させることができます。2色の組み合わせなら、ある色はもう1つの色との組み合わせによって表情を変え、似合うように変えることができます。配色、つまり色と色の組み合わせを変えることによって、もともとの色が違った色のように見えます。また、色の面積の対比、形の対比など、

衣服のデザインによって、似合わないとされる色を似合う色へと変化させることは可能です。これらは、色彩学をはじめとするさまざまな理論により実証されています（第4章「4.2 色に関するさまざまな現象」、「4.4 配色」参照）。

1.3.2 「好き」ということ

「よく着る衣服は何色ですか？」「どんな色が好きですか？」という2つを別々の項目として質問すると、回答にあげられた2つの色は一致する傾向があります。つまり、端的にいって「よく着る色」は「好きな色」なのです。

なぜこのような問いかけをするのかというと、人は色を選ぶときに、無限にある色の中から何かの理由があって選択しているからです。色を選択する理由を問うと、新たに見えてくることがいろいろあります。

好きな色と嫌いな色

筆者らが行ったアンケート、「好きな色は何ですか」「嫌いな色は何ですか」という質問の回答から興味深いことが見えてきます。人は好きな色に関しては躊躇せずにすらすらと回答を記入します。回答によると「好きな色」として3色～4色をあげる人が多く、さらに5色や6色をあげる人も少なくありません。色名は、「黄、緑、ネイビー、白、ピンク、ワインレッド」など、具体的に書き出すことができます。

しかし「嫌いな色」は、たいていの人は1色～3色しかあげることができません。色名としては、「赤、青、黒」といった基本的な色名で簡単に表現します。または、「暗い色、汚い色、薄い色、濁っている色、ぼんやりした色」といった、曖昧な表現でおもに「色の調子」を記入します。嫌いな色に関する回答には、好きな色よりもずっと長い時間をかける傾向があります。

色と感情

私たちには、毎日生活していく中でいろいろな種類の感情が意識するしないにかかわらず湧き出てきます。これらの感情には、積極的なプラスの感情と消極的なマイナスの感情が共存しています。

感情に支配されずに、平穏に日々を送ることができれば幸せですが、なかなかそうはいきません。常に平常心でいようと努力しても、感情の浮き沈みは時折出てきます。とくにマイナス感情に支配されてしまうと、本来の自分を見失

い、心身ともに停滞します。

　色は人間の感情に大きな影響を与えます。色によって気分が変わり、元気が出る、明るくなる、憂鬱になるといった経験が誰にでもあることでしょう。これを応用すれば、色をコントロールすることによって、人間の感情をコントロールすることができることになります。色が発するメッセージは、人間の感情と密接に結びついているからです。

　身のまわりには好きな色を自然に選ぶという、誰でも気づかずに行っている行動は、自分の感情を良い方向にコントロールするための、必然の行いなのです。

色の感情作用

　「好きな色」と「嫌いな色」に関する違いは何なのでしょうか。

　人間の感情は、いろいろなきっかけによって立ち上がります。楽しかったことや嬉しかったこと、感動したことなど、積極的なプラスの体験は意識の中に心地良く留まります。そして、プラスの体験とつながる色も、心地良さとしてやはり意識の中に残ります。反対にマイナス感情の意識とつながった色は心地良さとは結びつきません。

　人から「きれい」「かわいい」とほめられた衣服の色のことはいつまでも鮮明に覚えています。「ほめられた」色から、「嬉しい」感情が湧き、これが自信につながります。人からプラスの評価を受けると、受けた人の心は積極的になります。他人から肯定的に受け入れられた色は、その人にとって好ましい色になり、本人の自己表現の一部となります。思い返してみると、日常の中で「心地良い、嬉しい、楽しい、癒される」などのプラスの感情を持ったとき、私たちの心は元気になり、前向きな気持ちになります。つまり、好きな色からはエネルギーを受け取ることができるのです。

　反対に、怒り、憎しみ、嫉妬、羨望、悲しみ、恐怖といったマイナスの感情にとらわれているときは、エネルギーは湧いてきません。

1.3.3　好きな色は似合う色

　パーソナルカラーシステムでは、多数ある肌の色を4つのグループに大まかにまとめ、似合う色を見つけるための「鍵」としていることは、前にも説明したとおりです。

私たちは、幼少時から自分の肌の色を長い時間にわたって見つめ、観察しています。その積み重ねから、自分の肌の色がどのような色みなのかを気づかないながらにも知っています。自分の肌の色をいちばん理解しているのは自分自身であるはずです。反対に、他人の肌の色は自分の肌の色ほどは理解していませんし、自分と他人を比べて肌の色の傾向を理解することもありません。

　衣服を選ぶ場合は、鏡に映しながら衣服と自分の肌の色の調和をしっかり観察しています。選んだ色が自分に似合うかどうかを判断するときは、肌の色が綺麗に見えるかどうかというきわめて感覚的な判断を知らず知らずのうちにしているのです。つまり、長い期間をかけて自分自身が感じてきた調和する色は、自分の「好きな色」で間違いないのです。

身のまわりの色を調べてみる

　自分の衣服や小物を、一覧できるようになるべく多くの点数を並べると、そこに含まれる色の傾向がはっきりとわかります。ある人は黄系とピンク系が多い、ある人は緑系と茶系が多いなど、たいていの人は数種の色相を好みます。多種多様の色がランダムにあるという人は、あまり一般的ではありません。日常の生活空間の中で、身近に置いて好んで使う色は、ごく限られているのです。ベーシックカラー（黒、白、グレー、紺、茶、ベージュ）のどれかにプラスして、2色か3色というのが一般的です。持っている色が多いという人でも、せいぜい4色か5色です。

　このように、限られた色数に収束するという傾向は、人は自分のことがじつはよくわかっているということなのです。つまり、自分の肌の色の傾向にマッチした色を選ぶという行動が、物心がついてからの経験で知らずと行われているのです。これほど、確実な選択はありません。好きな色は似合う色であり、自分にとって心地良い色で、また、心と身体にもその色が必要なのです。ですから、人に影響されることなく、自信を持って自分が好きだと思う色はどんどん用いることをお勧めします。自分の似合う色をいちばんよく知っているのは、自分自身だということを信じましょう。

好きな色は色相ではなく色みで判断する

　ほかの人から「あなたにはこの色は似合わない」「この色は似合う」といった、無用な情報が入ることがあります。自分に自信が持てないと、そのアドバイスを信じてしまうことがあります。そうしたことが続くと、「自分に似合う色」

という感覚がつかめなくなってしまいます。「好きな色が似合う色とは限らない」という考え方もありますが、パーソナルカラリストの立場と経験からは「好きな色は似合う色」と考えるほうが正しいのです。

　なぜなら、「好きな色」というときに、人は自分の好みの色相（たとえば赤、黄、青など）ではなく色み（同じ色相の中での色の片寄り）の傾向を選択しているからです。パーソナルカラリストから「あなたはこの色が似合う色です」とある色を示されたとします。その色の片寄り（赤み、黄み、緑み、青み、紫みの5つ）が好みであれば、すんなりと「これは私に似合う色」と受け入れることができます。

　しかしそこで、パーソナルカラリストから色相についてだけ説明を受けて「あなたにはこの色が似合います」と言い渡されてしまうと、その色に納得がいかない限り似合う色と実感することができません。パーソナルカラリストが「似合う色」をアドバイスするときは、色相だけを説明するのではなく、「色み」についてその片寄り方でどのように違い、どのように感じるのかをきちんと説明し、パーソナルカラー分析を受ける人に理解してもらうことがたいへん重要です。

使える色の幅を広げる

　ベーシックカラーとあと1色というように、自分のまわりの色数が少なく、ほかの色を拒否してしまっている人、つまりいつも同じ色を選んでしまう人、クローゼットの中の色数が乏しい人は、多くの色数を使えるようになると、もっと豊かな気持ちになれることを知ってほしいと思います。幅広いコーディネートができるとおしゃれの幅が広がります。使える色数が増えることで、人との関係、コミュニケーションの幅も広がります。

　従来の自分が人に与えていた印象から抜け出し、新しい印象を与えるように変化することは、人間関係だけではなく、仕事にも、豊かな生活にも必要なことです。そのためには、色の専門家の適切なアドバイスが求められます。

　色の専門家は、個人の好きな色と嫌いな色の情報を深く観察し、その意味を読み取ることができるようになるべきです。これができると、パーソナルカラー分析は容易かつ適切になり、アドバイスやコーディネートの幅も広がります。どの色もすべて使えるようにアドバイスやコーディネートを行うことが、パーソナルカラリスト、カラーコーディネーターの役割です。また、色彩に関連のある仕事をするには、色を使いこなせるようになる必要があります。

色の好き嫌いは変化する

　人の感性や好みは、その人の経験、環境などの要因によって完成します。好きな色であっても、生活している環境に合わない場合は、知らず知らずのうちにその好きな色を必要としなくなってしまいます。

　また、人から受ける影響も、色の好みに大きく反映します。内心では自分で似合う色だと思っても、人から何らかの形でそれは「あなたに似合わない」と言われるとその好きな色から離れてしまうことがあります。これは、「この色が好きだ、私に似合う」という気持ちに自信があるかないかにも大きく左右されます。自信がないと、心の底ではその色を着たくても、「きっと私には似合わないだろう」とネガティブな感情が湧き上がり、本当は似合う色であってもそれを否定してしまいます。

　人と比較することも、好きな色を失う大きな原因です。「私よりも友人の〇〇さんのほうがこの色は似合う」と思い込んでしまうと、色についての比較でなく、友人との比較した結果に惑わされて好きな色をなくしてしまいます。

　嫌いな色は、意識に上ることが無意識に拒否されているので、好きになることはあまりありません。「嫌いな色でもこの色はあなたに似合います、着てみるべきです」と押しつけるアドバイスをする人もいますが、それは筆者らの考えとは違います。

　嫌いな色は、過去のマイナスの経験に多分に基づいているということが多くあります。過去のマイナスの感情と結びついた色を見たり、思い出したりすると現在の感情もマイナスの感情につながってしまうことがあるものです。ですから、嫌いな色は無理に受け入れる必要はありません。

　好きな色の衣服なら、安心して一日を過ごすことができます。逆に、何らかの理由で嫌いな色を着たり、似合ってないと思う色を着たりすると、その日は一日落ち着かず、快適でない思いで過ごしてしまうものです。嫌いな色からは、積極的な心は生まれません。多くの人にとって、「嫌いな色」は「似合わない色」と深い関係があります。

　ただし、嫌いな色は、いつまでも嫌いとは限りません。好きな色が変わるのと同じように、環境や心境の変化で、嫌いな色が好きな色へと転じることも大いにあり得ます。大切なのは、無理に好きになろうとしないこと、自分の好き嫌いをそのまま素直に受け入れることです。

1.4 「色」と食、住

　衣服を着るという「衣生活」以外に、私たちは「食生活」「住生活」を行っています。食の場合にも「色」は伴います。また、「住」から色を排除してモノクロームの空間で生活することも不可能ではありませんが、実用的ではありません。

　食と住においても、色はさまざまな影響を人間に与えます。色を賢く使うことで生活を健全に、豊かにすることができます。また、人の衣服以外の色を見ることで、その人をより深く理解することも可能となります。

1.4.1　色を意識する

　色は生活空間のあらゆるところに存在しますが、人はいつも色を意識して生活しているわけではありません。しかし、好きな色があると心地良く、安心感を得ます。好む色が身のまわりに集まる理由は、そこにあります。人は「好きな」ものやことについては積極的に行動しますが、逆に「嫌い」なものやことについては消極的になりますから、この傾向はますます強まります。

色への気づき

　人は「色」の存在を深く認識していないことが普通です。まずは、「色」に気づくことが大切です。つまり、日常的にかかわっている「色」を見直してみる、あらためて考えてみることです。色はあってないような存在ですから、意識しないと見えてきません。自分にとって色はどんな存在であるかに気づくことが、自分を見つめ直すきっかけとなります。

　色は過去、現在、未来につながり、その人にとっての「色」は変化します。今日かかわる「色への気づき」が明日の色、未来の色につながります。大げさな表現ではなく現実のことです。自分自身の身のまわりすべてにある「色」は、過去の自分の結果なのです。

色と向かい合う時間を意識的に長くし、それを継続していくほど、自分自身との対話が深まり、感情のコントロールができやすくなります。自分自身を客観的に見つめられる自分が、色とともにそこに存在するのです。

色による自己表現

人は、常に自分をいろいろなかたちで「表現」しています。とくに「色」は、衣服、バッグ、シューズ、その他の小物など、身のまわりのすべてを通じてその人を表現します。また、「表現」は食や住の分野にも及びます。自己表現の源となるのは感情で、感情の根底には「自分の好み」が存在します。「好きと嫌い」という誰でも持つ感情です。

「好き嫌い」の感情は、毎日何らかの形で発生し、人はそのたびにその感情に対処しています。選択が必要である場合はどちらかを選択し、選択せずに済む場合でも気にかかる要件の1つとして意識下にしまい込まれます。「好き嫌い」の判断は、いつも自分自身が決定しているのです。意識する・しないにかかわらず「好きと嫌い」のどちらかを選択した連続の積み重ねが、いまの自身の姿といっても大げさなことではありません。

衣服などを購入する場合、無意識にまず色による商品の選択が始まります。たいていの人は、好きな色に目が行きます。次に形や素材に注目し、価格を検討し、迷って決めたり、迷わずに決めたりします。選択の過程はいろいろでも、直感は色からスタートするのです。

人は生活の中で、日常的に何気なく「選択」をしています。選択は、その人の個性や性格と深い関係があります。繰り返し述べているように、とくに色はその人の個性を最大に表現しています。

1.4.2 「色」と食べること

「好き・嫌い」は、「衣」ばかりではなく食生活や住生活にもいろいろな形で現れています。好きな食材を使った料理のレシピは増え、食卓に並びます。嫌いな食材を使った料理はレシピも増えず、食卓にもあまり登場しません。

五味五色と五行

料理人の話に、しばしば「五味五色」という言葉が登場します。五味五色は、古代中国の陰陽五行論の理論です。「五行」とは、木、火、土、金、水という「五」

■五行と色、食の関係

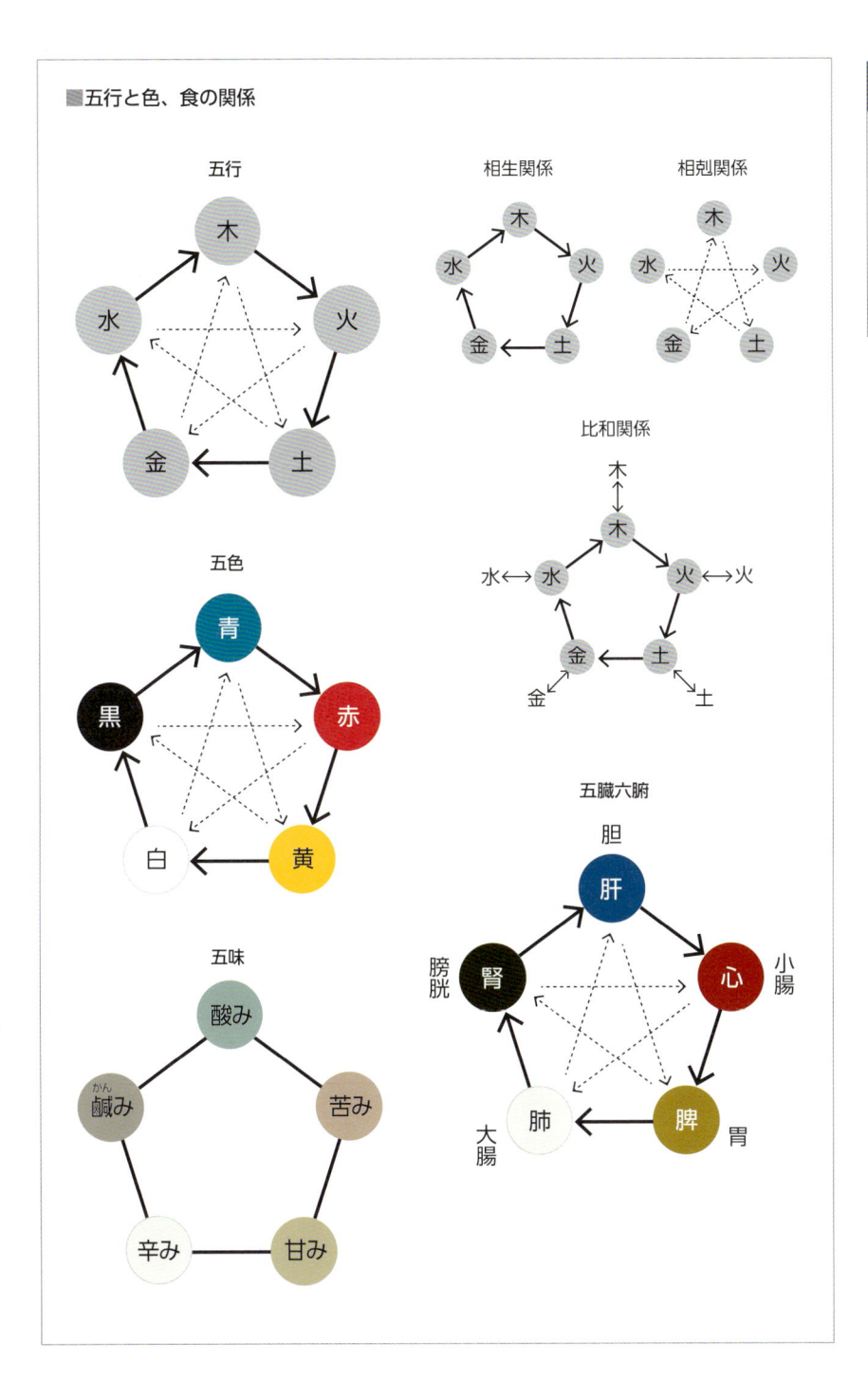

五行

相生関係

相剋関係

比和関係

五色

五臓六腑

五味

1.4 「色」と食、住

つの「行」にいろいろなものごとが支配され、五行の関係によってバランスがとられているという中国古来の自然哲学です。五行では、季節、方位、色、味（味覚）、食物、五臓六腑などが「五」つの「行」に配されています。五行に配された「色」と「味」が五味五色です。

　一流の料理人は、五味五色を考えて新しい料理を創作するそうです。五味五色によって、季節感、味、栄養のそれぞれにバランスがとれた料理が完成するといいます。料理の素人でも五味五色を理解すると、見ためで食欲をそそり、栄養のバランスが良い料理を創ることができます。

　五行は、木、火、土、金、水の五要素の盛衰によってこの世のすべてのものが循環しながら進展するという考え方です。五つの行（五元素）が互いに関連し合い、発生・消去の相互作用を起こします。相互作用には、相生関係と相剋関係があり、相生関係を表す言葉に「木生火、火生土、土生金、金生水、水生木」（木は燃えて火になり、火は土を生じ、土は金を生じ、金は水を生じ、水は木を成長させる）、相剋関係を表す言葉に「木剋土、土剋水、水剋火、火剋金、金剋木」（木は土から養分を吸い上げ、土は水を吸収、水は火を消し、火は金を溶かし、金は木を伐る）があります。このように、相生は相互に促進、助長する関係、相克は相互に抑制、克服する関係をいいます。また、比和関係もあります。同じ要素が合わさり、力を増す関係です。

　色を五行に配する「五色」では、「木」に青（緑）、「火」に赤、「土」に黄、「金」に白、「水」に黒を配します。五行では、何事も「ちょうど良い」が重要で、多すぎても少なすぎても不可とされます。要するにバランスがとれていることがよいのです。人にはこの「ちょうど良い」がなかなかできないものなので、色でバランスをとることを考えるとやりやすいでしょう。色は視覚で即時に判断できるため、比較的簡単な方法です。

　味覚を五行に配する「五味」では、「木」に酸み、「火」に苦み、「土」に甘み、「金」に辛み、「水」に鹹（かん）みを配します。色の場合と同じように、味についてもバランス良く取り入れることが大切であると、中国の自然哲学は示しています。

食の色

　食には、視覚、聴覚、触覚、味覚、臭覚の五感のすべてが働きます。食物の色や形（視覚）、口にする音（聴覚）、食の舌触り（触覚）、味（味覚）、香り（嗅覚）でおいしさを感じます。五感にバランス良く刺激が入ったときに、「ああおいしい」という感情が生まれます。

■食品の補色関係

緑と赤の補色関係　　　　　　　黄と青の補色関係

補色関係によりおいしそうに見える

　とくに視覚が重要で、食物の色や形が食欲を呼び起こします。食卓には豊かな色彩が必要で、料理に色彩がないと食欲も生まれません。
　食の場面では、しばしば補色配色が応用されています。補色配色は補色を組み合わせる配色で、その2色が鮮やかに引き立って見えます。刺身のツマはこの代表的な利用例です。マグロの赤みとパセリや大葉の緑が互いに引き立て合って、とてもおいしそうに見えます。
　もし盛りつけの際に色彩にもの足りなさを感じたら、補色関係の色を足すとバランスが良くなります。グリーンサラダの盛りつけでは、緑の葉物にトマトや人参など赤い色を足します。ここでも、緑と赤の補色関係で色が際立って見えます。
　たまご料理なら、藍の絵つけ皿に盛りつけます。黄と青は補色関係なので、皿の藍がたまごの黄を引き立てます。朱塗りの椀によそったすまし汁の具には、少量の青物を加えます。椀の朱と具の緑が互いに引き立て合います。
　料理には、5つの色の食品をバランス良く取り入れ、なるべく多くの色を使うようにします。料理を器に盛りつけたら、その色を観察しましょう。5色のうちに足りない色があったら、不足する色の食品を追加します。これは1品ごとに判断するのではなく、その日のメニュー全体を見渡して5色をそろえるようにします。5色をまんべんなくそろえると、さまざまな栄養素が含まれるばかりでなく、視覚的にも自然と食欲が湧く健康的なメニューとなります。

1.4 「色」と食、住

1.4.3 「色」と住むこと

　自分の好きな色で充たされた空間で生活できると幸せであると誰もが思います。しかし、家族やパートナーと一緒に住む場合は、空間を独り占めするわけにはいきません。限られた空間の中で、自分を色で表現し、また一緒に暮らす人と心地良さを共有できるようにしたいものです。

　食器棚の中を見ると、好みの傾向がわかります。丸みのある食器、角張った食器、角に丸みがあるか鋭角か、人の好みの傾向がこのようなところにも現れます。パーソナルカラーシステムの4シーズンの分類と同じような色と形の傾向を見つけることができるはずです。

　また、一緒に住む人の好みを観察して、理解することも大切です。自分と相手とは好みが違うことが理解できると、気分が楽になります。相手の色や形の好みを知ることは、その人を理解することであり、より深いコミュニケーションにつながります。住まいばかりではなく、雰囲気の良い職場も同じ考え方で創ることができます。

住の色の心理効果

　住まいの色は、さまざまな心理効果、感情効果をもたらします。暖色系のインテリアでは、暖かさや活動性が感じられます。寒色系のインテリアでは、落ち着きや涼しさが感じられます。また、明度が高い部屋は広くて大きな空間を感じさせ、明度が低い部屋は実際より狭く小さい空間を感じさせます。前者は軽さやソフトさを、後者は重厚さを感じさせるといった効果もあります。

　インテリア空間においても、あまりに偏ったものは人間が自然と調整します。寒色を多く使った部屋では、かならず暖色がどこかに使われ、全体としてバランスがとられています。だからといって、バランスを考えた調整が不要ということではなく、個性を尊重しながら全体のバランスを調整することが必要です。

心地良い空間を作る考え方

　自分が居ると落ち着き、心地良く感じられる場所が、快適な住環境です。自分で自由にできる空間を、たとえ小さな面積でも思い切って自分の好きな色と形、質感で構成します。カーテン、ソファー、カーペット、家具、小物で自分の空間を作ります。また、一緒に住む各人がそれぞれに自分の空間を持つようにしたいものです。

共用部分であるリビングなどは、ベーシックな色にするとよいでしょう。これに小物などで変化をつけます。ベーシックな色は、多くの人が落ち着けて安らぐ効果が期待できますし、同時に個性的な色を綺麗に見せる効果があります。共用部分と個人のスペースとは、別ものと考えるとよいでしょう。

「住」のデザインと色はその人を語る

個人の空間を観察すると、そこには色の個性が反映されています。無彩色を好む人、大きな花柄の鮮やかな色を好む人、シックで重厚な色を好む人、ソフトで淡い色を好む人と、人それぞれです。どの空間の色合いが、その人の本質的な好みかを観察する代表的な例をあげます。好みの傾向の参考にしてみてください。

・大きな花柄や鮮やかな色を好む部屋（スプリングタイプのインテリア）

　色彩が多彩に使われ、ピンク、黄、明るくはっきりとした青など、明るい、華やか、かわいいといった感じの色彩を使っています。カーテンなどは、暖色系のピンクやオレンジ系などの色が使われています。柄は、花柄やキュートな柄を好み、また木材の明るい素材の色やオフ系の色みの素材感を好みます。装飾感が高く丸みのある形、存在感と高級感のある素材を好み、形、色ともに、シンプルすぎるのは苦手です。

・シックで重厚感のある部屋（オータムタイプのインテリア）

　落ち着いた雰囲気と暖かさのある色彩、オレンジ系、茶系、ベージュなど穏やかな落ち着いた色がインテリアにリッチ感を与えます。カーテンなどには、暖かみのある色が多く入ります。柄はペーズリーなどのシックなものを好みます。無地の場合は、重厚さを感じさせる濃い色を使い、ウッディな素材感、明るいトーンよりも落ち着いたトーン、重厚な感じを好みます。また、自然の形そのものを好みます。

・ソフトで淡い感じの部屋（サマータイプのインテリア）

　ソフトで「ほんわか」とした雰囲気を感じる色使いをしています。柔らかいピンクや青、白、明るいグレーなどが多く、全体に明るくソフトな感じのインテリアを好みます。カーテンなどは、鮮やかな暖色や濁りのある色は好まず、シンプルに感じる色を選び、柄は比較的ソフトなものを好みます。素材として

は、明るい木質、ガラス素材などを好み、丸みのある形や流線型を好みます。

・無彩色を好む部屋（ウィンタータイプのインテリア）
　部屋全体に色みを多く使わず、白系や黒系、青系など、色彩的にシンプルです。カーテンなど、1色〜2色程度で、すっきりとまとめられています。ときには、大胆なストライプや幾何学的な模様を取り入れます。シルバー、スチール、コンクリートなどの色みの少ない素材感と、すっきりとしたシンプルな形を好みます。

第 2 章

線・形・色を知る

色と形をよく観察して「季節」を媒介に考察すると、色と形には共通性があることがわかります。色と形は、密接に季節につながっています。

　春の花の茎、葉、花弁などは柔らかな曲線を描き、それらの色とマッチしています。春の花の色と形の印象は、ソフトでかわいらしく見え、開放感が感じられるという共通点があります。

　初夏から梅雨、夏へと季節が移るにつれて、植物の様子は変貌します。睡蓮の花はしなやかな形を持ちます。柳の葉や枝も同様です。朝顔の花弁はふんわりとしたスカートのようです。滑らかでゆったりとした曲線、丸みのある形は、夏の植物に共通な色と形の印象で、優しさ、潤い、女性らしさを感じさせます。一方で、蔦や夏草の生命が拡大する力強さも感じさせます。

　秋の花には、春や夏に見られた丸みのある曲線よりも、直線を感じさせる形が現れます。彼岸花や菊は、はっきりとした線の形です。晩秋、落葉樹は葉を落とし、大地の横線と樹木の幹の縦線が明確になります。縦横の形は、安心感、信頼感、豊富な知恵や知識といった言葉を想起させます。

　雪は、世界の様子を一夜にして変えます。昨日までとはまったく違う世界を提示しますが、同時に生きる過酷さを教えてくれます。「美」の裏にあるもう1つの姿です。冬には大輪の花が多く咲きます。冬牡丹、椿、山茶花などは、はっきりとした形と鮮やかな色、強さのある花びら、厚くて硬い葉を持ちます。硬さには「もろさ」が含まれています。柊の葉の先端は鋭く、緊張感があります。

　四季の色と形に、人と自然のあり方の共通性を見出すことができます。人は、四季の色や形を取り込み、四季の色と形を装いに取り入れることで、生きていることを表現しています。

2.1 形の法則

2.1.1　子どもの成長と形

「線」の時代と「丸」の時代

　子どもがクレヨンやペンなどを持つようになると、なぐり描きのような線やらせん形を描き始めます。線が紙からはみ出し、その形状は壁や床にまでどんどん広がります。描き終わった後は、とても嬉しそうで満足したような様子です。

　子どもがさらに成長し、2歳ごろになると、なぐり描きの線から円形や点を描くようになります。大人には何の形や絵を描いているのかが知覚できませんが、古代の壁画や遺跡を連想させるような線や色を使って表現しています。現実の世界にいるのではないような、あたかも夢の中にいるような線と色は、大人には描けない独特の美しさがあり、多くの人の心に感動を呼び起こします。集中して無我夢中に表現しようとする子どもたちの姿から、自己の表現を外の世界に表す大切さを学ぶことができます。

■ 1歳児の描いた絵

なぐり描きのような線やらせん形を描く

■ 2歳児の描いた絵

円形や点を描くようになる

「四角」の時代

　子どもの骨の成長を見てみると、だいたい2歳くらいで頭蓋骨が閉じるといわれています。また、2歳から3歳ごろまでに乳歯が生えそろいます。成長とともに子どもの骨が硬化していくことから、成長していくことと硬化していくことは、同時に進行していることがわかります。

　線から丸の形へと変化した時期から、中心点やその中心から広がる手足のような線や十字の形、四角につながる形を描くようになります。それは、立って歩き、手足を動かし、世界と交わろうとしているかのような形です。さらに、階段やハシゴなどの身体の構築に共通するような形を描き始めます。人の形のように縦に伸びていく形を描く点がとても興味深いといえます。以前は夢の中にいるような丸い形や線を描いていましたが、このころになると身体の重力を

■ 3歳児の描いた絵

中心点やその中心から広がる手足のような線や十字の形、四角につながる形を描くようになる

感じるような形を描いていきます。丸では夢見るような天空的な軽さがあり、四角では地上的な硬さがあります。

「三角」の時代

5歳を迎えると、丸と四角の経験を通り、これらを統合した三角の形が現れてきます。それまでに描いてきた丸、四角を総合的に表現したかのような家や建物、人、動物、花や木などの絵を、左右対称または上下対象で描くようになります。就学前には前歯から永久歯が生え始め、左右対称に歯が生えてきます。身体の成長と同じことが、絵の中でも起きている点がとてもおもしろいことです。

また、5歳～6歳の子どもたちに木の破片を使った造形を行わせると、男児は高く積み上げていくような形を作り、女児は大地や海といった広さを感じさせるような平面的な形を作る傾向があります。このころになると男女の差異を表し始めるようです。

5歳ごろから描く形に現れる三角は、底辺の形から上昇する方向性へと伸び、三角の頂点へ向かう形です。三角とは、地に足がついた状態（底辺）で上方へと伸びる心の方向性を指し示しているかのようです。希望や目標など、未来に向かう原動力のようなものを三角の形に感じられるはずです。子どもの成長とその描く形の特徴が重なることが、形の性格を考えるうえでたいへん参考になる事象であるといえるでしょう。

■ 5歳児の描いた絵

家や建物、人、動物、花や木などの絵を、左右対称または上下対象で描くようになる

2.1 形の法則

■ 5〜6歳児の造形

男児の造形（左）は高く積み上げる、
女児の造形（右）は横へ広がる

2.1.2　形の特性

線の特性

　線には直線と曲線があり、始点と終点をつなぐことで形が生まれます。線だけでは終わりがなく無限に広がるのみです。そこに終着点があることで現実化、つまり具体的な形になります。

　線の終着点として丸（図形でいう円形）にたどり着きます。生命あるものの形（人や植物、動物）は、直線と角でできた形よりも丸の変形が多いことが自然界を見るとよくわかります。形になるための基本的な形状だといえるのではないでしょうか。

　線から丸への変形はさらに四角（図形でいう四角形）に変化します。人や自分との境界線、社会での一定の枠組み、建物など、自己を保ち安心する空間から自己を育てていくような過程が四角の線からうかがえます。曲線よりも現実的で安定感のある線です。そこから線は進化し、地上的な線（底辺）と上昇する線（頂点へ向かう二辺）を持つ三角（図形でいう三角形）に変わります。三角はまるで地上で何か事象が動き出し、そこで人々が見せる、高みへと向かう姿勢や実現化しようとする意欲、または憧れを表した形のようです。

丸の特性

　現実に存在するものの中で、丸の形状から思い浮かべるものにはどんなものがあるでしょうか。地球、太陽、月、惑星、植物の実や果実、野菜など丸の形そのものである事物のほかに、曲線形の花や葉、海の波や川の流れ、水が渦巻く様子も「丸い形のもの」に含めることができるでしょう。曲線と直線からできている人や動物の形状も丸みのある形です。丸という形は、至るところに存在し、生命あるものの形状にはかならず存在している形だといえます。

　太陽と月から多くの人が感じるように、丸の形は安心感や包容力、優しさを感じさせます。丸い顔立ち、クリッとした丸い目から受ける印象などから、愛嬌やかわいらしさといった言葉を思い浮かべます。幼児の顔立ち、手足がふっくらとして頭が大きい三頭身のかわいらしさは誰もが微笑む優しさに包まれています。かわいさを売るアニメやキャラクターのイラストも幼児を連想させます。動物の形をした人形でも、丸い形の顔で、さらに目が離れているほうがかわいらしさを感じさせます。同じようなことがファッションやメイクアップ、ヘアスタイルにも応用でき、ストレートなヘアスタイルよりもカールのある丸

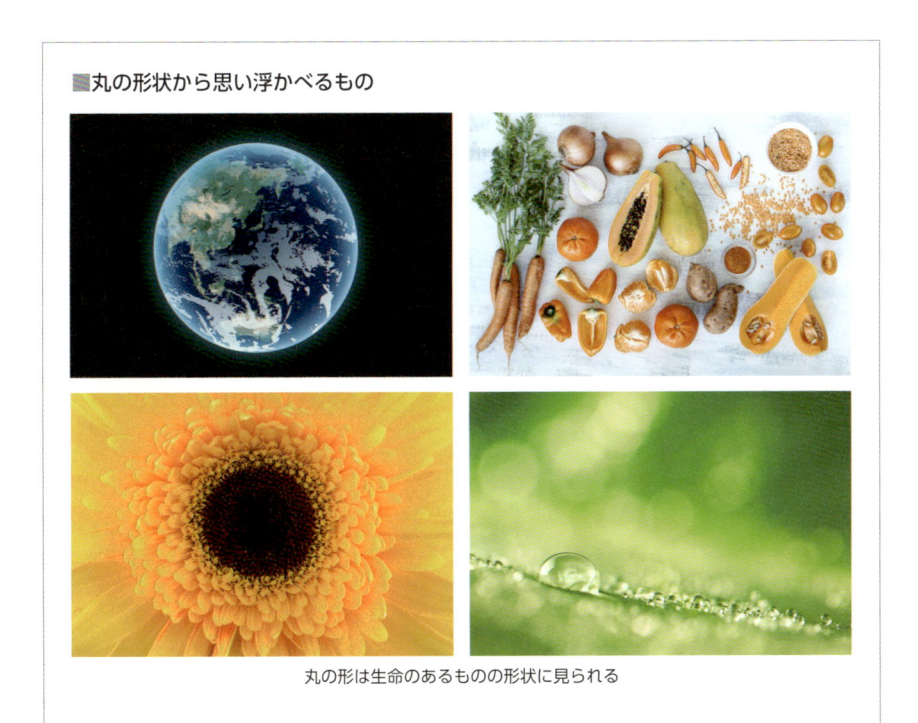

第2章　線・形・色を知る

■丸の形状から思い浮かべるもの

丸の形は生命のあるものの形状に見られる

2.1　形の法則　　73

■人の身体の発達

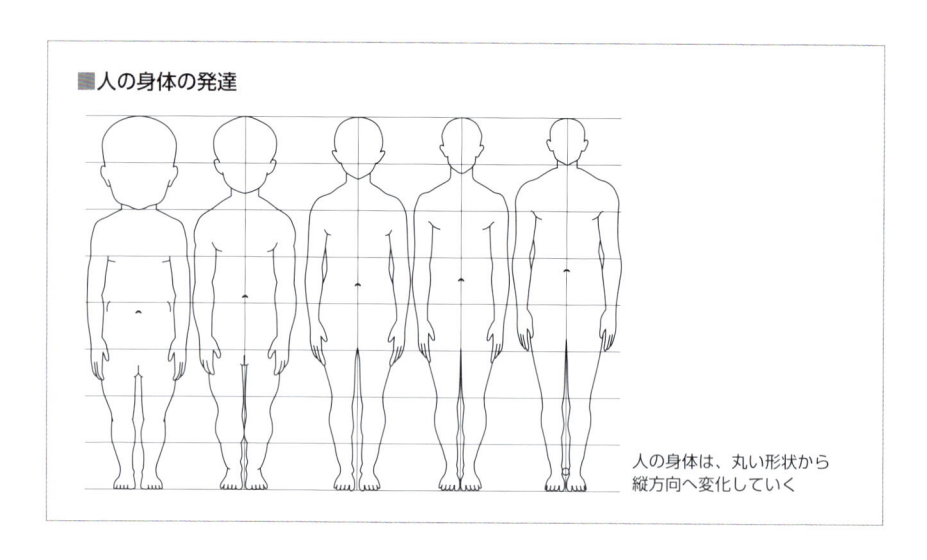

人の身体は、丸い形状から縦方向へ変化していく

みを感じさせるヘアスタイルのほうが柔らかさや朗らかさを表現することができます。

　人が成長する際の過程や植物の葉の成長を見ていくと、おもしろいことがわかります。赤ちゃんから成人までの人の身体の発達を見てみると、幼児のときは頭が大きく、大人になるにつれて頭が小さくなります。身体も丸みのある形から徐々に骨が成長して細身に（長細く）なり、ある時点で頂点に達します。全体的に曲線から直線に変わっていく、あるいは丸い形状から変化して細長くなっていく形状です。

　植物の葉の形状も同様です。若葉の時期には小さな葉がぷっくりとし、葉の質感は柔らかく、かわいらしい形をしています。葉が成長する（人でいうと大人になる）につれ細長くなります。そして、花が咲き、実をつけ、種から次の

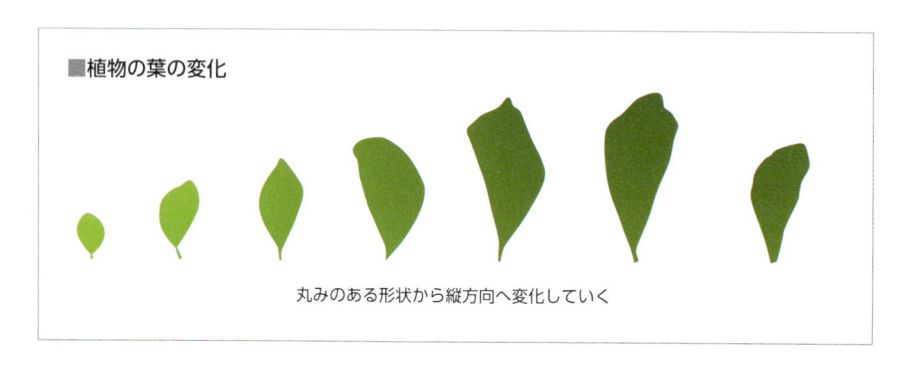

■植物の葉の変化

丸みのある形状から縦方向へ変化していく

生へと続いていきます。

　このように、丸はかわいらしさ、若々しさ、無邪気さ、エネルギッシュといった特性を持ち、内に秘めた力強さや可能性を感じずにはいられません。子どもの描く絵と同様に夢の中にいるような、キラキラと輝く内なるものが丸い形状からうかがえ、そこから自己を創造していくかのようです。

四角の特性

　四角の形状からは、どんなものを思い浮かべるでしょうか。四角いものには、硬いもの、重いものが多くあることに気づくのではないでしょうか。自然界にある大地や岩、石、鉱物、化石などは地上的な重さを感じさせます。建物や車、コンクリートや金属などからも四角を思い浮かべるでしょう。

　一方で、四角い箱や型などは、中に入れるものを自由に変えることができます。たとえば、金属を熱で溶かし、型に入れるとさまざまな形に変化させることができます。硬さのあるものは何らかの力が加わると柔らかくなる（流動的になる）という特性を持ち、さまざまな形に変化します。また、空洞の箱は、

■四角の形状から思い浮かべるもの

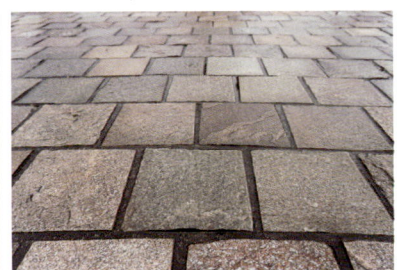

四角いものには、硬いもの、重いものが多くある

2.1　形の法則

菓子などの食べ物や生活用品、衣類などを中に入れることができ、入れるものでその様相を自由に変えることができます。何が入っているのだろう、何を入れられるのだろうかと想像を巡らせることができます。ただし、四角は、「箱」に代表されるように、現実には領域が決められている形であるともいえます。

硬さから連想されるものに、植物の種子があります。濃い茶系や黒系の色が多いことから硬さ、つまり四角い形状を感じさせます。外側は硬く、中にはたくさんの栄養と情報が凝縮されています。太陽や水などの自然環境がそろい、ようやく芽を出し次の生命を生み出します。次の成長のためのエネルギーを蓄える様子も硬さのあるものの1つの特徴です。

植物が四季の移り変わりとともに変化する様子にも四角の特徴を見ることができます。

花が美しく咲き、実がなるためには、冬の間の準備期間がとても大切です。地中では植物が実を育てる、あるいは芽を出すための準備を活発に行っています。ある一定の枠や状況の中(箱の中のような)で自由に活動し、創造する希望のような力を備えているといえます。

また、衣服の柄にも四角がよく使われています。市松模様やタータンチェックが代表的です。市松模様は古代より衣服の柄や織り模様に使用されていました。タータンチェックは、スコットランドの民族が衣服に使っていた毛織物で、日本の家紋に相当する民族を象徴するための文様に使われていたということです。昔から存在するにもかかわらず、市松模様やチェック柄は現在でもなぜか古びずに新しさを感じさせます。四角の魅力の1つです。

■中身で様相が変わる

四角いものの中にはさまざまなものを収めることができる

■冬の準備期間を経て芽を出す

実を育てる、開花するための準備が地中で行われている

三角の特性

　三角というとエジプトのピラミッドを思い浮かべるかもしれません。実際は四角錐ですが、上昇する形としてピラミッドは三角の代表ということができるでしょう。また、尖塔に代表されるゴシック建築も三角です。その上昇する形は、祈りや願いを天につなげようとしているかのような形です。仏壇の前で手を合わせて心を表現する様子や線香の煙が上る様子もその一例といえるかもしれません。線香につける火やたき火などの炎は上に伸びていく形をしています。そのほかにも、道路標識、機械類を操作するためのスイッチ、音響機器の再生や巻き戻しなどに使用される三角の形は、方向や動きを表します。

　国旗では世界中でネパールのみが三角を使用しています。ネパールの国旗の2つの三角形はヒマラヤの山並みを象るとともに2大宗教であるヒンドゥー教と仏教を意味し、月と太陽の柄にはこの国が月や太陽と同じように持続し発展するようにという願いが込められているそうです。願いが叶うように人の心が上昇する方向性や姿を感じさせます。

　三角の形は、底辺がしっかりと地につき安定感があります。そして、底辺から三角の頂点に目線が動くことから躍動感もあります。頂点へと向かう方向性からは、たとえば夏の時期、草木が地中にしっかりと根を張り、太陽に向かい成長する姿が連想されます。

　彫刻では、ミケランジェロによる傑作といわれるサンピエトロのピエタに三角の形が見られます。細部を見てみると座っている聖母マリアの衣服のドレープ、横たわるキリストの身体の流れるような形からは、左上から右下へと流れる水のような動きを感じさせます。量感の絶妙なバランス（底辺に重量感があ

2.1　形の法則

■三角の形状から思い浮かべるもの

■ネパールの国旗

三角の形からは上昇する様子が感じられる

り、三角の頂点が軽く量が少ない)、人体の美しく流れるようなフォルム（形）は、安定感がありながら、人それぞれが感じる心の動きを呼び覚ますかのようです。

　この彫刻を斜め横から見てみると、ダイナミックな動きを感じ取ることができます。キリストの頭部から足先が聖母マリアの足元へとつながり、聖母マリ

■サンピエトロのピエタ

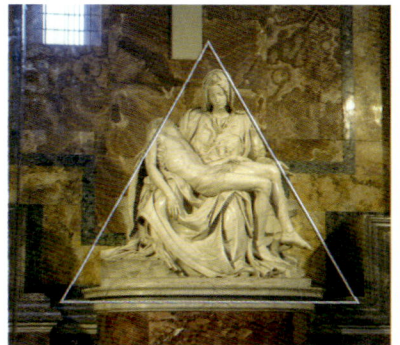

三角の形が見られる　　　　　　∞の形の動きが感じられる

アの左足から右足、さらに左の胸を通って頭頂へ向かいます。聖母マリアの目線はキリストへの心のまなざしへとつながるような、空間的な動きを感じさせます。意図して作成されたかどうかはわかりませんが、無限の記号（∞）の形になっています。表が裏になり、裏が表になる形です。そこから、上下、苦楽、黒白のように相反する性質を合わせ持つ様子がうかがえます。ピエタの彫刻の堂々としたたたずまい、存在感、荘厳さを感じさせる理由の1つかもしれません。

　丸や四角の形を経験し、その形を含み持つ形が三角の形として表されているのではないでしょうか。それは、子どもの絵や造形から表されている形にも表現されています。何かを達成したいという人の欲求や願望、願いなどが三角の形から呼び起こされます。

2.1.3　形と色の組み合わせ

形と色

　丸に色を加えてみると与えられる印象が大きく変わります（面積の大小でも異なる）。たとえば丸を使用している信号は、赤が危険や止まれ、黄は注意、緑は安全、それぞれがまったく異なる意味を表しています。

　丸は、優しい、かわいらしいといった印象を抱かせる形です。四角は、硬い、重いといった印象を抱かせる形です。この丸と四角の色を、まったく異なる性格を持つ色にしてみるとどう見えるか図の例で見てみましょう。

■色により形が変化して見える

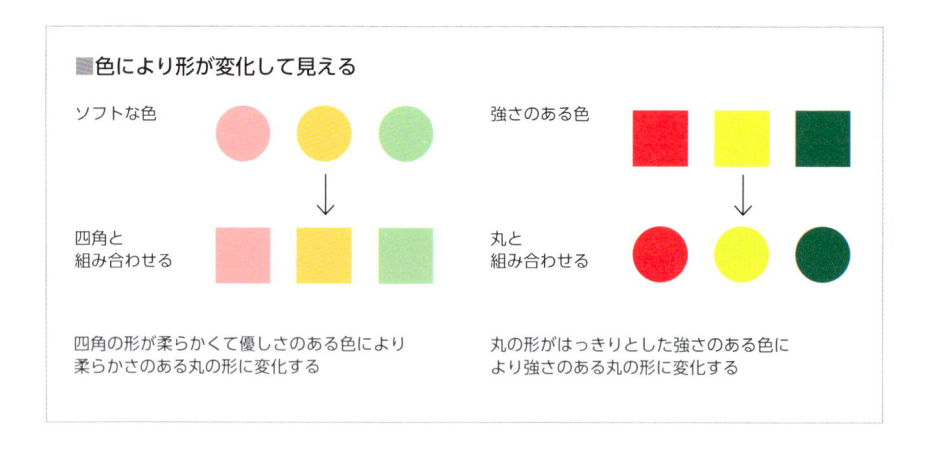

ソフトな色		強さのある色	

↓

四角と組み合わせる		丸と組み合わせる	

四角の形が柔らかくて優しさのある色により柔らかさのある丸の形に変化する

丸の形がはっきりとした強さのある色により強さのある丸の形に変化する

　四角を柔らかくて優しさのある色にすると、四角にソフトさが加わります。丸をはっきりとした強さのある色にすると、丸に強さが加わります。このように、丸や四角の色が変わると、形がもともと持っている性格が変わります。形に色を組み合わせることで、印象を自由自在に変化させることができるということです。

　小さな丸が集合すると丸から面へと見え方が変化し、丸から受ける印象からかけ離れていきます。衣服の柄になると細く見えたり、太って見えたりとさまざまな効果を生み出します。さらに、色を加えると大きく印象を変えることができます。その展開は無限です。

丸と色を組み合わせる

　色を学ぶためには、色について覚えるだけではなく色と交わることが必要です。また、色を人に伝える側の場合は、ぜひ体験しておきたいことの1つともいえます。次に紹介するワーク主体の色のアートレッスンは、表現から自己を知る、色を体得することなどを目的として筆者らが行っています。これらの色のアートレッスンから形と色の関係を学び取ることができます。

　色のアートレッスンの1つとして、丸と色主体のワークの一例を紹介します。形は丸、色は明るい色みを使うことが指定されます。丸と色を組み合わせることによって、心と身体に変化が現れます。

　上記のワークを行った受講者から寄せられたのは、夢を見ているような感覚があった、眠くなった、非常にリラックスした体験だったなどの感想です。輪郭線のないふわっとした丸い形状、色みがそのような感覚や体験を引き起こし

■丸の形、明るい色によるワーク作品

■紙を切って構成する丸のワーク作品

2.1 形の法則

ているのではないかと考えられます。

　一方、紙を切って構成する丸のワークでは、原色や強さを感じさせる色を使います。受講者たちは覚醒した状態で、和気あいあいとした楽しいという気持ちからコミュニケーションの輪を広げていきます。紙を切るという行為、原色や強さのある色、切った後の丸の形状が、喜びや嬉しさ、発散など活動的な丸の印象へと導きます。

　そのほか、色鉛筆で丸の形状を描くワークもあります。色鉛筆という画材が持つ淡い色みと丸との調和から、音楽が奏でられているような、楽しい動きと心が躍るような体験ができたのか、宇宙を感じた、希望を感じたといった、自己の内面と楽しく会話をしたというような感想が寄せられました。

　以上に紹介したアートレッスンの様子から、丸でも色や扱う素材により受講者の体験が異なることがわかります。共通していることは、色を明度または彩度が高いものに指定していることから、ビビッドトーンやストロングトーンを使うとリズムや楽しさが現れ、ソフトトーン、ライトトーンを使うと夢を見ているようなゆったりとした和らぐ感覚が生まれることです（トーンの種類については第4章参照）。

　かといって、明度や彩度が高い色だけが丸のイメージになるのかというと、そうではありません。その例として、明度、彩度の低いトーンの色みの粘土を使ったワークをあげることができます。手の中に収まるほどの粘土を、目を閉じながらゆっくり丸くしていきます。はじめ、粘土はひんやりとしていますが、徐々に手のひらの温度で温かくなり、身体も徐々に暖まってきます。受講者からは、粘土を丸くする工程から、色を心で感じたという感想があがりました。明度、彩度が明るい色みを自分の内側で感じた人もいれば、明度、彩度が低い宇宙を感じたという人など色相もさまざまです。

　粘土自体の色は土の色ですが、目を閉じて行っているので色は見えません。明度、彩度が高い明るい色みを自分の内側で感じた人は、丸みのある形状と粘土の素材を通し、心や身体に何かしらの丸の影響があったのかもしれません。その一方で、色の感じ方に個人差があったことからは、本来、人は自分の中にあるものを色で感じて発見したりそれを色で表現したり、自由に創造できることを教えてくれています。

四角と色を組み合わせる

　同じように、四角と色を主体としたワークを行うと、どのような心と身体の

■四角の形、ダークな色によるワーク作品

　変化が生まれるでしょうか。形は四角、暗さのある色みを使うことが指定されます。

　ワークから生まれた作品を見ると、階段を下りながら、心の奥底深くにある世界を探求しているかのようです。ワークの最中は、丸を使ったワークの夢見がち、喜びや嬉しさ、心が躍るといった空気感とは異なり、静かに黙々と集中する時間と空気が流れます。角のある形状、色みの体験から、緊張感がありながらも自由さと楽しさを感じた、建設的な思考の整理ができたなどの感想があがりました。

　上記の作品は、角があり重く感じる、硬さがあるといった印象があります。重い、硬いといった印象を抱く一方で、そこからはあらゆる色を感じ取ることができます。「2.1.1　子どもの成長と形」で述べた子どもの骨の硬化を表す色は白です。硬さを与える色も白です。竹や木を熱し、炭になると硬くなり、この硬さを表す色は黒色です。角張ったダイヤモンドの鉱石を磨くと、キラキラと輝く星のように美しくさまざまな色を照らします。このように四角の形からはあらゆる色を感じさせますが、その中でも原色や暗さのある色みでもはっきりした色、硬さを感じる色を一般的には思い浮かべることでしょう。

2.1　形の法則

■丸、四角、三角、線によるワーク作品

三角と四角、丸と色を組み合わせる

　三角を使用するワークでは、三角のみを描くことがたいへん窮屈で描きにくさがあることから、丸と四角、三角、線を組み合わせて、色や線などを自由に描きます。

　受講者からは、目的や希望、これからやりたいこと、自分の課題も含め自身の方向性を見出したという感想があがりました。丸のみ、四角のみを描いたときとは異なる体験です。

　丸の形からは軽量感や柔らかさを、色としてはパステルカラーを、また暖かさに包まれた広さを感じました。四角の形からは安定感や重量感、硬さを、色としては硬さのある色（黒、白、ダークトーンなど）を、また宇宙や大地のような広さを感じました。丸と四角の形では現れなかった、物事を創造していく性質を三角の形に見て取ることができます。

　丸と四角を合わせてみると、
・丸の軽量感×四角の重量感→重量感と軽量感を合わせ持つ三角
・丸の柔らかさ×四角の硬さ→柔らかさと硬さを合わせ持つ三角
・丸の色（たとえばペールトーン）×四角の色（たとえば黒）→ソフトな色と強

さのある色を包括する三角のように変化していきます。三角には、人それぞれの美しさや心の方向性を表現し、現実化していくためのヒントが隠されているのかもしれません。

2.2 ラインの法則

　形の美しさの原点も色と同じように自然の中にあり、植物や風景などに見られる調和が基準になっています。調和している（バランスがとれている）ものは、多くの人が美しく、心地良いと感じます。人の身体も同じです。バランスがとれていると感じられる姿かたちに美しさや心地良さを感じるのです。

　人は、美しいと感じるものを理想とします。多くの人がバランスがとれていると感じることから特定のプロポーションに理想が集約されることもありますが、かならずしも美しさの形は1つに限定されるものではありません。全体の容姿を見てバランスがとれていると感じられるものは、美しさにつながります。

　まとう衣服も含めて人の身体の形を見るときに重要なのが、そこから見えてくる「ライン」です。「ライン」は、英語のlineのことで、線、輪郭線、列、境界線、筋などの意味を持ちます。本節では体型、髪型、衣服などから見えてくる線や形について説明を進めますが、これらを総称して「線状のもの」を「ライン」という言葉で表現しています。

2.2.1　身体のライン

　パーソナルカラーシステムで似合う色（これがパーソナルカラー）を見つけ、その色を素直な気持ちで使っていくと、人は綺麗になります。色の力によって自分の外観、ひいては自分が人に与える印象について自信を持つことにより、まわりの人への配慮なども柔和になり、周囲とより良いコミュニケーションを確立していくことができるようになるからです。

　色を素直な気持ちで使っていくと、次は形（デザイン）に目が行くようになります。そして、いろいろなデザインの衣服に挑戦をしてみたくなります。しかし、色について人それぞれがさまざまなこだわりを抱いているのと同様に、形（デザイン）についてもそれぞれが異なる思いを抱き、変化を望もうとせず固定しがちです。それを示す実例をあげてみます。

同じデザインを選ぶ理由

　色を学ぶ人のために筆者らが主催するクラスの1つに衣服のコーディネート方法を学ぶクラスがあります。クラスの受講者はそれぞれ自分の衣服や小物を数多く持参し、これらを使用してコーディネートを実践的に学びます。

　このクラスを長年繰り返し行う中で、それぞれの受講者がどのような衣服や小物を持参するのか、その傾向に着目してみたところ、あることに気づきました。一人の受講者がクラスに持参する衣服や小物は、数の多少にかかわらず、すべて同じ傾向のデザインであるということです。その傾向は一時的なものでも一部の受講者に見られるものではなく、コーディネートクラスの受講者のほとんどすべてに見られる傾向です。色を選ぶ傾向と同じことが、形に関してもいえることはまったくの驚きでした。

　同じような形の衣服や小物を選んでしまう理由として考えられるのは、1つは、色彩に関して人それぞれ好みの傾向の色があるのと同じように、形に関しても好きな形、好みの傾向のデザインがあり、その傾向に一致する衣服や小物を選択するからです。とくに小物のデザインにおいてはその人の好みが大きく反映されています。

　もう1つの理由として考えられるのが、その人自身の体型に関するコンプレックスです。たとえば脚が太いというコンプレックスを抱いている人の場合、「脚が細くなる」運動、「脚が細く見える」衣服など身体の各部位を「修正」する方法だけでは、容易に受け入れることが難しいことが多いようです。まして、人からコンプレックスと感じている体型部分を一度でも指摘されると、気に

■体型のコンプレックスとして感じやすいこと

太っている　痩せている
身長が低い／高い
顔（頭）が大きい　顔型が嫌い
首が太い／短い／長すぎ
肩幅が広い／狭い　肩ががっちりしている
バストが小さい（あまりない）／大きい（大きすぎ）　バストの位置が下がっている
腕が太い　二の腕が太い／短い
ウエストが太い　くびれがない
ヒップが下がっている　ヒップが大きい　ヒップが小さすぎ　ヒップの形が悪い
脚が太い／細い／短い　足首が太い　脚の形が悪い
下半身が短い　胴長
姿勢が悪い　猫背　体型にメリハリがない　　　など

なって一生そこを隠すような場合もあります。身体の「欠点」と思う部分を隠そうという気持ちが、いつも同じような形の衣服を選んでしまうという行動に向かわせているのです。

理想の体型

　人はそれぞれ異なる個性を持って生まれています。肌の色や骨格などが他人とまったく同じということはありません。人はそれぞれに違っていることが素晴らしいわけです。体型についても同じことがいえます。まるっきり同じ体型の人が世の中に二人といないことも、一人ひとりが持つ個性なのです。

　しかし、理想の偶像を勝手に作り上げ、それを自分との比較の対象にする人が多いのが現状です。体型についても、いわゆる「理想」のプロポーションはこうあるべきというものを抱き、これと自分の体型を比較して欠点探しを行うという人も少なくありません。もちろん理想のプロポーションを思い描くことが自らの向上につながることも確かです。

　もともと授かった身体そのものを、嫌いだからといって異なる体型に変化させることはできませんし、変化させようと試みても理想と考える体型に変えることはできません（もちろん筋肉を鍛えたり、ダイエットをしたりなどで多少は変化させることはできます）。しかし、骨格や体型とは自分そのものです。心と同じように、現状の自分を認めること（自分自身の身体を愛おしく感じ、コンプレックスから解放されること）、そして与えられたものを最大限に活かして、自分の体型に合った「理想」のプロポーションに近づけることが、自分を真の意味で活かすことにつながります。

身体のラインの分析

　ここでは、筆者らのクラスで実際に行っているラインの分析方法から、分析の体験者がその結果をどのように活用できるかについて述べていきます。

　他人とは異なる個性のある体型を認識し、コンプレックスから解放されるには、まず、自分の体型について知る必要があります。自分の身体がどのようなラインを持っているのか、そのラインが他人の目にはどのように映って見えるかを、本人の目で実際に確認することです。自分を客観的に見る方法として写真や鏡に映る姿を見ることも考えられますが、この方法で見る自分の体型は、等身大ではないのでなかなか実感しづらく、自分自身の体型として身近に感じることができません。

自分の身体がどのような体型でどんな姿をしているのか、これを分析する方法として有効なのが、身体の輪郭を等身大に再現したラインを客観的に見つめることです。筆者らが実際に行っているのは、「身体実測スケッチ」という、いわば「人たく」をとることです。具体的には、立位の状態の人の身体の外側の輪郭を紙の上にスケッチします。全身の体型を確かめるときは正面から見ることが普通で、後ろや側面から見るということはめったに行わないので、等身大のラインも、正面から見える身体のライン（外側の輪郭ライン）を分析します。スケッチから全体を眺めたうえで、さらにスケッチから横幅や縦幅を計測して数値で表し、そのバランスを見ていきます（具体的な分析方法については後述します）。

　平面上に再現された自分の身体のラインをあらためて見つめることで、はじめて自分の体型を客観的に意識するようになります。線でスケッチしただけのラインですが、等身大であることからそのラインが立体感を呼び起こし、そこ

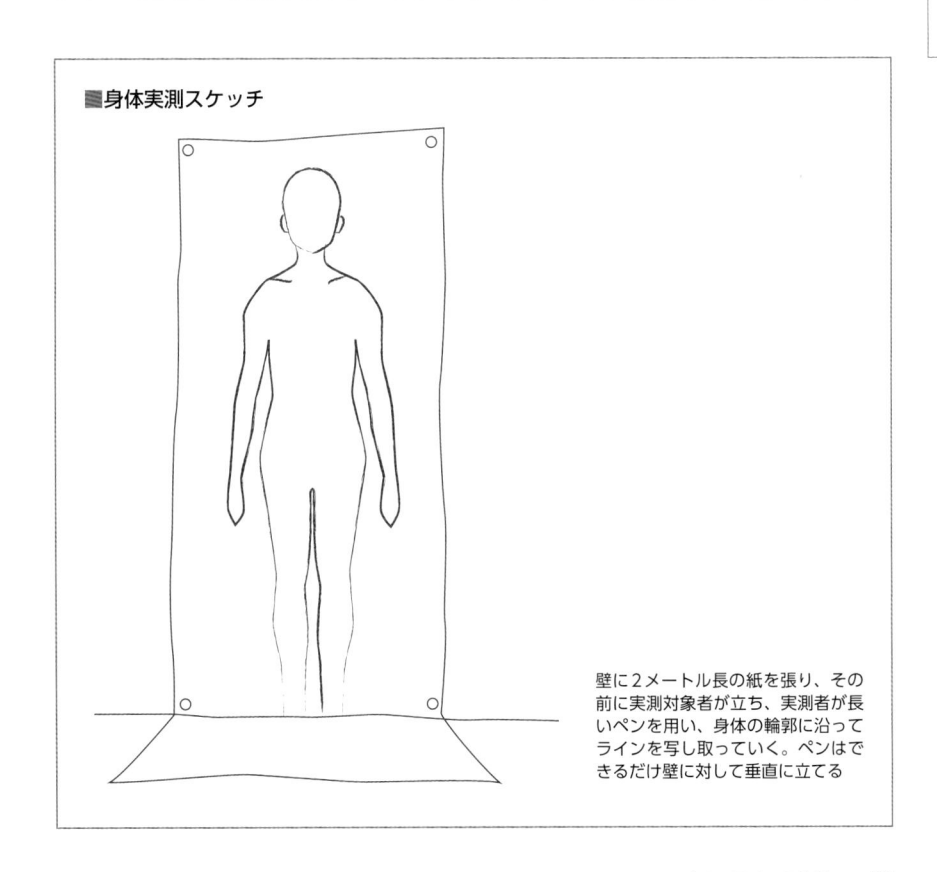

第2章　線・形・色を知る

■身体実測スケッチ

壁に2メートル長の紙を張り、その前に実測対象者が立ち、実測者が長いペンを用い、身体の輪郭に沿ってラインを写し取っていく。ペンはできるだけ壁に対して垂直に立てる

2.2　ラインの法則

にもう一人自分が存在しているかのような感覚が生まれてきます。

　このように、スケッチされた身体の輪郭を見て（あるいは実際に計測した数値を見て）、脚が短い、太っているなど自分で欠点と思っていたような場所が、実際にはそれほど短くない、思ったほど太っていないことを実感します。そうなると、欠点を欠点と思わなくなり、自分の身体を客観視できるようになります。このように、等身大のラインにより自分を客観的に観察することが可能になると、自分の体型の短所長所を直視することができるようになり、それらを素直な心で受け入れられるようになります。

身体のバランス（縦のライン）

　等身大にスケッチした自分の身体のラインを客観的に観察することができるようになったら、そのバランスについて分析を行います。スケッチから横幅や縦幅の計測を行い、縦のライン（垂直線のこと）と横のライン（水平線のこと）に分けて分析します。分析を行うと全身のバランスを整えるにはどうすればよいかがわかるようになり、後述するライン（線や形）を使った体型の修正方法を有効に活用することができます。

　はじめに、縦のラインです。まず、頭部、肩、アンダー（脇の下）、バスト（B）、ウエスト（W）、ヒップ（H）、膝の位置が縦のラインのどの位置にあるかを確かめます。縦のラインに対する各部位の位置を、身体全体のバランスがとれて見えるときの位置と比較し、そのずれを観察します。

　なお、人の身体を縦のラインで見るとき、頭部を基準とした頭身で考えることがあり、全身に対して頭部が大きくなると頭身数は小さく、頭部が小さいと頭身数は大きくなります。いわゆる八頭身であるとバランスがとれた体型（良いプロポーション）に見えること、頭身数が大きいほど全身のバランスがとれているように見えやすいことは確かです。頭身数を大きくすることを「理想」として、プロポーションが良く見える位置を探すための比較の基準にはします。ただし、頭身数が大きいことだけが美しく見えるための条件ではありません。頭身数はあくまでも目安と考え、今目の前にある自分自身の身体に合わせてバランスを整えていけば、いくらでも美しく見せることはできます。

　部位ごとに見ていきましょう。はじめに、頭部（頭と顔の大きさ）です。頭部は頭身の基準ですので、頭部の大きさにより、背が高く見えたり低く見えたり、また胴長に見えたり、反対に脚が長く見えたりします。頭部の大小は、ヘアスタイルやメイクアップで変えて見せることができますし、肩幅の大小に

■縦のラインのバランス

頭部（頭部は頭身の基準になる）

肩

アンダー
バスト（B）

ウエスト（W）

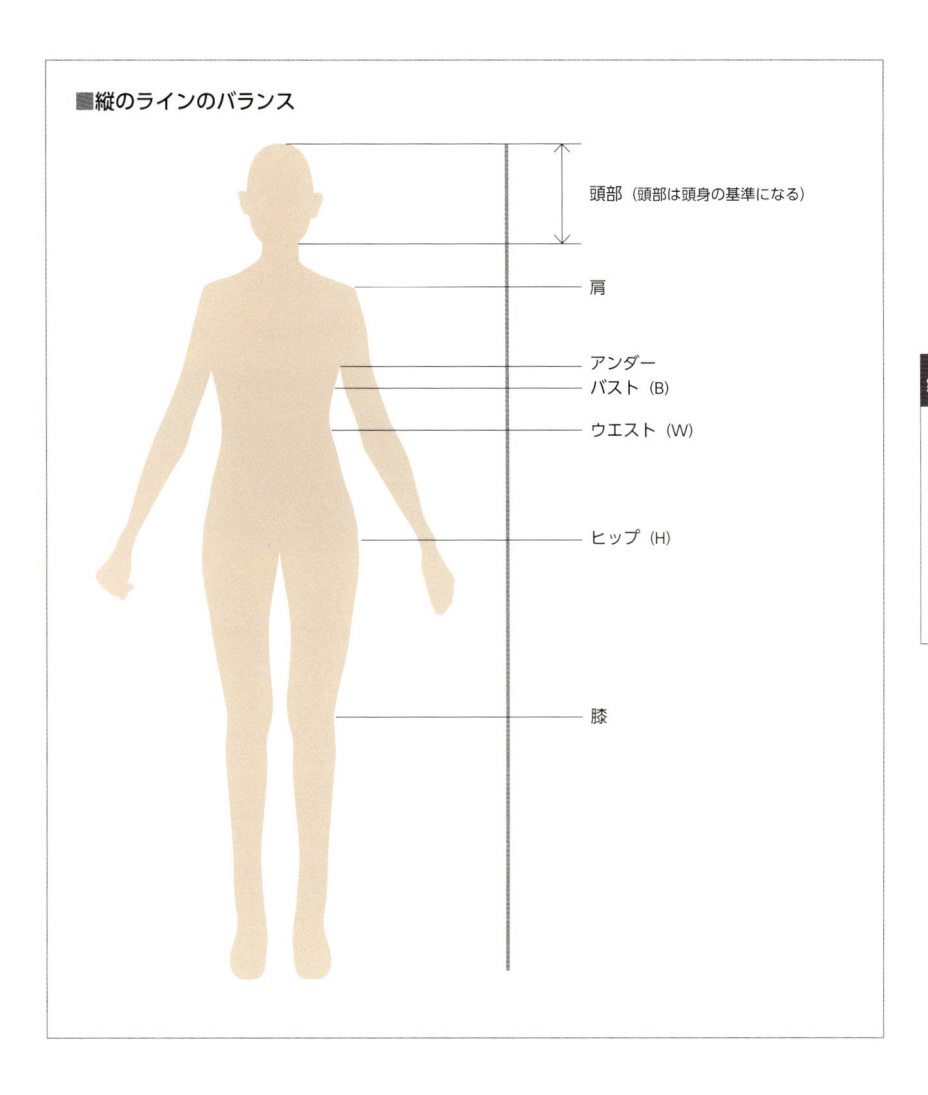

ヒップ（H）

膝

よっても大きさが違って見えます。

　次にバスト（B）とウエスト（W）です。まず、バストの位置は高い位置にあれば良いというものではありません。それぞれの身体に合った位置にないと身体全体のバランスが崩れ、かえっておかしな体型に見えてしまいます。バストのトップの位置は、脇の下から何cm、または肩からひじの中間の位置あたりを理想とする考え方が下着メーカーなどから提示されていますが、バストに限らず、いわゆる「理想」の位置とされる基準は時代とともに変化します。自身の体型に対してバランスがとれている位置にバストがあると上半身がスッキ

リと見え、下半身の縦のラインを長く見せることができます。

　日本人を欧米人と比較すると全般にウエストが低い位置にあります。ウエストが低い位置にあるより高い位置にあるほうがバランスがとれて見えますが、ウエストの位置さえ高ければ良いというわけでもありません。バストやヒップなどの位置、脚の長さなど、身体全体を見て位置を調整する必要があります。自分の身体に合わせてバランスがとれているといえる位置にウエストがあれば、結果的に脚が本来より長く見え、ヒップの位置を高く見せることができます。

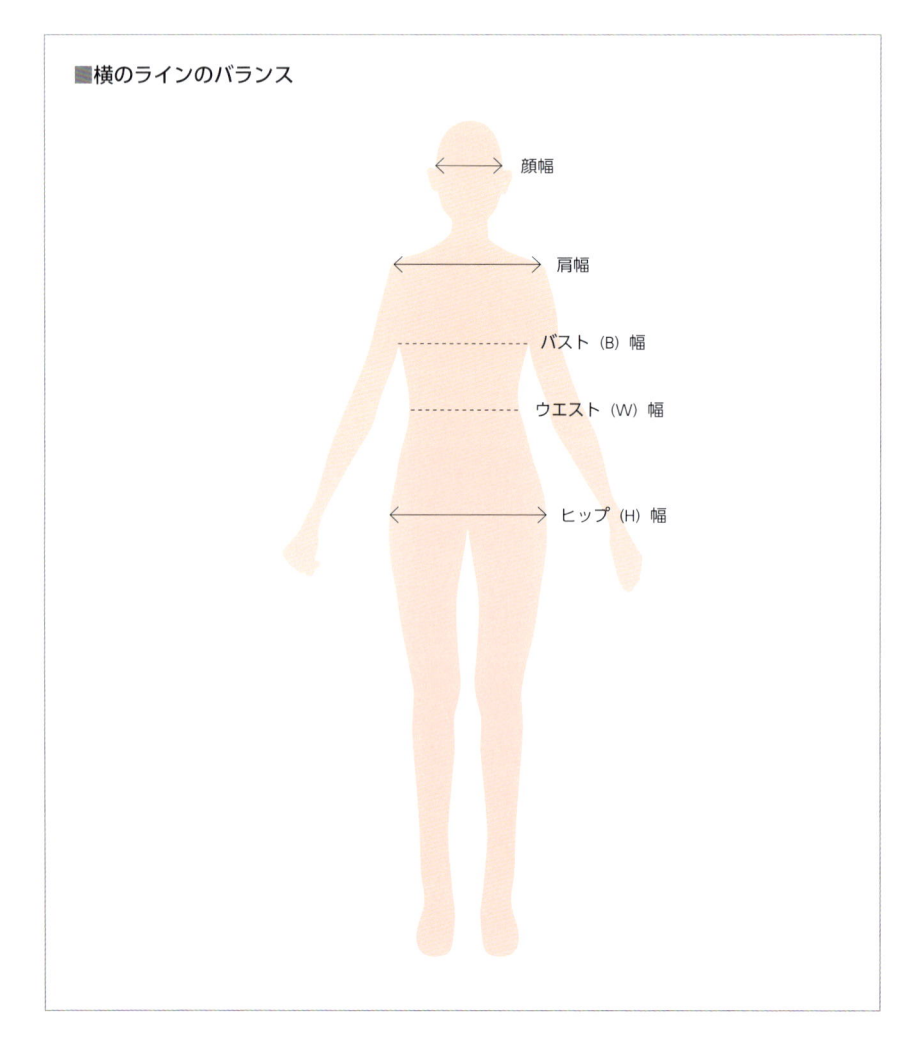

■横のラインのバランス

顔幅

肩幅

バスト (B) 幅

ウエスト (W) 幅

ヒップ (H) 幅

身体のバランス（横のライン）

次に、横のラインです。横のラインも、縦のラインと同じように、部位ごとの幅だけで考えず、それ以外の部位の幅と合わせた全体のバランスで考えます。横のラインのバランスは、頭（顔）、肩、ヒップ（H）の幅を中心に見ていきます。これら3つの部位の幅と位置を、自分のライン、理想と考えるラインとで比較し、そのずれを観察します。幅の数値は、身体を直に計測して得られた数値ではなく、あくまでも身体実測スケッチ上の横の幅である「実測幅」を見ていきます。なお、和服を着るときは縦のラインを重視するのに対し、洋服を着るときには横のラインと縦のラインの両方を重視します。洋服は肩で着るといわれるように、肩幅は、洋服を着用する際の全体のバランスの中で大きな比重を占めるからです。

はじめに、顔幅と肩幅について下図の例を見てみましょう。顔幅と肩幅との関係は、横のラインのバランスの見え方に大きく影響します。同じ顔幅でも肩幅によって広くも狭くも見えてきます。トップス（上部）の衣服の色や柄、デザインによっても見え方は異なります。また、横幅にボリューム感のあるヘアスタイルにすると肩幅は狭く見え、小さくきっちりとまとめたヘアスタイルにすると肩幅は広く見えてきます。肩幅の広い狭いで悩んでいる人は、この見え方はとても重要ですから、頭に入れておくとよいでしょう。当然のことながら、時代とファッション性により肩幅の流行も変わります。

次に大切なことは、肩幅とヒップ幅のバランスです。ヒップに悩みを抱えて

■顔幅と肩幅との関係

同じ顔幅　　　　　　　　同じ肩幅

- 肩幅が狭いと顔が大きく見える
- 肩幅が広いと顔が小さく見える
- コンパクトにまとめたヘアスタイルにすると肩幅が広く見える
- ボリューム感があるヘアスタイルにすると肩幅が狭く見える

いる場合は、ヒップ幅が大きい、小さいといった数値だけで考えずに、肩幅とあわせて考えることで解決します。肩幅がヒップ幅より大きいとヒップのほうが小さく見え、肩幅がヒップ幅より小さいとヒップのほうが大きく見えます。ヒップを小さく見せたいのに自分の身体のヒップ幅が肩幅より大きいという人でも、心配はいりません。ヒップ幅が肩幅より狭く（小さく）見えるように、衣服のラインでいくらでも肩幅のほうを広めに見せることができます。

　顔幅、肩幅、ヒップ幅以外にも、横のラインとしてウエストも見ておきましょう。ウエストの太さは、綺麗にくびれた細いウエストを理想とする人が圧倒的に多いでしょう。また、細めの体型の人はウエスト幅は小さく、太めの体型の人はウエスト幅は大きくなります。しかし、数値だけで判断せずに、身体全体に対してのバランスから見ることでウエストはいくらでも細く見せることができます。さらに、衣服のウエストの位置やデザインを工夫するなど、ウエストを細くすっきりと見せる方法はたくさんあります。

　バストの幅も全体のバランスの中で大きな役割を果たします。身体全体に対してバストの位置と幅のバランスがとれていると、顔が小さく見え、ウエストやヒップまわりのラインがなだらかな曲線を持っているように見せることがで

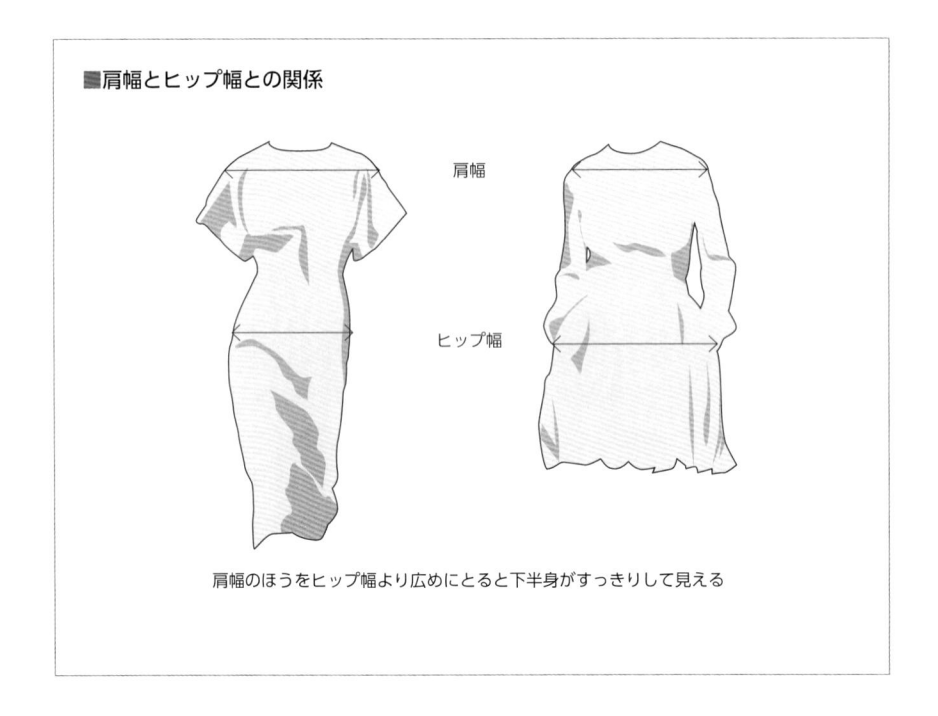

■肩幅とヒップ幅との関係

肩幅のほうをヒップ幅より広めにとると下半身がすっきりして見える

きます。

このほかに、脚（腿）の細さ、太さの見え方も、横のライン全体に大きく関係します。

体型を分類する３つのタイプ

筆者らは身体実測スケッチで多くの女性の身体をスケッチしました。スケッチでは輪郭に沿ってなぞるので、身体に手で触れることになり、骨格や肉づきの状態を直に感じます。この経験を繰り返すうちに気づいたのが、女性の身体は共通する特徴を持ち合わせているということです。共通する特徴とは、女性特有の曲線があること、誰もが男性と違い皮膚に心地良い柔らかさを持っていること、メリハリがあることなどです。とくに身体全体の外側の輪郭（身体実測スケッチで写し取ったライン）にはその特徴がよく現れています。

また、身体実測スケッチをもとに個人個人の体型に対してバランスを調整する方法を分析していくうちに明らかになったことが、身体実測スケッチから見

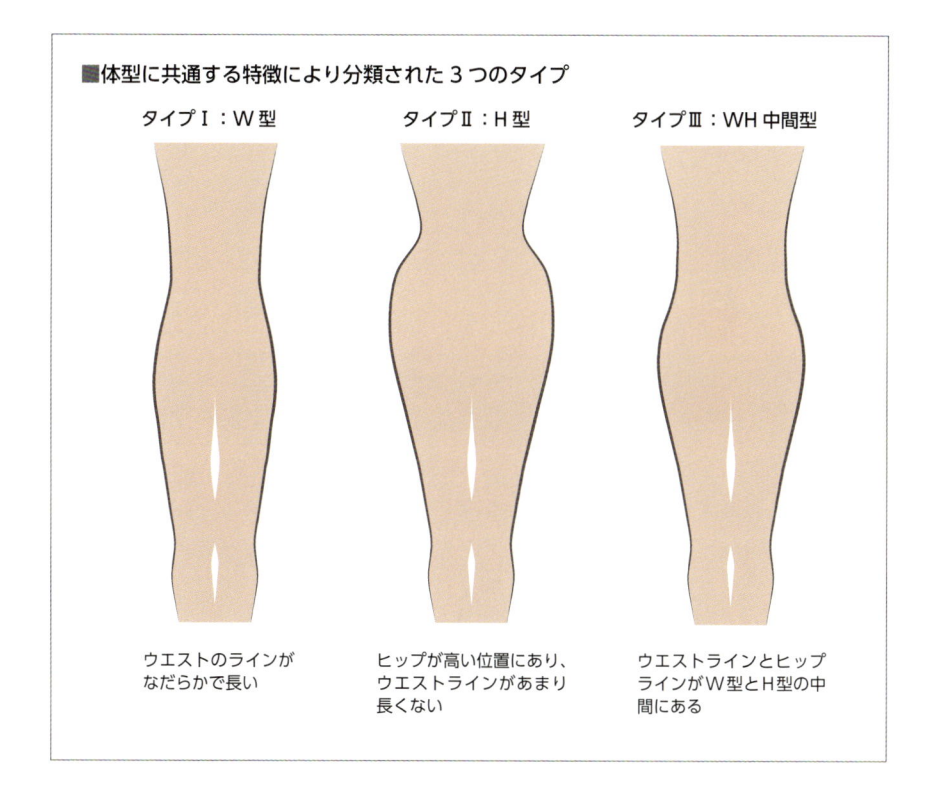

■体型に共通する特徴により分類された３つのタイプ

タイプⅠ：W型	タイプⅡ：H型	タイプⅢ：WH中間型
ウエストのラインがなだらかで長い	ヒップが高い位置にあり、ウエストラインがあまり長くない	ウエストラインとヒップラインがW型とH型の中間にある

える全体の輪郭（身体ライン）をいくつかのタイプに分類できるということです。とくにウエストからヒップにかけてのラインは、大きく3つのタイプに分類できます。

　3つのタイプのうちの1つ目は日本人の多くに見られるＷ型で、ウエストのラインがなだらかで長いのが特徴です。2つ目はＨ型で、ヒップが高い位置にあり、ウエストラインがあまり長くないのが特徴です。3つ目はＷＨ中間型で、ウエストラインとヒップラインがＷ型とＨ型の中間にあるのが特徴です。

　身体を輪切りにしてみると、薄く平たい断面の人、厚く丸みのある断面を持つ人、その中間の人がいます。上記のウエストからヒップにかけてのラインと身体の厚みは共通した特徴があります。

　体型を3つのタイプに分けることにより、理想と考える体型のラインに修正していく方法を早く見つけることができます。自分の体型が3つのうちのどのタイプに属するかを分析するだけで、人それぞれの身体の改善点（改善すると全体のバランスがとれて見えるようになる）、長所（生かしていくと際立って美しく見せられる）を簡単に見つけ出すことができるからです。つまり、自分の身体のラインのバランスの調整箇所がピンポイントでわかるようになります。

　3つのタイプそれぞれの特徴とバランスの調整方法や修正方法を具体的に説明します。

タイプⅠ：Ｗ型

　Ｗ型は、ウエストがポイントです。ウエストラインがなだらかで長いという特徴があります。なだらかなウエストラインは女性的な曲線を感じさせます。一方で、このタイプの人が短所として感じやすい点は、ウエストやヒップの位置が下がり気味に見えることです。この点が気になる場合は、ウエストラインを右図のように本来のウエスト位置より高めに設定します。ヒップの位置が高く見え、脚が長く見えます。

　ウエスト位置を修正するとなだらかなラインがさらに活きます。また、下半身全体を気にしている人の場合は、アクセントになるものを身体の上部のほうに置くと、ヒップ位置が高く見え、脚が長く見えます。下部のほうにアクセントになるものを置くと逆に胴長に見えます。下半身を長く見せたい場合には、アクセントにするものは小面積で目立つもの（目につく色や形）が効果的です（第4章「4.4.4　配色技法」を参照）。

■ W 型

ウエスト位置を上げる

本来のウエスト位置

ウエスト位置を上げるとヒップ位置が高く見える

本来のウエスト位置のままだとヒップ位置が低く見える

アクセントなどを上部に置くと下半身が長く見え、下部に置くとヒップの位置が低く見える

第2章 線・形・色を知る

2.2 ラインの法則

■ H型

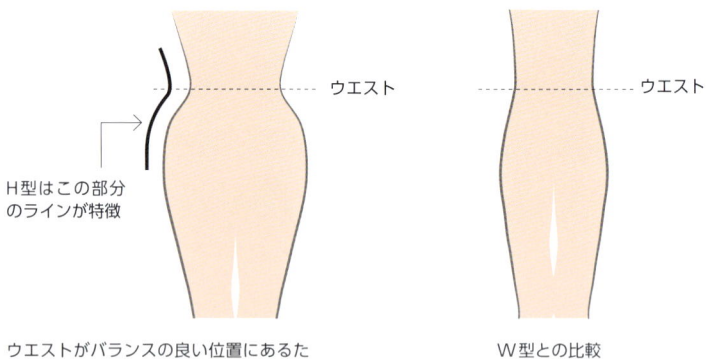

ウエスト

H型はこの部分
のラインが特徴

ウエスト

ウエストがバランスの良い位置にあるため、ヒップ（腰）が高くなり、脚が長く見える

W型との比較

ヒップ幅があるのでボリューム感のあるボトムスにすると広がって見える

シンプルな形のボトムスにすると
下半身が長く見える

タイプⅡ：H型

H型は、ヒップのラインに特徴があります。ヒップ位置は高めで、ウエストもバランスのとれた位置にあります。一方で、ヒップ幅が広く大きく見え、ヒップ幅およびウエスト幅を気にかける人が多いようです。

H型をW型と比較すると、脚（下半身）がより長く見えるラインが特徴です。シンプルな形のボトムス（下部）の衣服を着用すると、脚が長く見えるラインがさらに活きます。逆にボリューム感のあるボトムスの衣服を着ると、広がりのあるラインになり、ヒップ幅がより広く大きく見えます。

前述したように、ヒップ幅の見え方には、肩幅とヒップ幅のバランスが影響します。ヒップ幅の広さが気になる人は、ヒップ幅より肩幅を少々広めに見えるラインにすると下半身をすっきりと見せることができます。

タイプⅢ：WH中間型

WH中間型は、W型とH型の中間にある体型です。W型に近い体型を持つ人とH型に近い体型を持つ人が含まれます。ヒップの位置が低い、ヒップの位置が高く幅が広いといった悩みを持つ人が多いこれら2つのタイプの人からすると、全体にバランスがとれて見えるのが特徴です。ほど良い形でヒップに丸みがあり、ウエスト位置もさほど調整せずに済む位置にあります。実際にいろいろなファッションに挑戦できる人もいる一方で、欠点部分を気にかけてしまう人もいます。

身体が薄型の人が多いので、ウエストにメリハリがないように感じ、年齢を

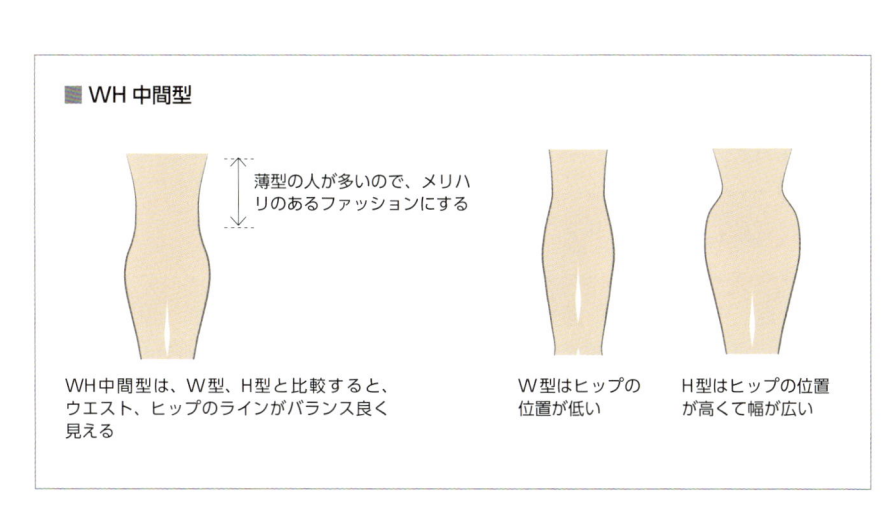

■ WH 中間型

薄型の人が多いので、メリハリのあるファッションにする

WH中間型は、W型、H型と比較すると、ウエスト、ヒップのラインがバランス良く見える

W型はヒップの位置が低い

H型はヒップの位置が高くて幅が広い

重ねると首からバストにかけたラインが下がり、貧弱に見えてしまうこともあります。その場合は衣服の重ね着や小物の追加などでボリューム感（厚み）を出し、メリハリを出します。コーディネートの際にボリュームのあるものを上半身の一か所に持ってくると、バランスがとりやすくなります。あるいは、ウエスト位置を本来の位置より少し高めに持ってくる方法でも、バランスがとりやすくなります。身長が高い人は逆にポイントになる小物やベルトなどで位置を下げるほうが、バランスが良くなります。

2.2.2 ラインの基本

前項では、身体の輪郭を等身大でスケッチして客観的に眺めることにより、その人の体型がどのようなラインを持つかを分析し、バランスを調整する方法について取り上げました。人によって異なる体型の悩みを一か所ずつ解決していくことで、その人の持つ体型全体のバランスを見る大切さを理解していただけたことでしょう。

本項からは、ライン（線）を使用して体型のバランスを調整する方法について説明します。

ラインによる錯覚

ファッションを楽しむ多くの女性は、雑誌のモデルのような体型であれば何でも着こなすことができ、どんなファッションにでも挑戦できるのにと思うかもしれません。しかし、前述したように、実際には「バランスのとれた体型」を持つ人はほとんどいないといってよいでしょう。

美しいと感じられる姿は、身長や体重、骨格、体型によるだけでなく、視覚的な見え方が大きく関与します。これは前述した身体のラインにもいえることで、バランスを調整する際に基準にしているのは、体型自体を調整するのではなく、視覚的にプロポーションを良く見せることです。そのために、それぞれの人がまとう衣服などからバランスのとれた美しいプロポーションであるという錯覚を起こします。この錯覚を起こすための鍵が、ライン（線）です。

ラインにはさまざまな種類があり、それぞれに運動の方向性や見え方が異なります。これを上手に利用することで狙ったように錯覚を起こすことができます。コーディネート全体の中で、たった1本のラインの働きにより、横幅が本来の幅より広く見えたり、縦の長さがより長く見えたりと見え方を変えること

ができます。つまり、ラインの使い方次第では、理想とするラインに近づけることが簡単にできるということです。

なお、ラインには単純な直線から複雑な形状の線までさまざまなものがありますが、ここではラインの基本として直線について説明します。直線には、縦のライン（垂直線）、横のライン（水平線）、斜めのライン（斜線）があります。

縦のラインの性質

縦のラインは、視覚的に上から下、下から上へと、上下の方向に運動していきます。縦のラインを効果的に利用することにより、実測上で得られた数値よりも長さや高さを視覚的にさらに強調して見せることができます。また、縦のラインを使用すると曲線や斜線と比べて硬いイメージを表すこともできます。

図（102ページ）の例を見てみましょう。図Aのように、パンツなどに縦のラインが入っていると脚をスラリと長く見せることができます。背を高く見せたい場合や細く見せたい場合は、とくに縦のラインを使うと効果的です。横幅をあまり強調したくない場合は（たとえばウエストの太さが気になる場合など）、図Bのように縦のラインを使い、横幅に視線が向かないようにします。太めの体型や背の低さを気にする人は、縦のラインの使い方を身につけると重宝します。

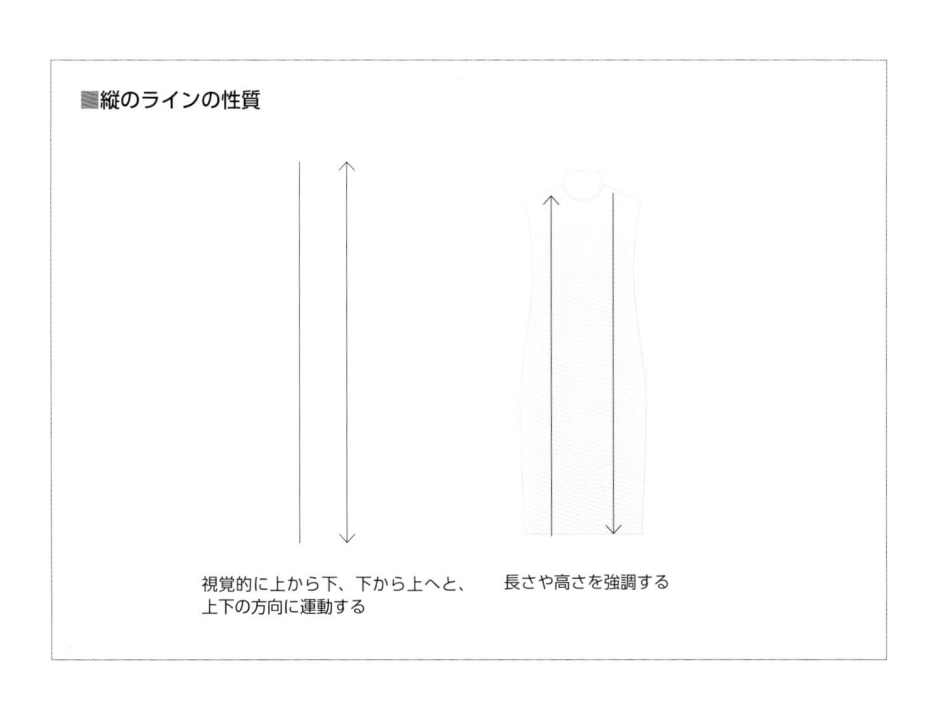

■縦のラインの性質

視覚的に上から下、下から上へと、
上下の方向に運動する

長さや高さを強調する

2.2 ラインの法則

■縦のラインの見え方と活用方法

図A

パンツに縦のラインを入れると脚が長く見える

図B

縦のラインを使うと横幅に視線が向きにくくなる

横のラインの性質

　横のラインは、視覚的に左から右、右から左へと左右の方向に運動していきます。また、水平方向への広がりが現れます。そのため、横のラインの使い方によっては、実測上で得られた数値よりも横幅が強調され幅広く感じます。104ページの図Cのように、バストの位置にギャザーやフリルなどで横のラインを使用すると、幅を広く見せることができ、バストを豊かに見せることができます。図Dのようにヒップの部分で横のラインによる切り替えがあると、ヒップ幅がより広がって見え、強調されます。また、横のラインがあると、身体の縦のライン（身体実測スケッチより）に対して、バスト、ウエスト、ヒップなどが「理想」の位置にあるかのように認識させることができます。図Eのようにウエスト部分に横のラインの切り替えがあると、その部分がウエストの位置のように見え、本来のウエストの位置より上に見せることができます。また、細めの体型の人がメリハリをつけたい場合には、フリルなどを用いて横のラインの効果を活用します。

　なお、縦や横の直線を繰り返して重ねると、ラインの方向性を変えることができます。横のラインを繰り返すと上下の方向に運動しているように見え、縦のラインを繰り返すと左右の方向に運動しているように見えます。

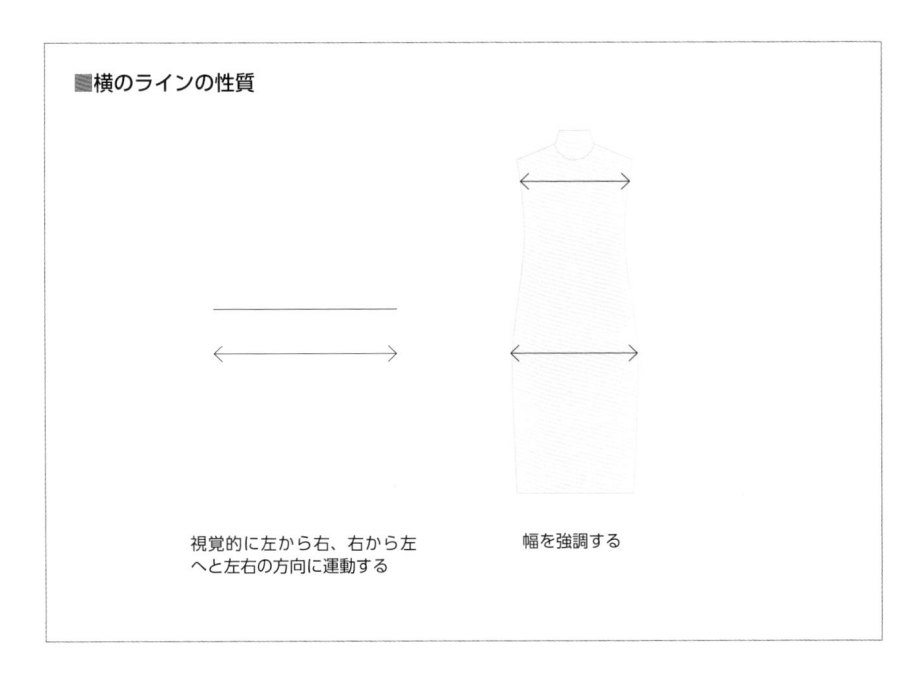

■横のラインの性質

視覚的に左から右、右から左へと左右の方向に運動する

幅を強調する

■横のラインの見え方と活用方法

図C

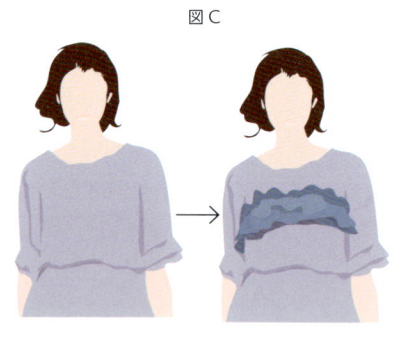

バストの位置にギャザーやフリル、柄などで横のラインを作ると幅が広く見える

図D

ヒップの位置に横のラインがあるとヒップ幅がより広く見える

図E

横のラインが入ることによりウエストの位置を実際より高く見せることができる

斜めのラインの性質

　斜めのラインは、視覚的に縦、横どちらかの方向に向かう性質ではなく、縦と横の両方の性質を含んだ効果が現れます。斜めのラインは女性らしい柔らかさを表すことができます。また、斜線そのものが動きを感じさせるラインでもあり、「ごまかしの線」としてさまざまな場面に活用できます。

　太めの体型を気にする人が細く見せたい場合に、斜めのラインを利用することができます。ヒップの大きさを気にする人の場合、ヒップの高い位置に横のライン（シャツの裾のラインなど）を使うと横幅が強調されてしまいます。106ページの図Fのように、斜めのラインを使い、横から斜めへ目線の動きを変え、視覚の錯覚を起こすことで、ヒップのラインをすっきりと見せます。図Gは、ブーツの履き口のラインを横にしたものと斜めにしたものの比較です。斜めのほうが脚が細く見えます。この斜めのラインの使いこなしができれば、身体のラインのバランスを作るうえで何も怖いものがないといってもよいくらいです。

　縦、横のラインは、硬さを表す直線的な性質があることから、男性的な性質も含みます。縦のラインの男性的な性質は、男性がスーツで着用するネクタイの形にも現れています。斜めのラインを使うと、ソフトさやエレガントさを出すことができ、女性らしいライン作りという効果が期待できます。図Hは、斜

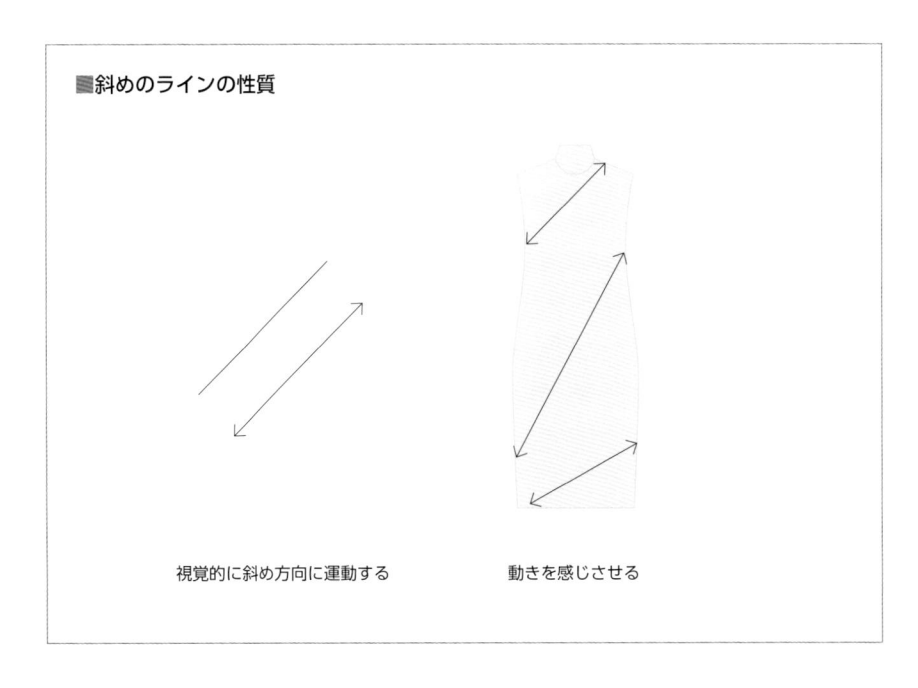

■斜めのラインの性質

視覚的に斜め方向に運動する　　　動きを感じさせる

■斜めのラインの見え方と活用方法

図F

横にラインを入れるより斜めにラインを入れるほうがヒップやウエストが細く見える

図G

ブーツのラインを斜めにすると脚が細く見える

図H

襟元に斜め（V字）ラインを取り入れると首が長く見える

図I

横のラインより斜めのラインのほうが女性らしくエレガントなイメージになる

めのラインを取り入れて、首を長くすっきりと見せています。図Iは、衣服の切り替えが横のラインの例と斜めのラインの例を比較しています。斜めのラインは、女性らしくエレガントなイメージに見えます。着物の襟元、うなじライン、スカーフ、ネックライン（オブリークネックやドレープドネック）、衣服の裾、シューズなどさまざまな場所で斜めのラインは利用されています。

縦、横、斜めのラインの効果

先に述べたように、縦のラインは硬さ、横のラインは硬さと安定感、斜めのラインはソフトさやエレガントさ、女性らしさといった性質を持ちます。これらのラインの性質は、単独の直線だけではなく、さまざまな形状の柄でもその効果を発揮します。単独の直線ではない柄の場合は、縦、横、斜めの3つのラインのうち、どのラインが全体の印象の中で強く映し出されるか、つまり強調されるかによって見え方が異なります。

図Jと図Kを比較すると、図Kのほうが動きは感じられますが、図Jのほうが安定感が感じられます。

図Lは、縦方法に伸びるだ円、横方向に伸びるだ円、斜め方向に伸びるだ円の違いを示しています。縦方向は上下方向への長さを感じます。横方向は幅の広さに通じ、斜め方向は角度により横のラインの性質や、縦のラインの性質に近くなり、動きを感じさせます。

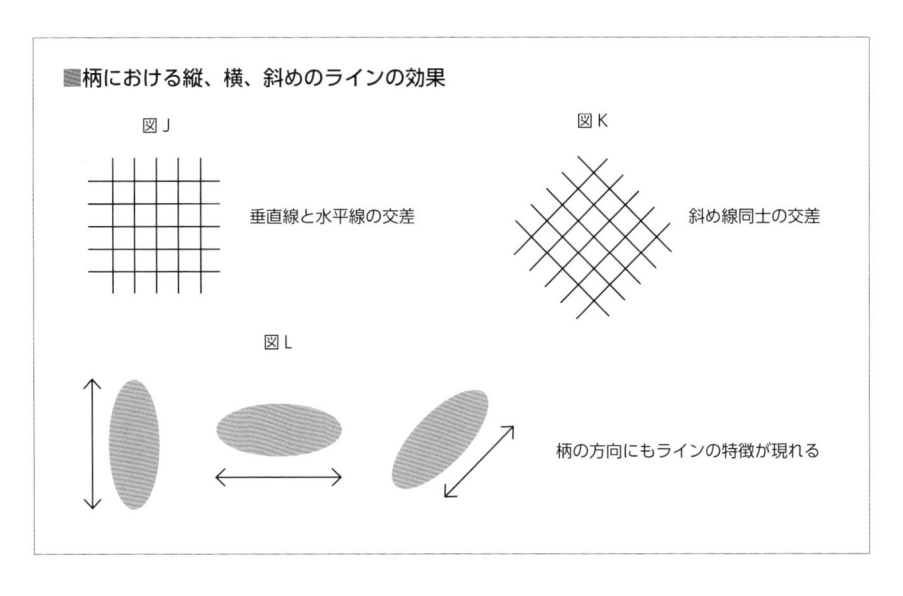

■柄における縦、横、斜めのラインの効果

図J　垂直線と水平線の交差

図K　斜め線同士の交差

図L　柄の方向にもラインの特徴が現れる

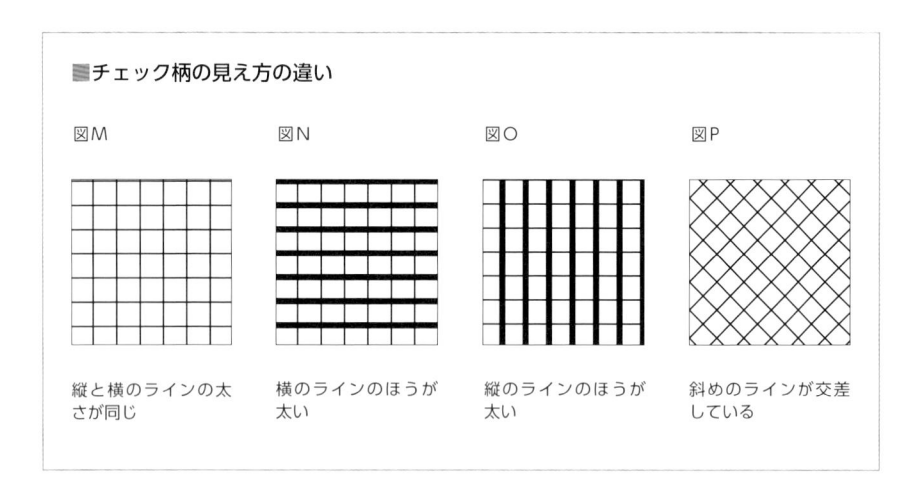

■チェック柄の見え方の違い

図M　縦と横のラインの太さが同じ

図N　横のラインのほうが太い

図O　縦のラインのほうが太い

図P　斜めのラインが交差している

　具体的な柄でラインの効果の例を見てみましょう。はじめにチェック柄です。もっとも強調表示されているラインの性質を強く感じることができます。

　図Mは、縦と横のラインの太さが同じチェック柄です。縦のライン、横のラインともに同一に見えます。図Mに対して図Nは、横のラインのほうが太いことから横のラインの性質が強くなり、安定感を感じさせる柄に見えます。図Oは、縦のラインが強調されているので、縦のラインの性質が強くなります。このように、縦横のチェック柄の場合、ラインを太くしたり濃くしたり、ラインの数を増やしたりして強調することにより、そのラインの性質を強く表すことができます。図Pの斜めのチェック柄の場合、斜めのライン同士の交差により、斜めのラインの性質が強く、動きを感じさせます。また、角度によっては不安定な感じを生み出す場合があります。

　植物や花などが柄に使用されている場合、柄に見える縦、横、斜めのラインにより同様の効果を発揮します。

　図Qのように縦（上下）に長い柄は、縦のラインの効果を出したいときに使います。背が低めの人が高く見せたい場合、太めの体型の人が細く見せたい場合に効果があります。反対に、背が高い、細すぎることを気にしている人は高さや長さ、細さがより強調されるので避けたい柄です（柄の大きさや色にもよる）。

　図Rのように横へ広がる柄は、横のラインの効果を出したいときに使います。細めの体型の人が使用すると横幅を広く見せる効果（横への広がり感）が出るので、メリハリが出て、細く見える印象を軽減させます。部分的に豊かに見せたい場合にも効果的です。たとえば胸部あたりにこの柄を持ってくると胸が豊

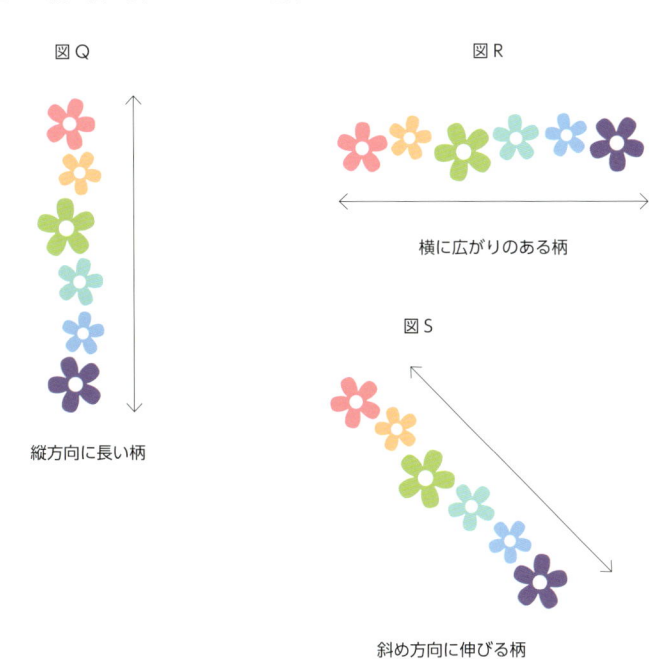

■柄に見える縦、横、斜めのラインの効果

図Q

縦方向に長い柄

図R

横に広がりのある柄

図S

斜め方向に伸びる柄

■連続した柄の入る方向性による見え方の違い

横　　　斜め　　　縦

第2章　線・形・色を知る

2.2　ラインの法則

かに見えます。

　図Sのように斜め方向の柄やペーズリー柄は、斜めのラインの効果を出したいときに使います。流れるようなラインを作り、女性らしいイメージが出ます。太めの体型の人は細く見せることができるのでお勧めの柄です。

　なお、分散する柄の場合は縦、横、斜めのラインの効果は柄に反映されませんが、柄がひとつながりに見えるような、縦や横、または斜め方向に広がる柄の場合は、それぞれの方向性の効果が出ます。また、複雑で細かい柄の場合は、連続した柄の入る方向性によって見え方が変わります。

直線と曲線

　線は、直線と曲線に分散されます。これまでに説明したラインの使い方では、直線を主体にその種類や、それぞれの方向性や運動性が持つ性質を紹介し、これらを利用した多様な見え方から、個性的なそれぞれの身体のラインのバランスを美しく整えることができる方法を記しました。ここではもう1つの線である、曲線の性質について説明します。

　はじめに、直線と曲線を比較してみましょう。硬さと柔らかさという点では、直線は硬さをイメージさせ、曲線は柔らかさをイメージさせます。直線は男性的で曲線は女性的な印象です。曲線には動きを感じる一方、直線にはあまり動きが感じられません。直線は、始まりの一点から一定方向に移動したときの線で、その終点は明瞭です。一方で曲線は、始まりは一点でも移動の際の過程は動的に変化し、方向性や終点の位置は自由です。動きと空間を感じる形が作れること、リズム感を生み出すことが曲線の特徴です。

　直線と曲線の違いは、ヘアスタイルを例にするとよくわかります。

　衣服の形にも直線と曲線の違いを見ることができます。直線を使った衣服から感じられるのは、硬さ、知的さ、落ち着き、シャープさ、積極性、力強さと

■直線と曲線の比較

直線	曲線
硬い	柔らかい
男性的	女性的
動きが少ない	動きがある
始まりがある場合、一定方向に移動し、終点が明瞭	始まりがある場合、動的に移動し、終点が自由

■ ヘアスタイルに見える直線と曲線の違い

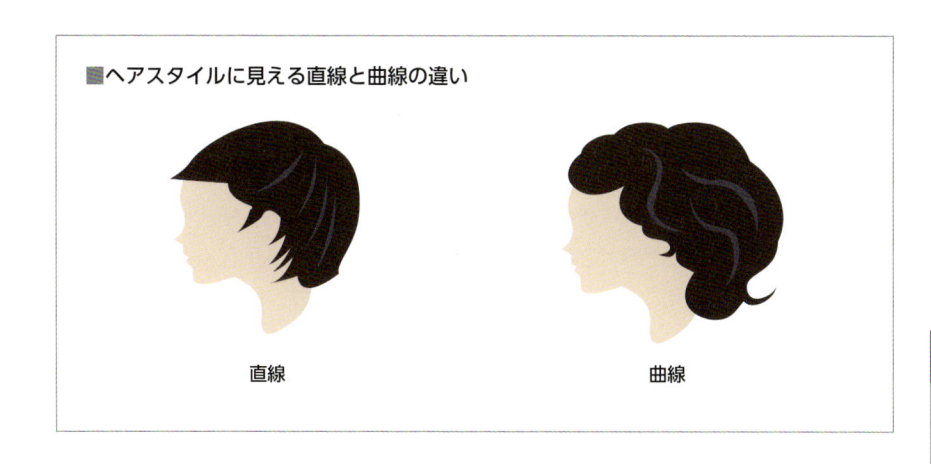

直線　　　　　　　　　曲線

いったイメージです。曲線を使った衣服から感じられるのは、優しさ、かわいさ、ソフト感、穏やかさ、エレガントさ、優雅さといったイメージです。このように、同じ線でも直線と曲線では異なる性質を持つことがわかります。

なお、曲線は、人の身体、とくに女性の身体に数多く見て取ることができます。本来、女性の身体にはリズム感のあるメリハリがあり、柔らかで滑らかな

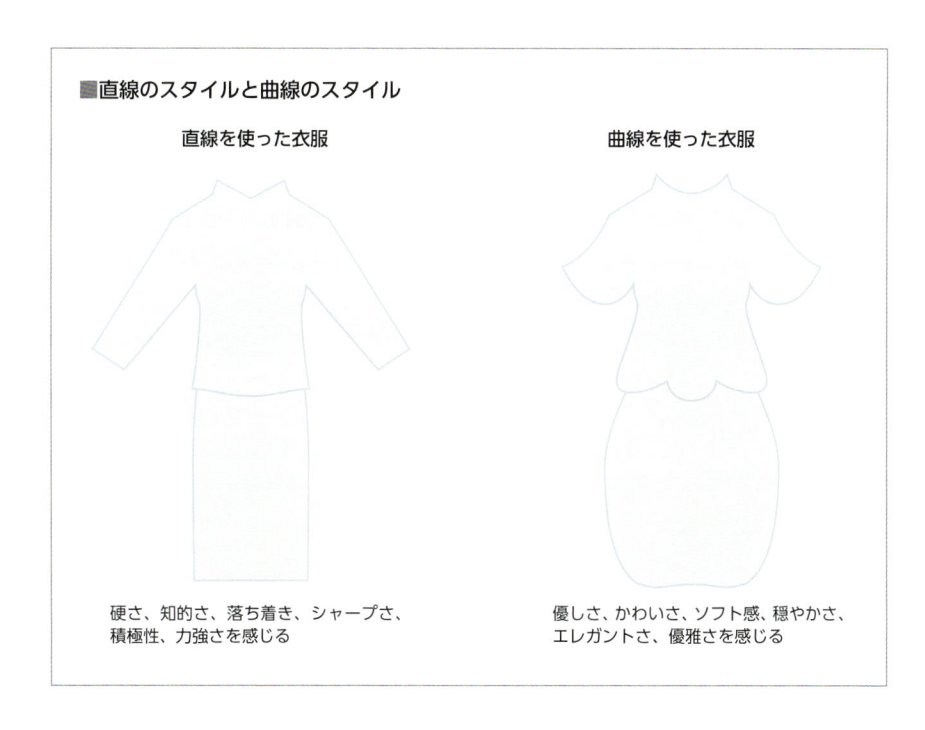

■ 直線のスタイルと曲線のスタイル

直線を使った衣服　　　　　　　曲線を使った衣服

硬さ、知的さ、落ち着き、シャープさ、積極性、力強さを感じる

優しさ、かわいさ、ソフト感、穏やかさ、エレガントさ、優雅さを感じる

第2章　線・形・色を知る

2.2　ラインの法則

曲線で構成されています。こうしたラインは、女性のみに与えられた、とても美しく調和のとれたものです。多くの女性は、太っている、痩せているなど、部分的な欠点を気にしがちです。まずは女性特有の素晴らしさである美しいラインを、女性であれば例外なく誰にでもプレゼントされているのだということを、どうか心から想い喜んでください。その想いの積み重ねが一歩ずつ理想のプロポーションへと近づけていきます。

2.2.3 ラインによる分割

　前述のようにラインは形のあるものを分割する性質も持ちます。これを利用し、同じデザインのものをラインを使って分割すると、分割前とは違った形が現れ、見え方が変わります。衣服のコーディネートをする場合、ラインの分割による効果がより顕著に現れます。

　ラインの分割によって、身体全体のバランスがどのように変化して見えるかについて説明します。身体全体のバランスの見え方は、衣服のコーディネートにおけるバランスに直結します。

水平分割

　全身のコーディネートでは水平分割が多く利用されます。はじめに、水平分割の効果の違いを図形で見てみましょう。同じ図形でも分割のラインの入り方で見え方が変わります。分割の効果は、衣服のコーディネートでも同様に働きます。次に、衣服のコーディネートの例を見てみましょう。

　右図のように、1：1分割は、衣服の上部下部が1：1の均等になるように（上

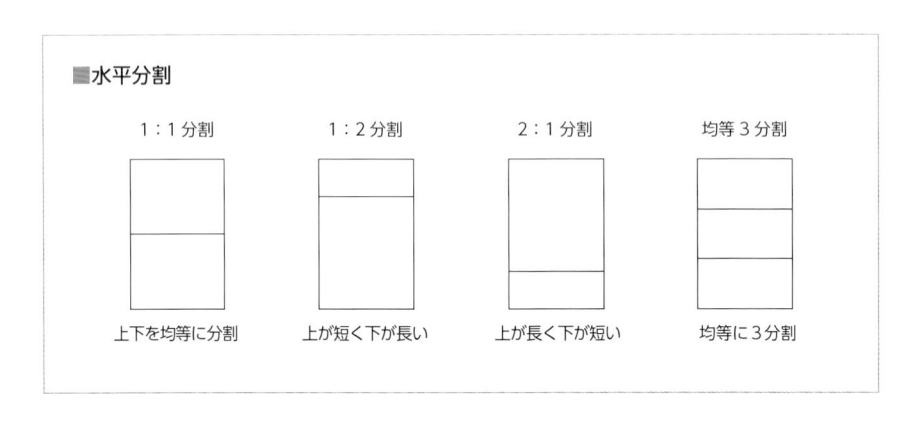

■水平分割

1：1分割	1：2分割	2：1分割	均等3分割
上下を均等に分割	上が短く下が長い	上が長く下が短い	均等に3分割

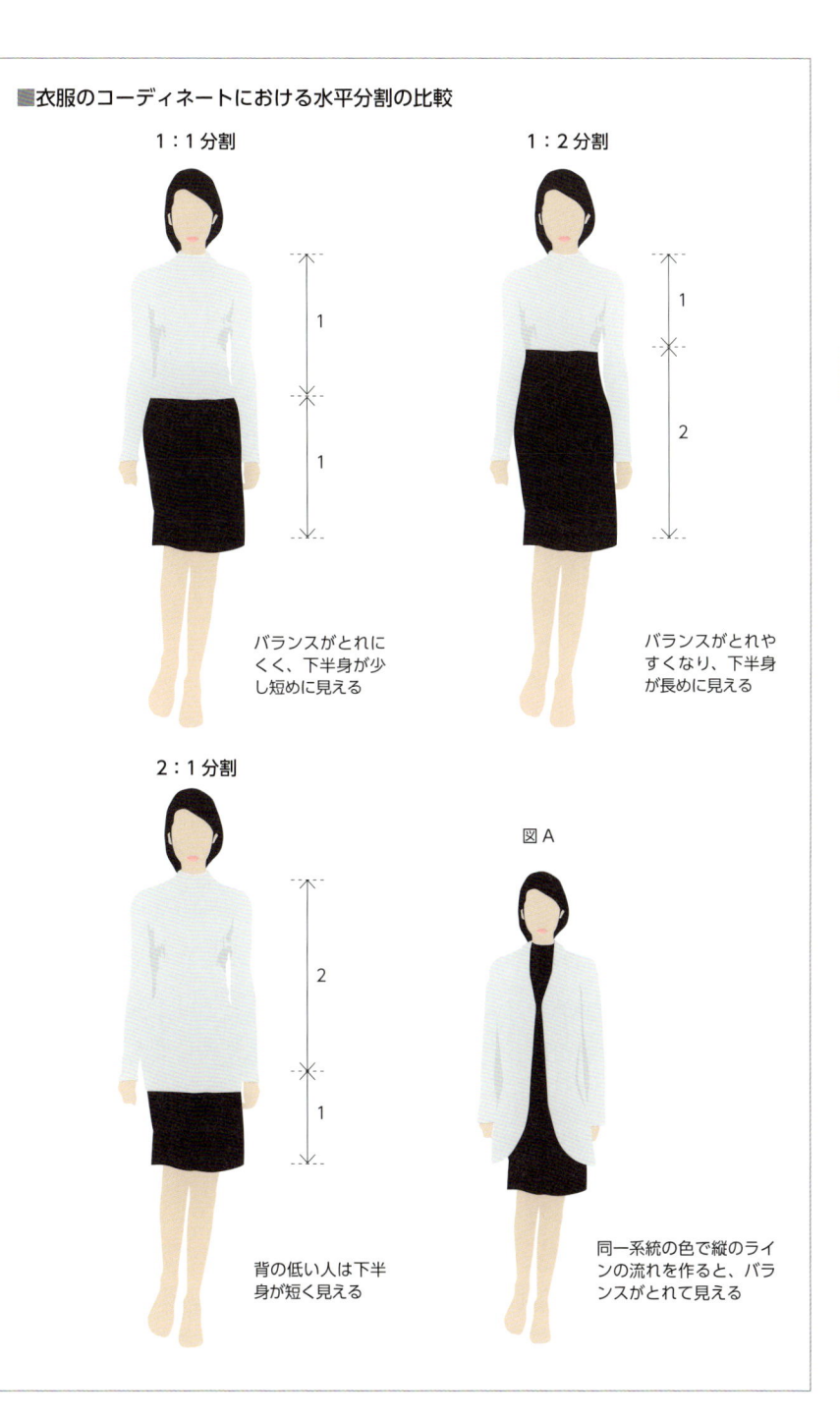

■衣服のコーディネートにおける水平分割の比較

1：1分割

1
1

バランスがとれにくく、下半身が少し短めに見える

1：2分割

1
2

バランスがとれやすくなり、下半身が長めに見える

2：1分割

2
1

背の低い人は下半身が短く見える

図A

同一系統の色で縦のラインの流れを作ると、バランスがとれて見える

第2章 線・形・色を知る

2.2 ラインの法則

と下で半々になる）、色やデザインなどで分割します。日本人女性の場合は、その平均的な体型から、1：1分割はバランスがとりにくいとされ、下半身が短く見えてしまいます。少しずつ上部に対して下部を長めにすると、バランスがとりやすくなります。

数字の3やローマ字のBは、上下同じ大きさではなく上を少し小さくすると安定感と均等感が生じます。これは、幾何学的な中央で作図すると、上部が大きく重たく感じられ、文字としての安定感を失うからです。とくに平面上で上下均等分割すると上記のような見え方になります。

1：2分割は、上半身の部分を短く、下半身の部分を長めにする分割方法です。図では、上部を1、下部を2の割合（1：2）にしたものを示しています。この分割方法を利用すると、視覚的に下半身が長く見えるという効果が生まれます。そのため、全体のバランスがとりやすく、失敗のないコーディネートができる割合といわれています。

2：1分割は、上半身の部分を長めにし、下半身の部分を短くする分割方法です。図では、上部を2、下部を1の割合（2：1）にしたものを示しています。この分割方法を利用すると、下半身が短く見えてしまいます。背の低い人はとくに注意が必要な分割方法です。下半身が短く見えないようにこの分割方法を取り入れたい場合は、高めのシューズなどを履いて調整をします（これにより下半身が長く見える）。

なお、図Aに示すように、上から下まで同一系統の色（異なる色を使って分割しない）でまとめると、同一系統の色によって縦のラインの流れが作られ、バランスがとれて見えます。

これらの分割の効果は、1本の水平線が上方あるいは下方にあることにより軽い、重い、動的、静的などの形のイメージが現れることに由来します。線が上方にあると動的で軽く感じ、下方にあると静的で重く感じます。

均等分割

全身のコーディネートをする際に、かならず注意を払わなくてはならないのが、縦のラインにおける均等分割です。頭から足までコーディネート全体のバランスがとれているのかいないのかを判断するための1つの目安です。全体を見るという習慣は、自分の体型のラインを修正するうえで必須となる行為です。

右図における均等分割は、重ね着などをしたコーディネートをする際に失敗しがちな分割方法です。図Bのように衣服部分を均等に3分割すると不自然に

■ 縦のラインにおける均等分割

図B　図C　図D

図E

均等3分割
↓
不自然に見える

均等2分割
↓
すっきり感が出ず、胴長に見える

均等4分割
↓
不自然に見える

非均等2分割
↓
均等ではなくトップスを少し長めにするとバランス感が出てくる

2.2 ラインの法則

見えます。図Cのように衣服部分を均等に2分割してもすっきり感が出ず、胴長に見えます。均等分割により縦のラインにおける見え方に何かしらの不都合が生じています。衣服部分の均等2分割、均等3分割だけでなく、図Dのような、シューズ部分も含めた全身の均等4分割もやはり不自然に見えます。

　一方で、図Eのようにトップスを少し長めにするなど均等ではなく非均等に分割すると、自然なラインに仕上がります。このように、全身のコーディネートにおいて均等分割は避けるほうが賢明です。コーディネートの際には全体の姿を鏡に映して、均等分割にならないように調整します。

均等と非均等の比較

　縦のラインによる垂直分割の効果の例も見てみましょう。

　下図のように、均等に分けたヘアスタイルと少しずらして分けたヘアスタイルの見え方は異なります。左右を均等に分けると重厚感、古典的、静的といったイメージを与えます。非均等に分けると動きや軽さが出ます。両者を比較すると後者のほうがバランスがとれて見えます。

　このように、ラインによる分割では均等よりも非均等のほうが自然に見えます。この見え方には人の身体のあり方が深くかかわっています。その要因としてあげられるのが、人の身体の左右の状態、目、鼻、口の大きさや左右の傾きなど、均等にすべてそろっていることはまずないということです。どちらか一方が小さい大きい、左右のどちらかが傾いているなど、完全にそろっていないのが当たり前の状態として私たちは視覚的に認識しています。そのため、大き

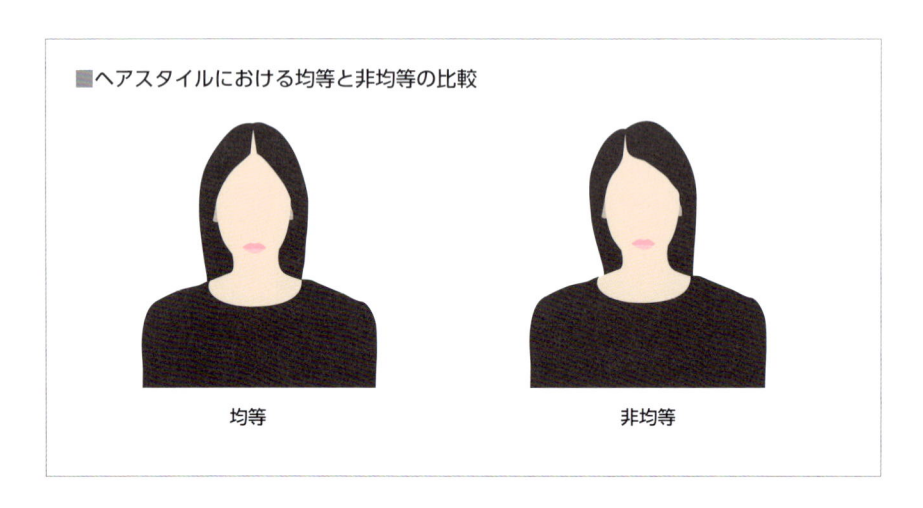

■ヘアスタイルにおける均等と非均等の比較

均等　　　　　　　　　非均等

さや方向などがあまりにも整然と均等に分割されたものの場合、どこかの部分にアンバランスな存在を必要とします。

　色彩にもいえますが、アンバランスな存在は、大きさ、傾き、方向などで強調されると、バランスを超えた調和を求めようとします。「そろい過ぎる」という状態が繰り返されると、結果的に心地良さ、おもしろみが失われます。逆に、アンバランスなものばかりが集まると、人はバランスをとるためにまとまり感をどこかの部分に欲します。

　どこかでバランスがとれていないときは調整しようとする力が働き、反対にバランスがとれすぎているときは逆の力が働きます。あえてバランスを崩すやり方もあることを頭に入れておいてください。

2.2.4　輪郭線

　人の目は、線があるとそのライン（筋）をたどって視線が動きます。上下の線があると視線は上や下へと動き、その効果から高さや長さが強調されているように見えてきます。

　これらのラインの効果は衣服にも発揮されます。衣服のデザインに見えるラインによって背を高く見せたり低く見せたり、太ったようにも痩せたようにも見せることができます。身体の中の気になる部分が、ラインによりかえって目立って見えてしまうこともあります。反対に、ラインを使って目立たせなくすることもできます。

輪郭線は形状を表現

　輪郭線は、物の形状を表現するラインです。輪郭線により、丸いものは丸い形として、四角いものは四角い形として、それぞれの物の形を明確に認識することができます。図と背景の関係では、輪郭線によりその形をより強調して見せることができます。絵画の世界では、藤田嗣治は女性のしなやかな白い身体を黒の細い輪郭線だけで表現しています。ベルナール・ビュッフェは、黒の太い輪郭線で静物画や人物画を描き、その特徴から輪郭線の画家ともいわれています。浮世絵なども力強い輪郭線の代表的な例です。

　輪郭線は、細い線より太い線のほうが、形をはっきりと区別して見せることができます。また、色で輪郭線を形作っている場合は、図と背景のコントラストが大きいほど形がはっきり見えてきます。

衣服も同様です。衣服において輪郭線の効果によって形がくっきりと見えます。

タイツやストッキングの色により脚のラインが際立って見えることがあります。たとえば黒のタイツと肌に近い色のタイツを履いた場合で比較すると、黒のほうが脚の形に沿って輪郭線が作られます。一般的に黒は細く見せたい場合によく使われる色ですが、輪郭線を強調してしまいます。

また、化粧を行うとき、アイライナーを使用して目のまわりをラインで囲み、実際の目より大きく、または強く見せることがあります。明度の低い色が使用されることが通常で、その代表が黒のラインです。たとえば黒の太いラインで目のまわりを描けば、ラインによって目が大きく見えます。しかし中途半端に細いラインで目を囲んで描くと、かえって目が小さく見えます。

アウトライン

衣服のデザインには、シルエットとして描かれる外側のラインであるアウトラインと、衣服の内側にあるインラインがあります。シルエットを表すアウトラインは輪郭線ともいえます。衣服のアウトラインは、衣服のコーディネート全体の形を印象づけます。

表と図には代表的なアウトラインを示しています。アウトラインを上手に使

■アウトライン別利用法

図	種類	効果	体型別利用法
A	楕円形のライン	丸みのあるソフトなラインに見える。	丸みのある体型の人は、より強調されることがある。比較的ストレートに見える（メリハリが少ない、丸みが少なく角張った体型、縦に長く見える）体型の人に向いている。
B	三角形のライン	上半身が小さく下半身が大きく見える。	下半身の大きい人は、より下半身が大きく見えることがある。比較的下半身が細めで華奢な人に向いている。
C	逆三角形のライン	上半身が大きく下半身が小さく見える。	肩幅などが広い人は、よりガッシリして見える。比較的肩幅が狭い人、ヒップ幅がある人に向いている。
D	長方形のライン	角張ったストレート（直線的な）なラインに見える。	直線的な体型の人は、ストレートさがより強調される。長身が気になる人は、高さがより強調されるので長さの調整が必要。比較的丸みのある体型の人、小柄な人に向いている。
E	砂時計のライン	体型に丸みを与えてウエストを強調する。	バストとヒップが強調される。比較的細身の人、華奢な体型の人に向いている。

■アウトラインの効果

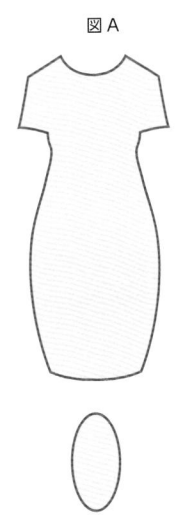

図A

楕円形のラインは、体型全体に丸みを与える

図B

三角形のラインは、上半身を小さく下半身を大きく見せる

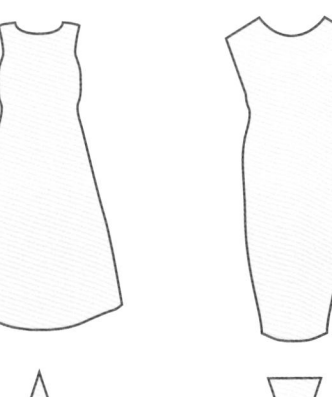

図C

逆三角形のラインは、上半身を大きく下半身を小さく見せる

図D

長方形のラインは、ストレート（直線的）な体型に見せる

図E

砂時計のラインは、体型に丸みを与え、ウエストを強調する

いこなすことで、自分の体型で長所と思うところを際立たせる、または短所と思うところを目立たせないようにすることもできます。このとき、自分の身体のラインと同じ形状のアウトラインにすると体型を強調します。強調したくない場合は、異なる形状のラインを組み合わせると短所をうまく隠します。

インライン

　インラインとは、衣服の内側にあるラインのことを指します。ファスナーのライン、ボタンつけのライン、縫い目のライン、ポケット、ギャザー、プリーツ、フリル、柄が含まれます。衣服の内側に見える上下左右斜めに走るラインすべてがインラインです。これらのインラインは、アウトライン同様に、体型を修正するための方法として重要なラインです。

　インラインには、縦、横、斜めのラインの見え方が大きく影響します。図Fのように衣服に縦のデザインがある場合、高さや長さが強調されます。図Gのように縦のラインが長くなればなるほどその効果が高まります。体型が太め、身長が低い人は、このラインを効果的に利用します。

　ポケットの向きや位置が異なると見え方が異なります。図Hは、パンツのポケットの向きの比較です。図H-1はヒップが低く下がっているように見えます。図H-2はヒップが高く上がっているように見えます。

　図Iはワンピースのウエスト部分の切り替えラインの違いの比較です。図I-1のように斜めラインがV字の場合、視線が左右から合流する頂点へたどります。ウエストが下に下がった位置にあるように錯覚して見えます。図I-2は左右の斜めラインの上部の頂点に視線がたどります。ウエスト位置が上がった位置にあるように錯覚して見えます。

　このように、人それぞれ異なる体型に合わせて、その体型の短所を長所に見せるアウトラインやインラインを効果的に使うと、バランスのとれた体型に見せることができます。

■インラインの効果

図F

縦のラインが高さや長さを強調する

図G

縦のラインが長くなればなるほど高さや長さが強調される

図H-1　　図H-2　　図I-1　　図I-2

ポケットの向きによりヒップが低く下がって見える

ポケットの向きによりヒップが高く上がって見える

ウエストが下がって見える

ウエストが上がって見える

第2章　線・形・色を知る

2.2　ラインの法則

2.2.5 ラインの繰り返し

　同じ形状のラインが繰り返されると、そのラインがより強調された印象になります。形でいうと、丸と丸、四角と四角、三角と三角といった同じ形の組み合わせが当てはまります。顔型と襟のラインを例にとって見ていきましょう。

フェイスライン

　顔型に見えるフェイスラインもラインの1つです。

　顔型では、たまご型が縦横の寸法の割合から理想的なラインだとよくいわれます。たまご型は円形、四角形、三角形のいずれの図形にも当てはまることがない一方で、その要素を全部含み、万能型の形ともいえます。たまご型の顔立ち自体がバランスがとれて見えるので、どんなヘアスタイルや襟のラインでも似合うとされます。そのため、たまご型以外の顔立ちの人は多くの場合、ヘアスタイルやメイクアップなどでたまご型に近づけていくというやり方をとりま

■フェイスライン

| たまご型 | 面長型 | 逆三角型 |
| 丸型 | 四角型 | 台形型（ベース型） |

す。しかし、ここではその方法はとらず、本来の自分の顔型をそのまま生かしながら襟のラインや色で美しい顔立ちに見せる方法を説明します。

まず、顔型のとらえ方のポイントを見てみましょう。顔型を見るときには、外側のフェイスライン全体を見ます。このとき、髪をまとめ、顔のラインがきちんと出るようにします。全体の顔型がそこに現れてきます。ここで、耳のつけ根上部あたりから顎にかけてのフェイスラインを観察します。円形、四角形、三角形、U字形、台形など、大まかなラインとして見えてきます。耳のあたりから下にかけてのラインがフェイスラインを分類するときの判断の分かれ目になります。目の位置から上のラインは、ヘアスタイル（前髪）などである程度カバーできるからです。

なお、年齢を重ねることや身体の調子によって、フェイスラインは変わります。年齢とともに肌がくすみ似合う色も変わってくることと同じように、顔型もしわやたるみで形状が変わり（たまご型の人が加齢により台形型に近いラインになるなど）、同じラインであり続けるということはありません。

フェイスラインと襟の形の繰り返し

フェイスラインと胸元（襟）で同じラインが繰り返されると、どのように見えるでしょうか。

下図にあるように、丸型のフェイスラインの人は、襟のラインを丸くすると顔の丸みがより強調されます。同じように、逆三角型、面長型、四角型、台形

■同じラインの繰り返し（フェイスラインと襟）

丸型　　逆三角型　　面長型　　四角型　　台形型

フェイスラインと同じラインの襟にすると、それぞれのフェイスラインの特徴が強調される

■ラインの繰り返しの強調

| 丸型と | 逆三角型と | 面長型と | 四角型と |
| その繰り返し | その繰り返し | その繰り返し | その繰り返し |

型のフェイスラインで同じラインの襟の形にすると、それぞれのフェイスラインの特徴が強調されます。

さらに、上図のように、丸顔に丸いラインの襟、そして丸みのラインのネックレスをつけるというように、1つより2つ、2つより3つと同じラインを何度も繰り返していくと、そのラインはさらに強く印象づけられます。

同じ形を繰り返す手法が好まれた時代もあり、本来形が持っているイメージの持ち味を生かす方法として積極的に用いられました。デザインの一部として繰り返しを意図的に用いることはおもしろい方法ですが、骨格や体型の短所を長所へと変えることを目的にするときは、繰り返しを幾重にも重ねないほうが無難です。繰り返しにより形が強調されることで違和感も生じます。フェイスラインも胸元（襟）などに同じラインを繰り返さないほうがよいでしょう。この手法を利用して、気になる顔型の短所をカバーすることができます。

繰り返しを打ち消す解決方法

自分のフェイスラインと同じようなラインの襟をした衣服がとても気に入っているので、何とかして着たいと思うことは誰にでもあることです。その場合の解決方法は簡単です。繰り返されるラインの連続に、異なるラインを取り入れて、繰り返されるラインに対する印象を弱くします。

異なるラインを組み合わせる場合は、ネックレス、スカーフ、アンダーシャツ（インナー）、タンクトップ、異なるラインの襟同士の重ね着、ヘアスタイルなどを使ってバランス良く組み合わせることができます。

異なるラインの組み合わせの例を右図に示しています。逆三角型の人が同じ

■異なるラインの組み合わせ

逆三角型とその繰り返し	面長型とその繰り返し	四角型とその繰り返し
↓	↓	↓
丸みのあるネックレスをつける	なだらかなラウンドのある襟のシャツを重ねる	丸い襟を内側に重ねる

ラインの襟の衣服を着用する際に丸みのあるネックレスをつける、面長型の人が同じラインのネックレスを着用する際になだらかなラウンドのある襟のシャツを重ねる、四角型のフェイスラインの人が同じラインの襟の衣服を着用する際に丸い襟を内側に重ねるなど、同じラインの繰り返しを打ち消しています。

2.2.6　ラインの心理的働き

　ラインは、体型のバランスを調整するためだけに使われるものではありません。その働きにより多様な効果を発揮します。

　衣服のコーディネートでは、全体の調和を考えながら創造的に完成形を目指します。しかし、全体を見ることもなく、部分的に気になるところを隠すだけでコーディネートを終えてしまうという場合もあります。

　部分の修正はもちろん必要ですが、絵を描くときのように、装った姿全体のバランスを考えながら、ここに色を加えていこう、あそこに違う形を入れてい

■ラインが持つ心理的働き

ライン	働き
重い、軽い	三角形、台形のラインのファッションを例にすると、上方より下方にあるラインが長い場合に安定感が生じる。これは、上下のラインの存在する位置を見てみると上方部分は軽く、下方部分は重く感じることに由来する。下方部分に重たい素材や明度の低い色がくると重たく感じるように、ラインにも同じ心理的効果が働く。太いライン、細いラインの場合では、太いラインのほうが重く感じる。面積全体の明度の割合を見ると太いラインの繰り返しのほうが明度が低くなる。
派手、地味	直線と曲線では、直線のほうが派手感が表現できる。ラインが濃い、薄いなどの条件が備わる。また、鋭角に作られたライン（直線のギザギザ模様など）を繰り返すと派手な感じになる。濃い太いラインの繰り返しは派手になり、薄い細いラインは比較すると地味になる。
強い、弱い	方向性に勢いがあると強く感じ、ライン自体が濃くはっきりしていると強く感じる。反対に方向性がゆったりとして薄いラインであると弱く感じる。
硬い、柔らかい	直線のほうが硬く、曲線のほうが柔らかく感じる。ラインのより細いほうが柔らかく感じる。
暗い、明るい	ラインがたくさん集まると明度の割合が低くなり、暗い印象になる。ラインが少ない場合は明るさが増す。

こうという創造性が、誰から見てもバランスのとれた心地良い作品の完成につながります。

　色には人の感情に働きかけ心理的に影響を及ぼす効果があります。ラインにも同様なことが起こります。ラインの方向性や流れ、その結果として形成されたものは心理的にも働きかけます。ラインの使い方で強弱感、派手地味感、硬軟感、明暗感などを表現することができます。

　線の使い方によって全体のイメージがガラッと変わってしまうこともあります。衣服のどの場所に使われているかによっても見え方は異なります。

　ラインによる心理効果は、デッサンや浮世絵、墨絵などにも見られます。色彩に関しても、墨絵では色がないのに色が幾通りもあるように見えてきます。奥行や立体感などを単色で表すことが可能であるのは、水墨画、鉛筆画、木炭デッサン、白黒写真、フィルムなどですでに皆さんが目にしていることです。

　ラインについても同じことがいえます。ライン単独ではコーディネート全体を創造できませんが、全体の構造に着目することから、それぞれのラインの心理的働きの多様さを感じさせることができるものなのです。

■ラインと心理的効果

重い、軽い

下方に明度の低い色があると重く感じる

下方に太いラインがあると重く感じる

上方に太いラインがあると軽く感じる

派手、地味 強い、弱い

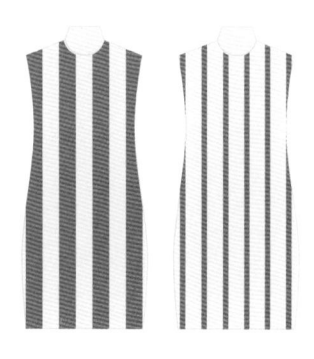

太いラインの繰り返しは派手さ、強さを感じさせる

細いラインの繰り返しは地味さ、弱さを感じさせる

硬い、柔らかい

直線は硬く感じる

曲線は柔らかく感じる

暗い、明るい

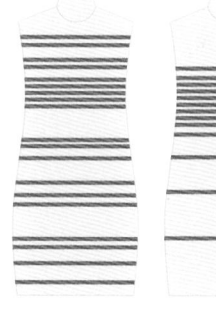

ラインがたくさん集まると暗く感じる

ラインが少なくなると明るさが増す

第2章 線・形・色を知る

2.2 ラインの法則

2.2.7　ラインによるコンプレックスのカバー

　これまでの項で、ラインの働きによりバランスの見え方を調整し、これによりそれぞれの人が体型について短所だと思う部分を修正することができることを説明しました。ここでは、身体の部分ごとにラインを利用して調整（修正）していく方法を具体的に述べていきます。

顔と首のコンプレックスのカバー

　はじめに、顔のコンプレックスをカバーする方法です。ここでは頭部と顔を1つのくくりとして見ていきます。

　顔に関していちばん多い悩みが顔の大きさです。顔はなるべく小さく見せたいと思う人が多いでしょう。顔（頭部も含む）の大きさは、頭身の基準（身長に対してどの程度の割合があるか）にもよります。顔の大きさは、ヘアスタイルと肩幅の関係から小さく見せることができます。

　ボリューム感のあるヘアスタイルより、髪を小さくまとめたヘアスタイルのほうが顔は小さく見えます（図A）。反対にボリューム感のあるヘアスタイルの場合、肩幅が狭く見えるので顔が大きく見えます（図B）。ボリューム感のあるヘアスタイルにしたい場合には、肩幅が広めに見えるデザインの衣服を選ぶか、または頭身数が少しでも大きくなるよう工夫（ヒールの高いシューズを履くなど）します（図C）。

　次に、首のコンプレックスをカバーする方法です。首については、長さや太さの面で欠点があるとするコンプレックスが多いようです。首の部分は比較的衣服に覆われることが少ない箇所であり、衣服で首の欠点のすべてを隠そうとしてもなかなか難しいことです。本来、女性であれば誰でも流れるような美しい首のラインを持っています。隠すよりもそのラインの美しさを活かす工夫をするほうがコーディネートでのバランスがとりやすくなります。

　スカーフを利用するなど、首のコンプレックスをカバーする方法について図（130ページ）の具体例で見てみましょう。

　首を長く細く見せるには、デコルテ部分を広めにとります（図D）。長く見える襟のデザインも首を長く細く見せる効果があります（図E）。つまり襟のラインが重要です。襟のラインについては、「2.2.4　輪郭線」を参照してください。

　スカーフを首に巻きたいのに首が短いから上手に使えないという場合は、薄手のスカーフ素材を選び、細めの幅で巻くと、首の長さが気にならなくなりま

■顔の大きさとヘアスタイル

図A

ヘアスタイルを小さくまとめると顔が小さく見える

図B

ボリューム感のあるヘアスタイルだと、肩幅が狭く見えるので顔が大きく見える

図C

ヒールの高いシューズを履くと頭身数が大きくなり、ボリューム感のあるヘアスタイルでもバランスがとれる

第2章 線・形・色を知る

2.2 ラインの法則

■首まわりのコーディネート

図D

デコルテ部分を広めにとると首が長く細く見える

図E

長く見える襟も首が長く細く見える

図F

薄手の素材のスカーフを細めの幅で巻くと、首の長さが気にならない

図G

オフタートルネックは首の長さが気にならない

図H

髪で首を隠すとマイナスの想像で短く太く見えてしまう

■姿勢により首のラインを綺麗に見せる

姿勢を良くすると首が長く見える

姿勢が悪いと首が短く見える

す（図F）。ハイネックやタートルが苦手という場合は、オフタートルネックなど首に対して隙間ができるデザインを選びます（図G）。また、正面から見てフェイスラインにぴったりと密着させないようにします。首のラインが少し見えるくらいのデザインを選ぶと長く見えます。

　似合うヘアスタイルを考えた場合、首が太く見えるから、または短く見えるからといって髪で覆って隠してしまうと、視覚的な想像からマイナス的な見え方（短い、太い）になってしまいます（図H）。髪をまとめて首のラインを出すと細く長く見えてきます。

　なお、首の欠点を修正したいという場合に、もっとも簡単で誰にでもできる方法があります。それは姿勢に気をつけるという方法です。首のラインと姿勢は関係ないように思いますが、じつはもっとも密接につながっているラインです。姿勢が悪いと首が縮み、短く見えます（顔が大きく見えることもある）。すっとした美しい姿勢をとると自然に首が長く、さらに顔も引き締まって見えてきます。また、胸のラインも綺麗に見えて、バストアップにつながります。首が短い、太いと思っている人は、まずは姿勢との関係を試してみましょう。

肩幅と肩のコンプレックスのカバー

　肩幅のコンプレックスについては、肩幅が広く見えて嫌だという人と、反対に肩幅が普通より狭くてどうしたらよいかと悩んでいる人とに分かれます。肩幅の数値だけの判断で悩むことはありません。「2.2.1　身体のライン」であげましたが、肩幅の広さは、ヘアスタイルやヒップ幅と深く関係してきます。相関性を見ることが大切です。

　肩幅とヒップ幅との関係では、ヒップ幅のほうを狭めにとるとさほど肩幅が

■ 肩幅を広く／狭く見せるライン

図 I

タイトなスカートよりAラインのスカートのほうが肩幅が狭く見える

図 J

肩幅が広く見える　　肩幅が狭く見える

図 K

重ね着で横のラインを作ると肩幅が広く見える

図 L

トップスのデザインで肩幅が広く見える

図 M

トップスの柄やラインの使用で肩幅が広く見える

■ バストの調整方法

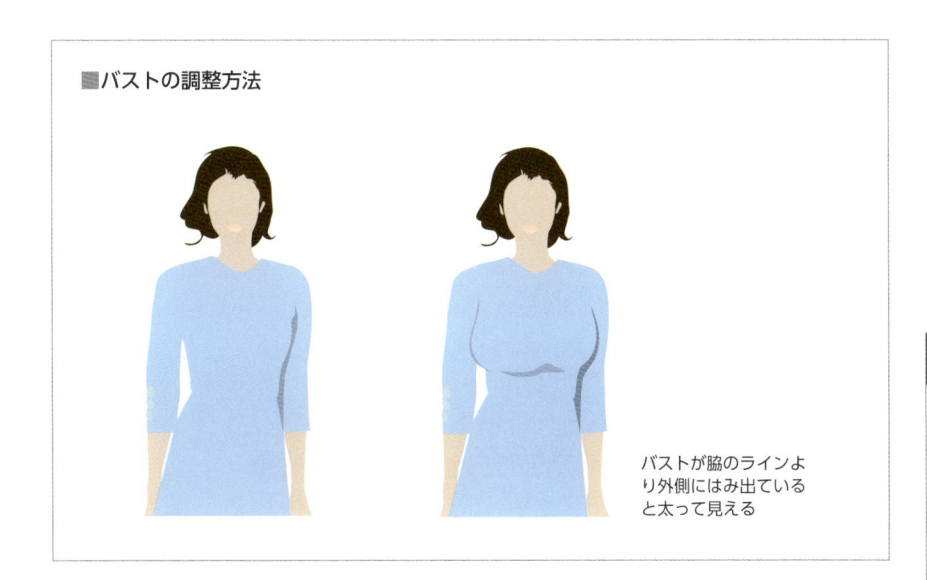

バストが脇のラインより外側にはみ出ていると太って見える

気にならなくなります。図Iでは、タイトなスカートのほうが肩幅が広く見え、Aラインのスカートのほうが肩幅が狭く見えます。肩幅が広い場合は、ヒップ幅を広めにとることがコーディネートのコツです。

　肩幅を広く見せるラインの使い方と狭く見せるラインの使い方の例をあげます。図Jは袖のラインの違いで肩幅の広さが異なって見えます。図Kは重ね着、図Lはトップスのデザイン、図Mは肩の部分にラインの入ったデザインで、それぞれの肩幅を広く見せています。

バストのコンプレックスのカバー

　バストの位置については、下着メーカーなどの説によると、肩と肘の中間位置にバストトップがあることが理想といわれているそうです。しかし、年齢が重なると自然と位置は下がってきます。また、体重の増減でバストの大小も変化してきます。また、バストはいつも変わらない理想的な位置（どこから何cm下など）にあれば良いとは限りません。その人の体型や年齢に合った、ほど良い位置を見つけることがベストです。

　バスト位置の調整方法をいくつかあげてみます。

　太めを気にする人は、バストを脇のラインより外側に出さないようにします。バストのトップを外側の位置にしてしまうと横幅が広がったように見え、身体全体も太めに見えてしまいます。なるべく脇のラインからバスト自体が出ない

ようにします。バストが下がって見える場合は、下着の着け方をきちんと学び、ストラップで調整します（1cm～2cmくらいは調整可能）。

なお、昨今の下着メーカーの開発では、驚くほどの進化が見られます。素材やデザインはもちろん、バストトップの位置やバストを寄せる位置なども微妙に調整できるようになっています。

ウエストのコンプレックスのカバー

ウエストの位置については、「2.2.1　身体のライン」で取り上げたので、ここでは細く見せる方法を説明します。ウエストの太さが気になる人は、ウエストを細く見せる技術を習得しましょう。

ウエストが太く悩んでいる人は、視覚的にウエストの位置を少し上げ、その部分をシェイプした（絞った）デザインを選びます（図N）。ウエストを隠すデザインはかえって太さを想像させます。また、ベルトなどで横のラインがウエストにあると、横のラインの効果でかえって幅を広く想像させます。斜めのラインを利用するとその効果で細く見えます（図O）。ラインの幅や色もウエスト幅の見え方に影響します。ラインを細くするとその分ラインの効果が弱まるので、ウエストの太さが目立たなくなります（図P）。太めのベルトを使用する場合は、素材や色を衣服と同系にすると細く見せる効果が出ます。また、目を引くアイテムをポイント的に活用し、ウエストから目線を遠ざけることもテクニックの1つです。

ヒップのコンプレックスのカバー

下がっているより上がっている位置にヒップがあるほうがバランスがとれて見えますが、なかなかそうもいきません。ラインを使った視覚的な効果を利用し、下がっている、大きすぎる、小さすぎる、形が悪いといったヒップのコンプレックスをカバーする方法があります。

バランスのとれた位置にヒップがあるように見えれば、ヒップの形もそれほど気にならなくなります。ヒップの丸みは女性らしいラインがもっとも出やすいところでもありますので、自分のヒップラインを視覚的に上げて上手に活かしましょう。

図（136ページ）の例を見ながら、以下に代表的な解決方法をあげます。

ヒップラインが下がっているという場合は、ウエストの位置が上がって見えるデザインにすると、ヒップの位置も上がって見えます（図Q）。ヒップが大き

■ウエストを細く見せる

図N

ウエストを隠すと太く見える

ウエストをシェイプするライン
にすると細く見える

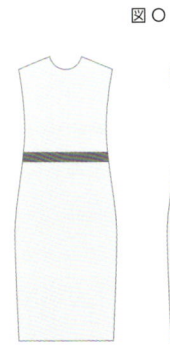

図O

横のラインより斜めのラインの
ほうがウエストが細く見える

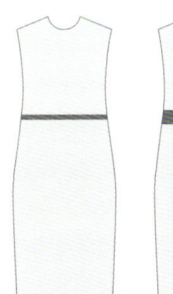

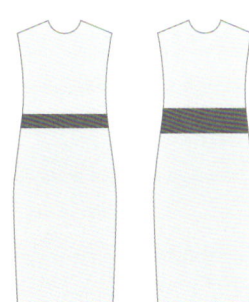

図P

ラインが細いほうが、ウエスト幅が目立たなくなる

第2章 線・形・色を知る

2.2 ラインの法則

■ヒップの理想ライン

図Q　　　　　　　　図R　　　　　　　　図S

ハイウエストのラインを活用すると、ヒップの位置も上がって見える

下半身をすっきりさせるラインは、ヒップの大きさを目立たせない

ヒップが小さい場合は下半身にボリューム感を持たせる

いという場合は、ボトムス（スカートやパンツなど）にボリューム感を持たせるラインを避け、下半身がすっきりと見えるデザインを心がけます（図R）。肩幅を広く感じさせるデザインなども、肩幅をヒップ幅より広く見せるので効果があります。ヒップが小さい場合は、下半身にボリューム感のあるデザイン、または重ねのデザインを使用します（図S）。アクセントとしてポイントとなる形を上半身に持ってくる、またはヒップ部分にあるインラインのデザインを工夫するといった方法でも、ヒップが上がったように見せることができます。

脚のコンプレックスのカバー

　脚を出すのに抵抗があったり脚の形が悪いのでスカートを穿くことが苦手だったりする場合がありますが、ショート丈にも挑戦してファッションを楽しんでもらいたいものです。脚が短い、太い、形が悪いといった脚のコンプレックスをカバーする方法があります。

　図（138ページ）の例を見てみましょう。

　脚の形が悪いと嘆く人もいるでしょう。正しい姿勢をとることでいくらでも脚の形を美しく見せることができます。脚を綺麗に見せるには両脚の間の隙間を作らずにぴったりとつけ、まっすぐにします（図T）。

　シューズやブーツの形を利用する方法もあります。カッティングデザインにより脚を美しく見せるシューズやブーツがあります（図U）。また、脚を太く見せる柄、細く見せる柄タイツなど、靴下、タイツの柄によって細くまたは太く見せる方法もあります。

　脚が太く見える位置、形が悪く見える位置を探して、スカートの長さなどによって脚を太く見せたり細く見せたり、まっすぐに見せたりすることができます（図V）。

　そのほかに、スカート、ストッキング（タイツ）、シューズまたはブーツを同系色にするなど、色のコーディネートで脚の長さや形を綺麗に見せる方法もあります。

■脚を綺麗に見せる

図T

両脚の間に隙間がある　隙間を作らずぴったりとつけると綺麗な脚に見える

図U

カッティングデザインにより脚が美しく見える

図V

太く見える丈　細く見える丈

2.3 面の法則

　私たちは地球上で、さまざまな事物とともに3次元の世界に生きています。3次元とは、1次元（線）から2次元（面）と、次元を上げた（増やした）立体のことで、立体は面を持っています。立体は体積を持ち、面は面積を持ちます。面積とは、面の広さや大きさのことです。人間は、複雑な形状に面を組み合わせた立体と考えることができます。

　人の印象は、その人の姿かたち、外面と内面の全体像からにじみ出てくるもので判断されます。人の一部分だけを見て判断することは、その人の本質を見逃していることになります。つまり、人の印象は部分的なことで判断するのではなく、全体の姿を見て判断します。顔や身体を見て判断する人もいるでしょうが、多くはその人の外側に現れる印象が深く焼きつけられます。印象を形作る幾重も積み重ねられた要素は、その人の姿（すがた）となって現れてきます。

　人の五感の中で視覚がもっとも優先されることから、印象を決める際には色彩が多くを占めます。その人がそのときに身に着けている衣服の色、そして身体の色が目に入ります。遠くから眺めて全体像が映るように、その人のシルエットも目に入ってきます。さらにその全体像の中から、明るさ暗さの面積の比率も読み取ります。これらの積み重ねられたいくつもの要素が、人の印象を読み取る要因になっています。

　コーディネートには、配色された色と色の組み合わせだけを考えるのではなく、配した色の面積ともう一方の色の面積の割合を考えて行う方法もあります。また、色は明度を持ち、人は明暗に敏感です。ここでは、明度と面積の関連性についても説明します。

2.3.1　面積比率と印象

面積の大小と配色

　色のコーディネートを考えるとき、誰もが美しいと感じる配色の方式という

ものがあるといわれます。その中の1つに、それぞれの色同士の面積の大小で調和をとる方法があります。

色を組み合わせるとき、どの色を選ぶかばかりを先に考えてしまい、配色した色面積の割合を考えることは意外と見逃しがちです。配する色の面積比率から受ける感覚の反応は、無視できない要素の1つです。代表的な色面積の割合の例を見てみましょう。

色の刺激度と面積の違い

図A-1のように、大きな面積に色を加える場合には、明度が低く彩度も低い色（刺激が弱い色）を用いて、小さい面には明度、彩度の高い色（刺激が強い色）を配すると美しい調和が得られるといわれます。これはインテリアなどでもよく使われる例です。衣服のコーディネートでも同じことがいえます。大きな面積には刺激が弱い色、小さい面積には刺激が強い色を持ってくるという配色方法です。

大きい面積に刺激の強い色を配し、小さい面積に刺激の弱い色を配した図A-2と比較すると、図A-1のほうがバランスがとりやすいコーディネート方法です。刺激の強い・弱い（あるいは刺激度が高い・低い）色とは、組み合わせる色と比べて明度・彩度が極端に高い（あるいは低い）色のことで、色についての相対的な評価です。

私たちが一般的に刺激が強いと感じる色とは、言い方を変えると目立つ色や派手な色などです。しかし、刺激が強い・弱いとは色についての相対的な評価

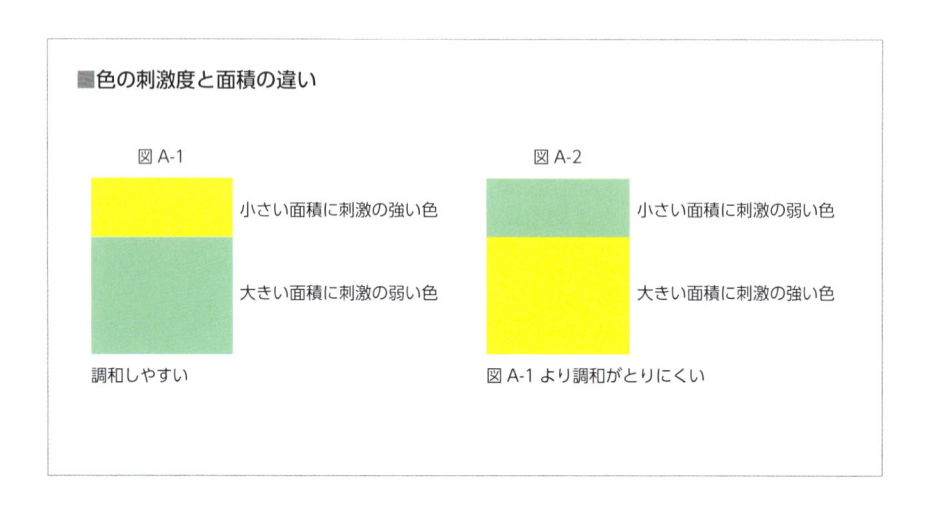

■色の刺激度と面積の違い

図A-1
小さい面積に刺激の強い色
大きい面積に刺激の弱い色
調和しやすい

図A-2
小さい面積に刺激の弱い色
大きい面積に刺激の強い色
図A-1より調和がとりにくい

なので、これらの色もほかの色との組み合わせ方によっては、刺激度の強弱は変化します。また、配する色の面積によっても見え方は変わります。ここでは、色による刺激の強さ、弱さと、それぞれの配色面積の大小による配色のバランス感を図（142ページ〜143ページ）とあわせて見ていきます。

暖色と寒色の組み合わせ

　図ではわかりやすいように彩度の高い色を選択しています。図B-1は、大きな面積に暖色系の色を配し、小さい面積には寒色系を配しています。一方、図B-2は、図B-1とは反対に、大きい面積に寒色系の色を配し、大きな面積には暖色系を配しています。暖色と寒色の組み合わせの関係では、寒色系より暖色系の色のほうが、視覚的な刺激度がより大きくなります。暖色系は進出色であり膨張色であり、寒色系はそれに対して後退色で収縮色です。どちらかが良いというわけではなく、暖寒色の面積の大小で見え方が異なることを知っておきましょう。

補色同士の組み合わせ

　補色同士の配色では、図C-1のように同じ彩度（刺激が同じ色）で同じ面積であると視覚的にバランスがとりにくく見えます。同じ彩度同士であればどちらか一方の面積を少なくすると調和感が得られます。または、面積が同じであれば、どちらかの色の刺激を弱くすると調和感が出ますが、それに加えて、図C-2のように面積の大小を若干変化させるほうがより調和感が得られます。

彩度が高い色同士の組み合わせ

　彩度が高い色同士の配色では、図D-1のように同じ面積であると視覚的にバランスがとりにくく見えるので、どちらか一方の色の面積を小さくします。または、どちらか一方の色の刺激を弱くすると調和感を得られますが、この場合にも図D-2のように面積をどちらか小さくするとより調和がとりやすくなります。

鮮やかな色と濁った色の組み合わせ

　鮮やかな色と濁った色、つまり彩度の高い色と低い色の配色では、彩度の高い色のほうがより刺激が強くなります。図E-1の鮮やかな色を大きい面積に配した場合と、図E-2の鮮やかな色を小さい面積に配した場合とでは、小さい面

■暖色と寒色の組み合わせ

図 B-1

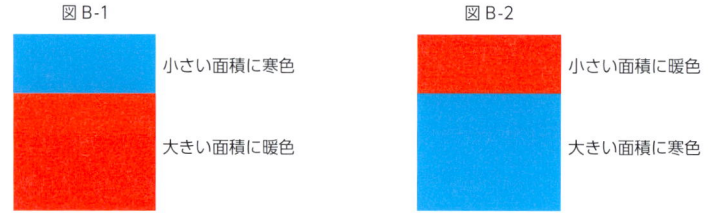

小さい面積に寒色

大きい面積に暖色

図 B-2

小さい面積に暖色

大きい面積に寒色

暖寒色の面積の大小で見え方が異なる

■補色同士の組み合わせ

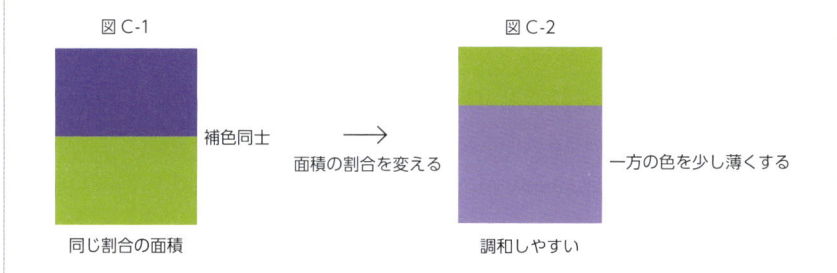

図 C-1

補色同士

同じ割合の面積

→ 面積の割合を変える

図 C-2

一方の色を少し薄くする

調和しやすい

■彩度が高い色同士の組み合わせ

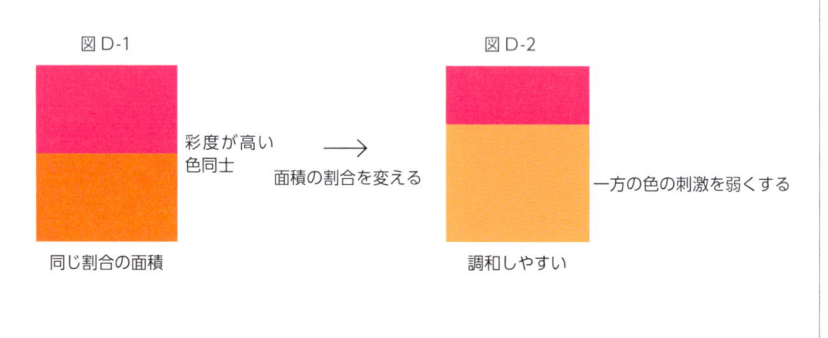

図 D-1

彩度が高い
色同士

同じ割合の面積

→ 面積の割合を変える

図 D-2

一方の色の刺激を弱くする

調和しやすい

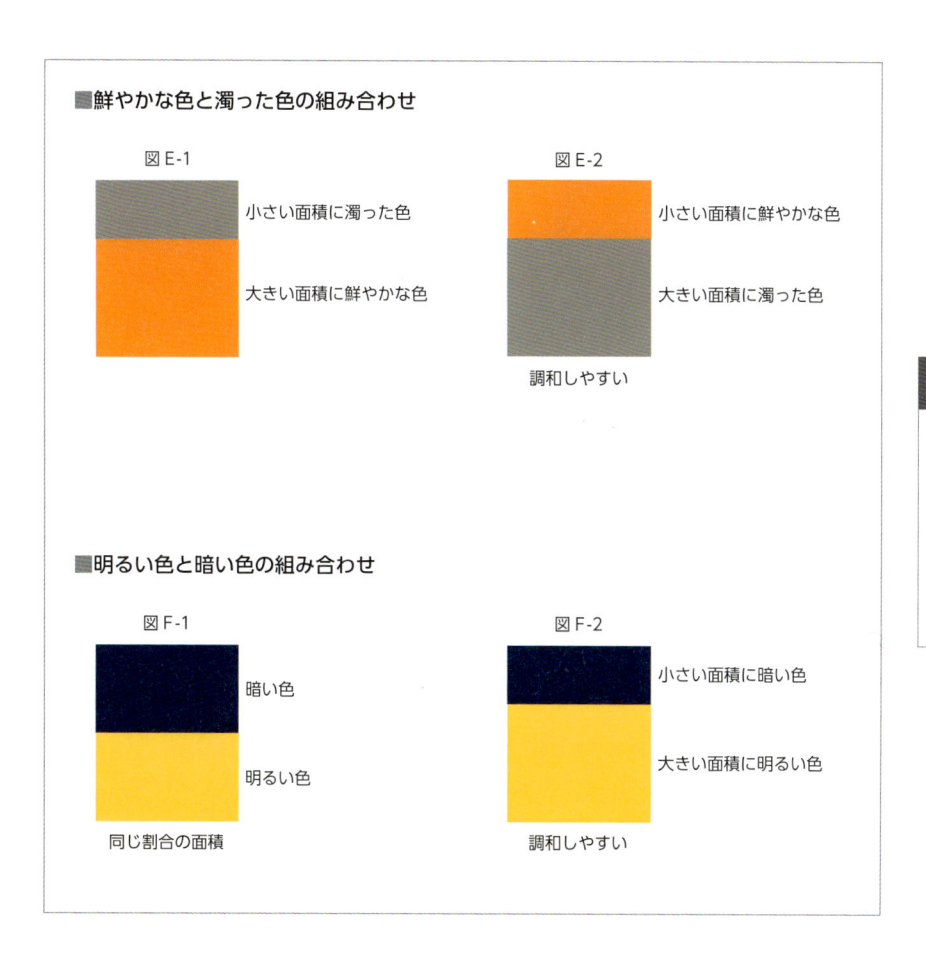

■鮮やかな色と濁った色の組み合わせ

図E-1
小さい面積に濁った色
大きい面積に鮮やかな色

図E-2
小さい面積に鮮やかな色
大きい面積に濁った色
調和しやすい

■明るい色と暗い色の組み合わせ

図F-1
暗い色
明るい色
同じ割合の面積

図F-2
小さい面積に暗い色
大きい面積に明るい色
調和しやすい

積の図E-2のほうが調和がとりやすくなります。

明るい色と暗い色の組み合わせ

　図F-1は明るい色（彩度が高めの場合）と暗い色の配色を同じ面積にし、図F-2は同じ配色で面積に差をつけています。極端に明度差がある配色の場合、2色とも同面積の配色（図F-1）よりどちらか一方の面積を小さくする（図F-2）と調和がとりやすくなります。

　以上のように、量のコントラスト（大小のコントラスト）における色彩の効果は、2つの要因（色の配される面積の大きさと強弱）により変わります。

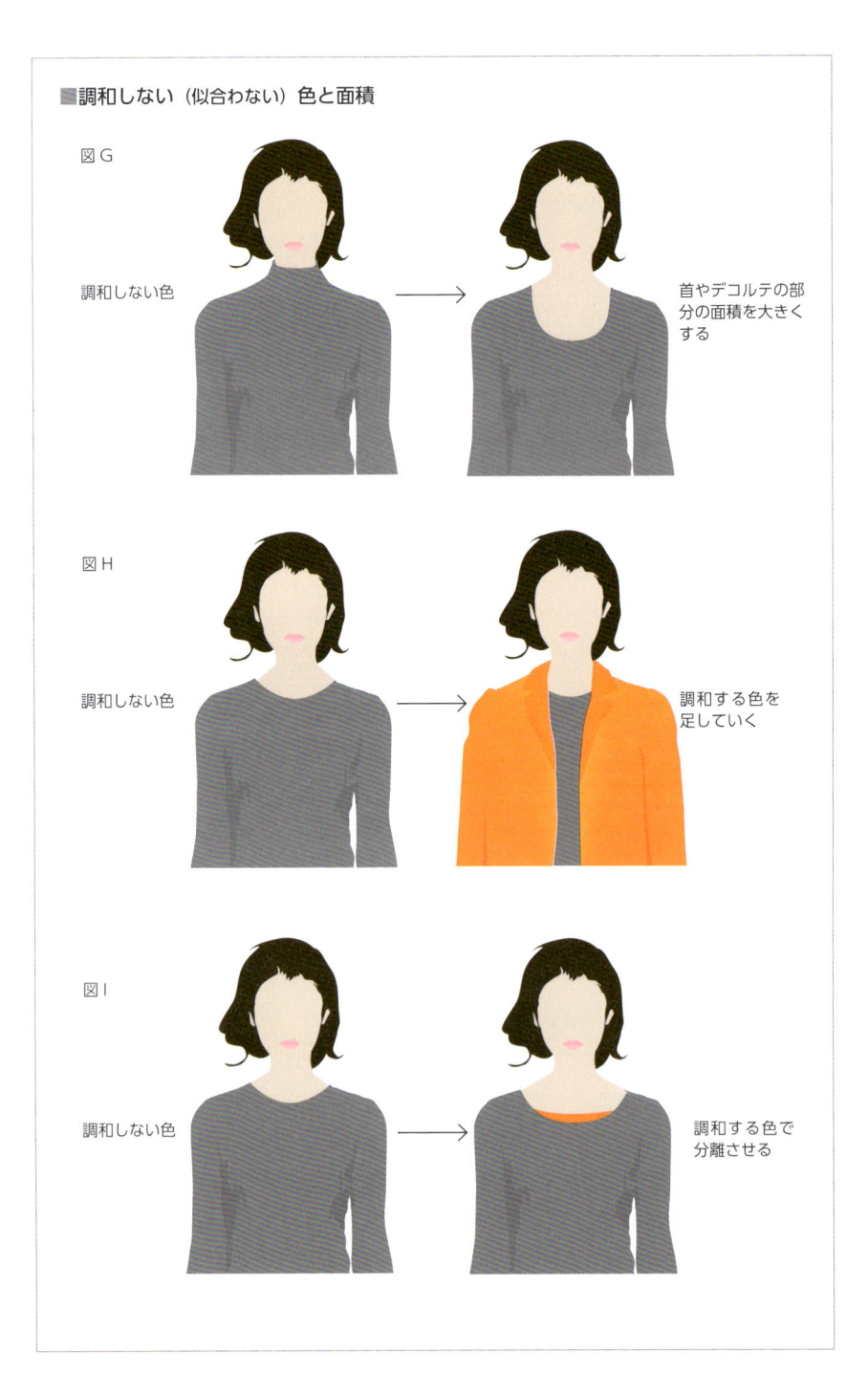

■ **調和しない（似合わない）色と面積**

図G

調和しない色 → 首やデコルテの部分の面積を大きくする

図H

調和しない色 → 調和する色を足していく

図I

調和しない色 → 調和する色で分離させる

調和しない色と面積

　自分には似合わないと思う色、自分のパーソナルカラーのカラーパレットにない色（調和しない色）を着たい場合があります。調和しない色を使う場合には面積比率を考えるとコーディネートに取り入れることができます。

　図Gのように、首やデコルテの部分の面積を多くして（肌の色を出して）いきます。顔の部分からなるべく色を離す方法です。色から受ける直接の影響を顔の肌の色に受けないようにします。たとえ調和しない色でも取り入れることができます。

　しかし、調和しない色や、自分にとってしっくりこない色は、面積を多くとったコーディネートにすると、どうしても自分の肌の色に対してバランスがとりにくくなります。その場合には、図Hのように調和しない色に調和する色を足していくコーディネートをすることで解決することができます。

　図Iは、セパレーションという配色技法を取り入れています。セパレーションとは、配色した2色が不調和を感じさせる場合にほかの色を加えることにより分離させ、調和感を得る方法です（第4章「4.4.2　配色技法」参照）。図Iの例は、肌の色を1色とみなし、もう一方の色である衣服の色（似合わない色）との組み合わせでは、肌の色が綺麗に見えないという不調和感のある配色のため、肌の色と衣服の色を分離させるためにその間に色を入れて調和感を得ています。分離させた2色の間に入れる色は、その人の似合う色（調和する色）です。肌の色が綺麗に見える効果を活かした方法です。

2.3.2　明暗比が印象を変える

明暗比と印象

　私たちの生活は、太陽の動きによって毎日の生活が巡っていきます。朝に太陽が昇り陽が差し始めるとその日の活動を始め、陽が沈むと活動をやめて休息に入ります。太陽光の恩恵を受けながら生活している私たち人間は、光に対して鋭敏な視感覚を授かっています。

　物の明暗を見分ける能力は生まれながらに誰もが身につけていることなのです。その能力は人が生きるために必要な力で、偉大なる力を持っています。たとえば、真っ暗なところでは物の形態が認識できませんが、そこにほんのわずかな光が差し込むだけで物の見分けができるようになります。

　人が明るさ暗さを感じる感覚、感知度は、驚くほど精巧に作られていて、ほ

んの少しの明るさでも感知します。日々の衣服のコーディネートに関しても、この明るさ暗さを感じる感覚が働きます。明るさの占める面積が大きいと、軽快感、明るい、活動的、爽やか、すっきりとした、動的、淡い、薄いなどの印象につながります。明るさの占める面積が小さいと、落ち着き、安定感、自然な、重厚感、静的、地味、暗い、濃い、渋いなどの印象につながります。

　なお、人が全体の明るさ暗さを察知しようとするとき、たとえば明るい部屋と暗い部屋では、その部屋にあるすべての色を見て感じ取ろうとします（照明なしの昼に見た場合）。このときにバラバラな色を1つにまとめて見ようとする視感覚が働きます。衣服に関してはトップス、ボトムス、小物などに肌の色や髪の色などが加わり、一部のアイテムだけを見ずに全体の明るさの度合いをまとめて見ようとします。このように全体（全面積）から感じる明るさの度合いを明度感としています。人により感覚のずれが多少はありますが、筆者らが観察してきた経験値により平均的な明度感を割り出しています。

身体の色も配色の一部

　衣服を着るという行為は、身体に衣服を重ねて（まとって）いくことです。そこには衣服だけではなく身体が存在します。衣服の色をコーディネートする場合には、身体というボディーの色合い、つまり衣服を含まない、身体の肌の色として認識できる色すべて（具体的には顔の色、手の色、足の色、首の色など身体全体の色）も含めた全体の面積に対してバランスを考えていかなければなりません。

　身体の色、つまり肌の色は、衣服の色と比較した場合、とても明るい色として視覚に映ります。肌の色は、白色などに比べると当然明度は低いのですが、

■明度感と面積の大小

黄	ダルトーンの青
ライトグレー	ダークブラウン
ベージュ	黒

明度感が高いと印象が明るくなる　　　明度感が低いと印象が暗くなる

人の肌は立体的で、光の反射なども伴い、とても明るい色として目に映ります。私たちは、肌の色とまとった衣服を同時に視覚に感知します。全体の明暗比を自然に測り、肌の色にも明度感が存在するということを認知するのです。

　実際にはどのように肌の明度感を感じるのかを見てみましょう。私たちは、身体に衣服をまとって肌を隠します。とはいえ、一部を除いて顔や首、手、脚などを外部に露出する衣服のデザインがほとんどです。肌の露出面積は、季節や衣服のデザインによって違ってきます。季節で見てみると、夏には肌を多く出し、冬には肌を多く隠します。肌の露出度が、前者は多く後者は少なくなります。

　じつはこの肌の露出面積が、コーディネート全体の明暗比を決定します。コーディネートの際に見逃し気味ですが、これがとても重要なことなのです。

　人は明るさ暗さを感じる感覚に関して優れた才能を誰もが備えているわけですから、明暗比を見極めるのはさほど難しくありません。上記の身体の色が、衣服と比較してどのくらいの面積の割合で出ているかを考えます。これはその都度測定器などで測るということではありません。前述のようにコーディネートされた全体を見て、人の視覚で全体面積から明度感を測り、割合を見ていく方法です。

　肌の露出部分が多ければ、明度感が上がり全体の印象が明るくなります。肌

■肌の露出面積がコーディネート全体の明暗比を決定する

肌の露出部分が多いと明度感が上がる

肌の露出部分が少ないと明度感が下がる

2.3　面の法則

の露出部分が少なくなれば、明度感が下がり全体の印象は暗くなります。肌の露出面積によって大きく印象は変化することから、イメージ作りにもつながっていきます。

パーソナルカラーと明暗比

　明暗比は、パーソナルカラーシステムの各シーズンタイプのコーディネートの際に参考にすることができます。

　全体のコーディネートのバランスを考える際には、通常カラーパレットから色を選択することが基本とされています。しかし、黒や茶などのベーシックカラーだけを使った配色などを考える際にはどうしてよいか迷ってしまいます。パーソナルカラーシステムのコーディネート手法では、ベーシックカラーだけを利用したコーディネートにカラーパレットの色の小物やアクセサリーなどを用いることが一般的です。しかし小物などを用いずに、シンプルな配色をしたい場合には、明暗比を考慮した方法が有効です。この方法によりコーディネートの範囲をさらに広げることができます。

　右図は、明暗比を用いたパーソナルカラーのシーズン別のコーディネートの例です。明暗比をわかりやすくするために、衣服の色は黒を使っています。

　図Aは、肌の色が70％、衣服の色（黒）が30％の比率です。スプリングカラーのイメージとつながる明暗比です（絶対値ではない）。このように、スプリングカラーでは、全体面積に見える明るさ感を50％〜60％以上にするとカラーパレットに対してバランスがとれてきます。

　図Bは、肌の色が30％、衣服の色（黒）が70％の比率です。オータムカラーのイメージとつながる明暗比です。スプリングカラーと比べると明るさは減少し、明度感は低くなります。明るさ感を60％までくらいに留めておくとオータムタイプのイメージにつながります。

　図Cは、肌の色が50％、衣服の色（黒）が50％の比率です。サマーカラーのイメージとつながる明暗比です。明るさ感はちょうど面積の半分です。オータムカラーほど明度感は低くなくスプリングカラーほど高くありません。両者の間くらいの割合と考えましょう。40％〜80％くらいの範囲であればサマータイプのイメージにつながります。

　図Dは、肌の色が10％、衣服の色（黒）が90％です。ウィンターカラーのイメージとつながる明暗比です。明るさ感が4タイプの中でもっとも少ない面積比率です。全体を暗くしても、ウィンターカラーではバランスがとれています。

ウィンターカラーは、反対に全体を明るくしても対応できるタイプです。ウィンターカラーのイメージは、明度感が高い低いのどちらでも実現可能です。

以上のコーディネートの際の明暗比は、パーソナルカラーシステムをはじめ色彩と向き合った長い年月の経験から筆者らが得たものです。これらのタイプ別の明暗比は、年月を経ると変化することが予想されます。

以前と比較すると明暗比の割合は相当変わり、明度感がはるかに高くなって

■明るさの面積（肌の色の関係）によって印象が変わる

図A　　　　図B　　　　図C　　　　図D

黒 30%　　黒 70%　　黒 50%　　黒 90%
肌 70%　　肌 30%　　肌 50%　　肌 10%

※数値は概数

パーソナルカラーのシーズンタイプとの対応

スプリング　　サマー　　オータム　　ウィンター

←明るい　　　　　　　　　　　　　　暗い→

2.3 面の法則

います（明るい色や明るいものが好まれる）。たとえば光たく感のある素材やビジューを用いたアイテムを使うと、以前は派手感のある印象が強くなるためそのような衣服を着ることにためらいがありましたが、今では年齢問わず誰でも違和感なく身につけています。また身のまわりを見渡すと明るく感じる小物やインテリアなど、その使用はさまざまです。以前では考えられなかったコーディネートが現実に存在し、衣服における明度感の期待がますます高くなってきています。

　このように、より明るいものを要求する人々の感覚の変化は、時代の流れによるものか、人々の心が自然に望むからそうなるのか、いずれにしても確実に明るい色や物を好む環境になってきています。明るさについて人は敏感ですから、このような変化を常に日常のいろいろなところで観察し、とくに明るさ感の変化には遅れないように、明るさを求める変化の観察力が、色のコーディネートには常に必要になってきます。

2.4 柄の法則

2.4.1 柄の見え方

　ストライプ柄やチェック柄は着こなしやすさがあります。その理由には、男女兼用で使われていること、何かを象ったということもなく、何かのイメージに偏ることのない柄であるからといえます。一方、花柄や迷彩柄、アニマル柄、幾何学模様、ハート柄やリボン柄、大判のフリルやレースなどは、何かのイメージに偏る傾向があります。どちらの柄も使い方次第で無難に見えたり、派手に見えたりします。

　さまざまな色を着ることに抵抗を感じるのと同じように、柄のある衣服をコーディネートに取り入れることが難しいと感じることがあります。柄は、地になる色に加え、柄自体のデザインや色から受ける印象もプラスされます。華やかさ、大人っぽさ、かわいらしさなど柄の持つイメージが加わり、衣服自体の色や印象を柄により強調します。

柄の見え方と印象

　無地の衣服（原色を除く）を着るよりも、柄のある衣服のほうが全体の印象が華やかに見えます。その理由の1つとして、柄があることで衣服に立体感が出ることがあげられます。その立体感は顔映りにも反映され、顔のパーツを強調するからです。とくに日本人をはじめとするアジア人は、欧米人に多い立体的な顔立ち（顔の正面と顔と頭を含めた側面部分が長方形の形）とは異なり、顔の骨格が平面的な形状です。この場合は、メイクアップや衣服、ヘアスタイルで立体的な顔立ちに見せるほうが全体に平面的な印象に偏らずにバランスがとれて見えます。柄のある衣服も同じように平面的な顔の骨格を華やぐ印象へと変えることが可能です。

　また、柄には何かしらの方向性があり、人の目線を左右上下へと導くことから、ボディラインの気になる部分を隠したり、柄の配置によってはほっそりと

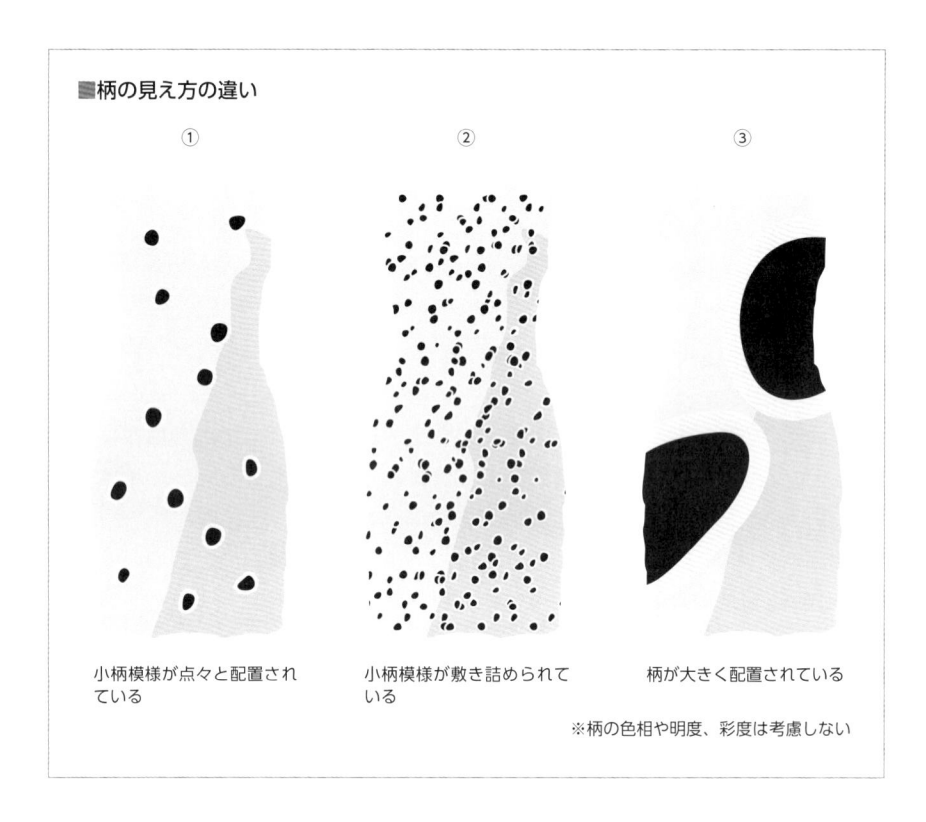

■柄の見え方の違い

① 小柄模様が点々と配置されている

② 小柄模様が敷き詰められている

③ 柄が大きく配置されている

※柄の色相や明度、彩度は考慮しない

見せるなど、スタイルの見せ方を調整することもできます。柄のある服は一見敬遠されがちですが、使い方を知るとさまざまな方法や目的で取り入れることができます。

　衣服の柄は、柄の大きさや配置により見え方が変わります。小柄模様が点々と配置されている場合（上図の①）、小柄模様が敷き詰められられている場合（図の②）、大柄模様が1点〜数点配置されている場合（図の③）では、衣服の見え方が異なります。なお、ここではストライプ柄では幅が狭いものを小柄模様、幅が広いものを大柄模様といいます。チェック柄では線幅が狭く四角が小さいものを小柄模様、線幅が広く四角が大きいものを大柄模様といいます。その他の柄も同じように小柄模様、大柄模様と分けることができます。大柄模様は、2m〜3m離れてみると1つの柄のように見えるものも含みます。

　上図の①は、柄よりも地（背面）の面積が多いため、比較的取り入れやすい柄といえるでしょう。図の②は、全面に小柄模様があるため、柄が地（背面）に見えます。そのため、個々の柄が主張することなく無地に近い印象で、地の

■柄物を組み合わせるコーディネート例

① 柄がほどよく目立つので顔のパーツがある程度華やかに見える

② 柄が平面的に見えるので、地味感や落ち着きのある印象になる

③ 柄の色とそれ以外の色との明度差を小さくすると華やかさを抑えられる

2.4 柄の法則

■柄物同士を組み合わせるコーディネート例

大柄の衣服と合わせることで地味感を華やかさのある印象に変えることができる

印象が強くなり平面的に見えます。図の③のように、柄が地の面積と同量か3分の1～4分の1の大きさ、あるいは柄のほうが大きい場合は、柄の印象を強く主張し、衣服自体を立体的に見せることができます。つまり、柄の印象の強さで比較すると、②＜①＜③の順で強くなります。

　柄物を組み合わせるコーディネートは難しいと感じる方が多いようです。派手感または地味感の印象を過度に与える場合があるからです。図（153ページ）は、前掲の図「柄の見え方の違い」の①～③と同じ柄のカーディガンを組み合わせたコーディネートです。いずれも同じように柄の色相や明度、彩度はない場合です。

　図の①のコーディネートは、カーディガンの小柄模様がほど良く目立ち、顔のパーツをある程度立体的に見せます。組み合わせる衣服の色やカーディガンの地の色と、柄自体の色の明度、彩度に差をつけるとさらに華やいだ印象とな

り、差がない場合は柄の効果がなくなるため、落ち着いた印象のコーディネートになります。

　図の②のカーディガンの小柄模様は、平面的に見えるため統一感がとれやすく、エレガントな装いができ上がります。比較的地味に見えるため、柄の色とその他の色で明度・彩度に差をつけても（一方を高くしてもう一方を低く）組み合わせることができます。

　図の③の大柄模様のカーディガンのコーディネートは、もっとも華やかに見えます。それを抑えたい場合は柄と地の色の明度差が小さい配色や隣接する衣服の色との明度差を小さくします（図の例でいうとカーディガンの地の色やインナーの色）。

　なお、左図のように、大柄模様と小柄模様（カーディガン）を組み合わせることで、小柄模様の地味感を、華やかで立体的な印象へと変えることができます。

　このほか、カーディガンの柄が総レースの場合は、小柄模様だと②の印象、大柄模様だと③の印象に寄ります。レースの柄による陰影の凹凸感があっても上記で示した①〜③の柄ほど柄は主張せず、②のような平面的な見え方になり、比較的落ち着いた印象になります。

異なる柄同士の組み合わせ

　柄の種類は、ストライプ柄、チェック柄、花柄や迷彩柄、アニマル柄、幾何学模様、ハート柄やリボン柄、大判のフリルやレースなどさまざまです。トップスにストライプ柄でボトムスにチェック柄、トップスに花柄でボトムスにアニマル柄など、上下の柄が異なる組み合わせにはほとんどの人が抵抗を感じるようです。とくに大柄模様を上下で組み合わせる場合にその傾向が顕著です。

　柄の印象が異なるもの同士を組み合わせても、品のある装いをすることができます。156ページの図Aでは、トップスに大柄模様、ボトムスに小柄模様を組み合わせることで、色でいうと派手・地味のような強弱の関係ができ、柄同士の調和のあるコーディネートになっています（後述するCNEHに通じます）。トップスの円形の柄に目が動き、強さを印象づけるため、ボトムスの柄は平面的に見えています。組み合わせる柄により見え方が変わる例の1つです。

　図Bの大柄模様のチェック柄のトップスと小柄模様のストライプ柄のボトムスを組み合わせたコーディネートでは、トップスのチェック柄の印象が強くなります。ボトムスのストライプ柄は線が細いため柄の印象が抑えられ、比較的

■異なる柄同士のコーディネート例

図A　　　　　　　　　図B

異なる柄でも、柄の大きさが大小異なれば組み合わせることができる

②の図に近い見え方（平面的に見える）になり、違和感のない柄と柄の組み合わせ例です。

　上下の柄と柄を合わせることは難しいことではありません。柄の大小を認識し、組み合わせ方を工夫することで、今まで着こなせなかった服やイメージにも挑戦するなど可能性が広がります。

第3章

新しい色の法則を
使いこなす

色と形、あるいは「もの」や「こと」を組み合わせ、融合させることは、表現を無限に広げ、そこには大きな楽しみと喜びがあります。

　少しずつ日差しが暖かくなり桜が咲く季節には花見をします。庭で草花を栽培し、色とりどりの花を楽しんだり、部屋に花を飾って空間を変えたりと、美しい花を自分に取り込み、また美しさを知ることは、癒しと喜びにつながります。

　睡蓮が水に浮かび、涼し気に紫陽花が咲く季節には、雨粒が花や葉にみずみずしさを与えます。思わず、写真に収めたくなります。

　夕日が空を赤く染め、稲穂がゴールドの絨毯を敷き詰める季節には、寺院の庭園から紅葉の風景を眺めてみたいと思います。

　しんしんと雪が降り積もる季節には、食卓で鍋を囲んで心身の温もりを得ます。

　人は存在するものに進んで関わろうとします。もの、こと、場所を選んだり、変化を与え、また自ら作用を加えて、それらを組み合わせて創造し、現実のものにします。そうした行為の一部分が、色と形を融合して新たなものを創造することです。たとえば自分の気持ちに合わせて、華やかで暖かい春の気分の色や、しっとりと落ち着く秋の気分の色を、季節を問わず衣服に取り入れることができます。

　人には「今までにはない気分のハーモニーを創造したい」という自然の欲求があり、果てしなく自由な可能性が広がっています。四季の色と形をヒントに、心の風景を無限に広げ、新たな楽しみや喜びを積極的に表現したいものです。

3.1 色の自由な組み合わせ

　合理的なルールに則ってコーディネートするパーソナルカラーシステムは、普及した当時の人々にとってわかりやすく、斬新でした。自分の「パーソナルカラー」を見つけることができた人は、カラーパレットを参照することによって「今までは取り入れなかったけれど自分にもたくさんの似合う色がある」ことを実感しました。しかし、実際に多くの色を目の前にすると、それらの色を使いこなすことができない、なかなか色数を増やせないという課題があるようです。また、パーソナルカラーシステムを学ぶと、どうしても1つのシーズンのカラーパレットの色でまとめてしまうようになり、「当たり前」のコーディネートになりがちです。

　時代が変わるとともにコーディネートにも変化を取り入れたいと思っても、どうしてよいのかわからないという人も多いようです。これらの課題を解決していく方法を学ぶことは、色の可能性を広げ、そして「おしゃれ」の新しい価値観を切り開いていくことにつながります。

3.1.1　ベーシックカラーを使ったコーディネート

　色にはそれぞれ固有の性格があり、また、形にもそれぞれ固有の性格があります。言葉と色・形を対応させると、共通の性格を持つ色と形があることがわかります。共通の性格を持つ色と形を組み合わせるコーディネートは、パーソナルカラーシステムの応用として困難なことではありませんし、うまくまとめることは容易であるといえます。

　取り組みやすいのが、ベーシックカラーの利用です。多数の色を使ってコーディネートすることはなかなか難しいことですが、ベーシックカラーを使うと上手に解決することができます。

■ベーシックカラー						
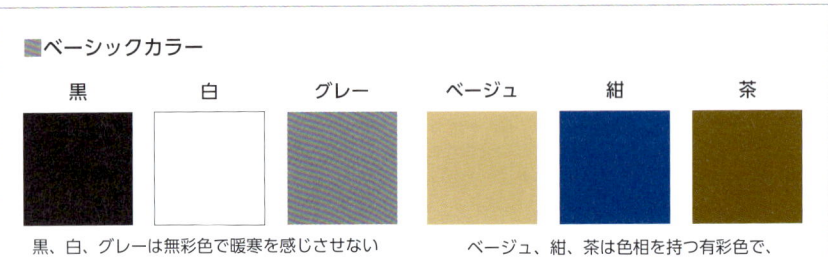 黒	白	グレー	ベージュ	紺	茶

黒、白、グレーは無彩色で暖寒を感じさせない　　ベージュ、紺、茶は色相を持つ有彩色で、暖寒を感じさせる

※色彩学では黒は暖かく、白は冷たく感じるとする説もあるが、ファッションにおけるベーシックカラーでは黒・白は暖寒を感じないとしている

ベーシックカラー

　ベーシックカラーは、黒、白、グレーのような無彩色と、ベージュ、紺、茶のような色相を持つ有彩色に分けられます。しかし、有彩色であっても、ベーシックカラーは色相をあまり感じさせません。したがって、季節感もあまりありません。加えて、親近感を持ちやすいので、気軽に使えます。ベーシックカラーの衣服などは多数が製品化されていますので、選択も容易です。

　ベーシックカラーが季節や流行に関係なくよく使われる理由は、どの色相と組み合わせても調和しやすく、いろいろな配色が比較的簡単に作れるからです。また、ベーシックカラーは単色でも用いられます。注意しなくてはならないのは、どのような色とも合わせやすいので、考えることなしに安易にベーシックカラーを取り入れてしまうことです。夏なら白、冬なら黒や茶などを考えがちです。無難な配色にはなりますが、おもしろみや個性には欠けます。

　パーソナルカラーシステムでは、4シーズンのそれぞれに適合するベーシックカラーがあるとしています。つまり、同じグレーであっても、スプリングなら明るめで黄みを含むグレー、オータムなら赤みや緑みを含むグレー、サマーは中明度以上のグレー、ウィンターは広い範囲のグレーとしているのです。これらが4シーズンのカラーパレットにもっとも調和しやすいといわれていますが、「これが絶対」と決めつけてしまうと、幅広いコーディネートができなくなってしまいます。

　ベーシックカラーそれぞれの性質を把握して、どのシーズンのグループにも、またどんなシーンにおいても、すべてのベーシックカラーを自由自在に用いることができれば、コーディネートの幅が大きく広がります。「似合わない」と

される色を使ってコーディネートすることも可能となります。また、本章で後述するCNEHによるイメージ創りにも、ベーシックカラーそれぞれの性質を活用することもできます。

黒と白

　黒はもっとも明度が低く、暗く見える色です。組み合わせる色が明るくても、黒によって全体が暗く見えます。明暗感では、黒の割合に注意することが必要です。それとは逆に、白はもっとも明度が高く、明るく見える色です。白を組み合わせると全体が明るくなり、黒を使った場合とは対照的です。明るいコーディネートにするには白をより多く使います。逆に明るさを減らすには白を少なくします。白の使用量でコーディネート全体の明るさが決まります。なお、後述する明度の対比効果により、衣服の白のほうが肌の色より光を多く反射するため、肌の色を暗く見せ、くすみを感じさせることがあります。ソフトな白だとその影響は比較的少なくなります。

　明度の違いは軽重感にも影響します。白は色の中でもっとも軽く見える色で

■ベーシックカラー：明度と明暗感・軽重感
ベーシックカラーの明度の違いにより、明暗感、軽重感が変化する

明度が高い　←　　　　　　　　　　　　　　　　　　　　→　明度が低い

| 白 | ベージュ | グレー
(中明度の場合) | 茶
(一般的な茶) | 紺
(一般的な紺) | 黒 |

衣服全体を見ると明るくて軽い　←　より明るく軽くなる　→　衣服全体を見ると暗くて重い

3.1　色の自由な組み合わせ

■ベーシックカラー：膨張収縮感

白　　ベージュ　　グレー　　茶　　紺　　黒

膨張色　　　　　　　　　　　　　　　　　　収縮色
同じ大きさでも色により見かけの大きさが変わる

　す。白と組み合わせると、軽快感が表現できます。また、ソフトな印象も加わります。これは、黒と組み合わせた場合と比べると顕著です。白が軽く見えるのに対し、黒は重く見えます。黒を組み合わせると、重さに加えて黒にある硬さが加わります。白でも純白の場合は、黒ほどではありませんが、硬さのある印象に見えることもあります。

　黒は収縮色なので、細く見せる効果がありますが、重さを感じさせることを忘れてはいけません。黒で輪郭をとると、形がくっきりとします（第2章「2.2.4 輪郭線」参照）。身体にぴったりした黒の衣服やタイツなどは、身体や脚のラインをはっきりと見せます。形を強調したいときには効果的ですが、逆効果となる場合もあります。逆に白は膨張色で、白い衣服は黒や暗い色の衣服より膨張して見えます。インテリアに使う場合、白の壁紙と暗い色の壁紙では、白の部屋が広く見えます。

　また、フォーマルな装いには、黒は欠かせない色です。ほかの色と比較すると、黒は高級感や重厚感があります。高級車の代表色は黒で、白やシルバーよりも高級感を感じます。衣服にも同じことがいえます。一方、白の高級感はウェディングドレスなどから感じることができますが、一般的な白の印象はカジュアル感と結びつきます。

そのほかの黒の特徴として、対比効果の大きさがあげられます。明度の対比効果がもっとも大きい（強い）色が黒です。黒と明度の高い色を組み合わせると、明度の対比効果が大きくなり、視認性（正しく確認・理解できる度合い）や注目性（人が注目する度合い）が高くなります。明るい色に黒を組み合わせると、明度差がはっきりと認識され、明るい色はより明るく見えます。白も明度の対比効果が同じように強く働きますが、黒より見え方は若干弱くなります。地が明るい組み合わせ（光が100％近く反射される）より地が暗い組み合わせ（光が100％近く吸収される）のほうが見やすくなります。

　彩度の対比効果がもっとも大きい色も黒です。黒と彩度の高い色を組み合わ

■ベーシックカラー：黒と明度の対比効果

地が黒の場合は視認性が高い
（遠くからでも目につく）

地がベージュの場合は視認性が低い

衣服の場合は

注目性が高い配色（黄が目立つ）

同じ黄でも注目性が低くなる

3.1　色の自由な組み合わせ

■ ベーシックカラー：黒と彩度の対比効果

黒を背景にすると食品が鮮やかに見える　　ベージュを背景にすると食品の鮮やかさが減る

↓
衣服の場合は

同じピンクでも彩度が高く見える

せると、彩度の対比効果が大きくなります。料理を黒い器に盛りつけると鮮やかに見え、食欲を高める効果があります。衣服でも同じで、黒と組み合わせた有彩色は、もともとの色より彩度が高く見えます。派手に見えすぎたり、強調されてしまうこともあるので注意が必要です。白も彩度の対比効果が大きいのですが、黒ほどではなく、黒の上に置いた色と白の上に置いた色を比較すると黒のほうがくっきりとした色合いが出ます（紺や茶など明度が黒に近似する色が置かれる場合は除く）。

　地色が黒のものに柄が置かれると、明度の違いにより柄が大きく見えます。逆に白い地の上の柄は小さく見えます。黒、白だけではなく、地色との関係で柄の見かけのサイズが変わります。同じ色・柄でも、明度が低い色に置いた柄は、明度が高い色に置いた柄よりも大きく見えます。これは、プリント柄など

■ ベーシックカラー：柄の大小感

柄が暖色（前進色・膨張色）の場合

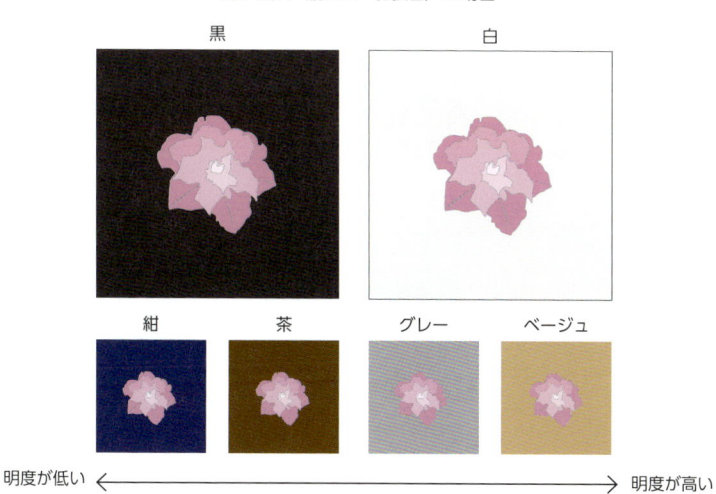

黒　　　　　　　　　白

紺　　茶　　　グレー　ベージュ

明度が低い ←――――――――――→ 明度が高い

地色の明度が低いほうが柄が大きく見える
地色の明度が高いと柄でも小さく見える

柄が寒色（後退色・収縮色）の場合

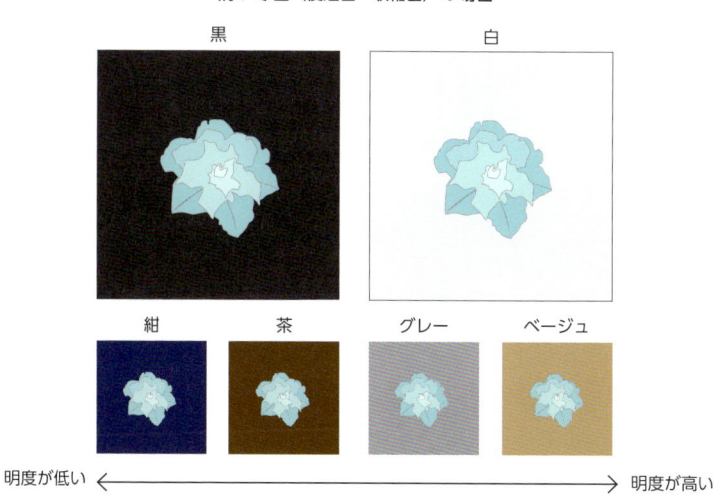

黒　　　　　　　　　白

紺　　茶　　　グレー　ベージュ

明度が低い ←――――――――――→ 明度が高い

地色の明度が低いと寒色系の色の柄でも大きく見える

第3章 新しい色の法則を使いこなす

3.1　色の自由な組み合わせ　　**165**

でも同じ効果が現れます。地と柄の色の明度の関係によって、柄のサイズが違って見えることは、アクセサリーをつける際にも応用できます。

グレー

　グレーは、黒と白の中間的な性格を持ちます。明るいグレーから暗いグレーまでいろいろな段階がありますが、ここではおもに中明度のグレーについて解説します。

　グレーの特徴は、コーディネートされた全体のイメージがソフトな印象に見えることです。黒や白とのコーディネートでは強すぎる場合には、グレーを使用します。つまり、対比効果や軽重感などが、白や黒の場合よりも弱く働きます。

　とくに中明度の明るさのグレーの場合は主張する色ではないため、白や黒と比較して曖昧な感じを持ちます。グレーに明るさや強さを感じる場合でも、極端ではありません。グレーはどの色ともなじむ性質があります。また、グレーは黒、白と同じように暖寒を感じさせないため、オールシーズン着ることができます。

　どの色ともなじみやすいという特徴から、地をグレーにすると有彩色の色が正確に見えます。グレーは光の反射と吸収が白や黒より小さく、その影響が少ないので、グレーと組み合わせた場合、本来の色をそのままの色として感じることができます。色をピュアな状態で見せる場合はグレーを使います。

　また、グレーの明るさの段階により、膨張収縮感の見え方が異なります。明度の低いグレーは収縮して見え、明度のごく高いグレーは膨張して見えます。ただし、白や黒ほどの膨張収縮感は感じられません。

紺

　紺は黒に近く、黒よりもコーディネートしやすいように思われがちですが、実際は思いのほか難しい色です。スーツや制服によく使われ、信頼感、安定感、安心感があり、使い方によっては無難、平凡になりがちです。とはいえ、使い方次第でおしゃれ感が出ます。

　紺は、明度が低い青で、寒色です。茶やベージュに比べると冷たい印象を与えます。紺と組み合わせる色が寒色（たとえば紺と水色の配色）だと、冷たさ、寒さ、涼しさが増大します。季節感のあるコーディネートでは、この点に注意が必要です。

　紺は後退色で収縮して見え、落ち着いたイメージに見えます。黒と比較して

■ベーシックカラー：暖寒感

暖かく感じる　　　　寒く感じる　　　　どちらでもない

ベージュ　　　　　　紺　　　　　　　　黒

茶　　　　　　　　　　　　　　　　　　グレー

　　　　　　　　　　　　　　　　　　　白

暖かく感じる組み合わせ　　　　涼しく感じる組み合わせ

紺はやや軽いとはいえ、重厚であることに変わりはありません。暗さはありますが黒よりもやや明るい印象に見えます。青みが含まれるので、青の心理効果も働きます。明度や彩度が高い色と配色しても、黒と比べると対比効果は少し弱くなります。

ベージュ

ベージュには高明度から中明度までがあり、季節感が少なく、またどの季節にも対応できる便利な色です。

明度と彩度が低い場合でも白の次に明るさを感じさせる色です。明るい印象

3.1　色の自由な組み合わせ

のコーディネートにする場合は、ベージュを取り入れるのが1つの方法です。グレーと同様にコーディネートされた全体の印象をソフトにします。

　ベージュは、極端に主張することなく、どの色にもなじみやすいという特徴があります。白と比較すると、軽さ、膨張感はありませんが、よりソフトに感じられます。白と組み合わせた配色では対比効果が強すぎると感じる場合は白の代わりにベージュを使います。

　ベージュは暖色であり、白と比較すると暖かみのあるソフトなイメージのコーディネートができます。また、黒、紺、グレー、茶などと比較すると軽快感があり、カジュアル感のあるコーディネートに最適なベーシックカラーの色です。

茶

　茶は、黒、紺より明るいのですが明度は低く、コーディネートに取り入れると全体が暗い印象に見えます。黒、紺ほどの収縮感はありません。また、黒や紺ほどではありませんが、茶は重さを感じさせます。茶は、赤と黄と黒（またはグレー）が混色されているため、紺よりもくすんだ色に感じます。

　色みの特徴として茶は、暖色系としての暖かみを感じ、安定感、安心感、落ち着いた印象を与えます。暖かみのある、低明度な色を使いたいときには、茶を使います。茶は、暖かみのあるコーディネートを行う場合に便利なベーシックカラーといえます。寒色系の配色で暖かみが不足する場合には、ベーシックカラーを茶に変更すると解決できます。前掲の図「ベーシックカラー：暖寒感」にあるオレンジと茶の配色（同系色相配色）は、典型的な暖色系の配色で暖かみを感じさせますが、季節が限定されることがあります。

　茶とほかの色を配色する場合、その色も形もさほど強調させることなく、柔らかく見せることができます。茶には、黄みの強い茶と、赤みの強い茶があります。黄みの強い茶はカジュアル感があり、赤みの強い茶は黄みの色より深みがあります。

ベーシックカラーを取り入れた配色

　ベーシックカラーを取り入れた2色配色〜4色配色の例を紹介します。以下に紹介する方法は、パーソナルカラーシステムを応用しています。

　はじめに、右図のベーシックカラーと有彩色1色を組み合わせただけのもっとも単純な配色（2色配色）例で、各ベーシックカラーと有彩色（暖色と寒色）

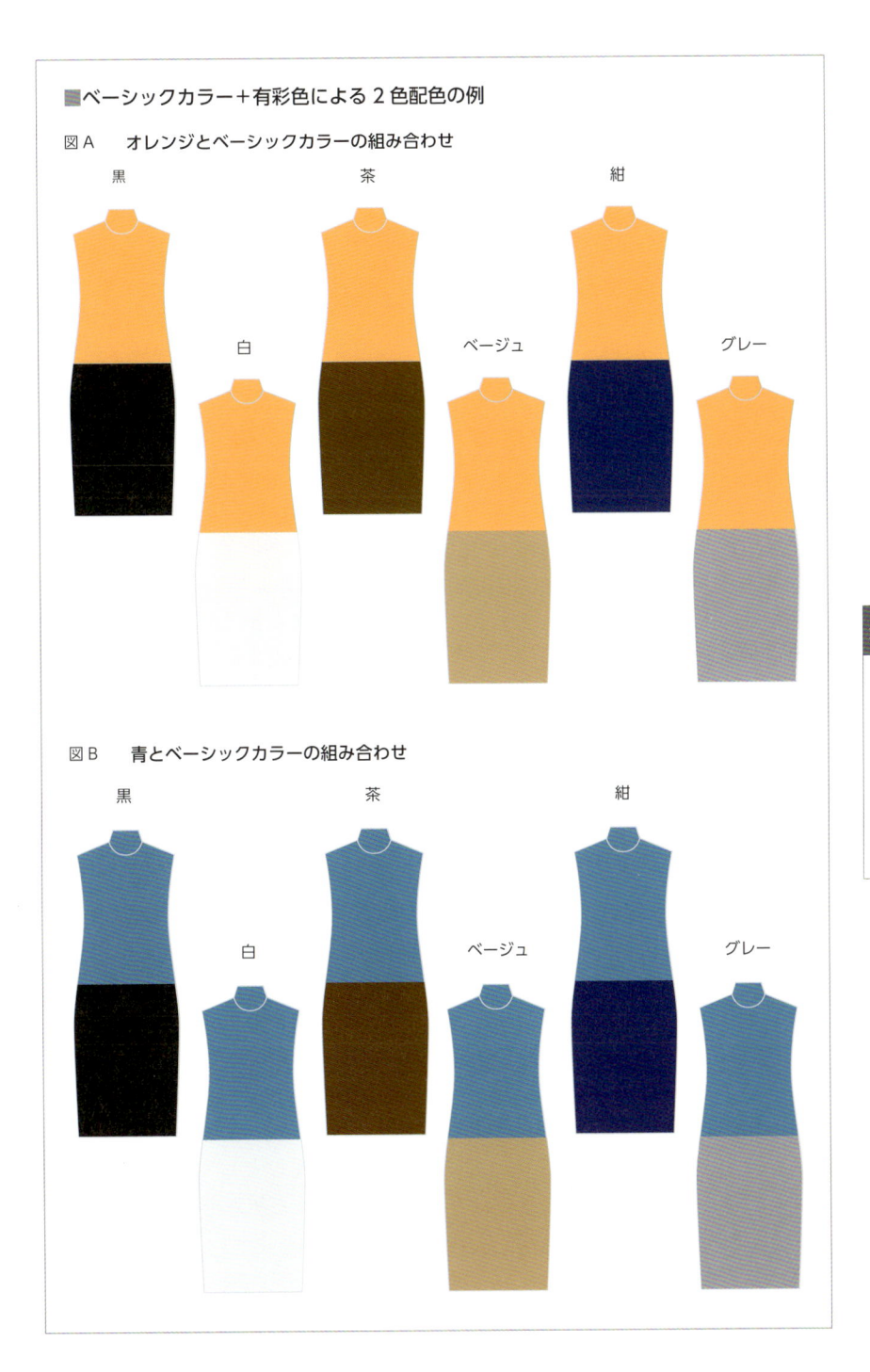

■ベーシックカラー＋有彩色による2色配色の例

図A　オレンジとベーシックカラーの組み合わせ

黒　　　　　　　　茶　　　　　　　　紺

白　　　　　　　　ベージュ　　　　　　グレー

図B　青とベーシックカラーの組み合わせ

黒　　　　　　　　茶　　　　　　　　紺

白　　　　　　　　ベージュ　　　　　　グレー

3.1　色の自由な組み合わせ

の組み合わせの見え方の違いを示します。

　図Aは、暖色のオレンジとベーシックカラーを組み合わせた例です。左から、黒との組み合わせは、黒の影響で明度・彩度の対比効果が強くなり、オレンジが鮮やかさを増します。もっとも重く、暗く感じられる組み合わせです。次の白との組み合わせは、もっとも明るく見え、軽さを感じさせます。茶との組み合わせは、同系色の濃淡の配色で、自然でなじんで見えます。また、暖色同士であり、もっとも暖かみが出ます。ベージュとの組み合わせは、暖かみのあるソフトな感じです。茶と組み合わせるよりベージュと組み合わせるほうが明るさが増します。寒色である紺との組み合わせは、寒感を取り入れたいときに便利な方法です。オレンジと紺は互いに補色関係にあり、バランスをとりやすい組み合わせですが、補色同士の場合には、色の面積配分は慎重に決めましょう（第2章「2.3.1　面積比率と印象」参照）。グレーとの組み合わせは、オレンジをもっともオレンジらしく見せる配色で、ソフト感があり中間的な（一方では曖昧な）配色です。

　図Bは、寒色の青とベーシックカラーを組み合わせた例です。左から、黒との組み合わせは、青みが強く感じられ、寒色の特徴が出ます。次の白との組み合わせは、もっとも明るく、爽やかな印象です。茶との組み合わせは、寒色と暖色の配色であり、補色配色です。暖かみのある茶と冷たさのある青との面積配分を慎重に決めましょう。ベージュとの組み合わせは、明るくソフトで、白より暖かみを感じさせます。紺との組み合わせは、寒色同士、同系色の濃淡同士の配色なので、寒感が強く出ます。中明度のグレーとの組み合わせは、青の持つ本来の色をそのまま出します。白や黒を組み合わせた場合に比べて、ソフトで中間的な印象です。

　このように、組み合わせるベーシックカラーによってコーディネートの印象が変わります。さらに、ベーシックカラーや有彩色を加えて、配色の幅を広げていきます。

❶ベーシックカラー2色＋有彩色1色による3色配色
　ベーシックカラーを2色にしただけですが、3色配色として認識できます。右図の例は、ベージュと緑にベーシックカラーを加えた組み合わせです。ベーシックカラーと有彩色の2色配色より色彩が豊かに感じます。

■❶ベーシックカラー2色＋有彩色1色による3色配色の例

ベージュと緑にベーシックカラーを加えた組み合わせ
※ベージュはベーシックカラーの中でも対比効果が小さく、またソフトな印象を与える

黒　　　　　白

茶　　　　紺　　　　グレー

3.1　色の自由な組み合わせ

❷ベーシックカラー1色＋同系色相の2色（有彩色）による3色配色
　ベーシックカラーに有彩色1色とその同系色相1色を加えた配色です。右図の例は、赤とピンクの同系色相の濃淡の組み合わせに、ベーシックカラーをそれぞれ組み合わせています。異なる色相の2色（赤と緑など）を組み合わせるよりも、同系色相の2色を組み合わせるほうが失敗が少ない配色です。

❸ベーシックカラー1色＋有彩色1色＋異なる色相の有彩色1色による3色配色
　異なる色相の有彩色が2色ですが、パーソナルカラーのカラーパレットの同シーズンの色を組み合わせると確実に調和します。スプリングカラーから1色＋スプリングカラーから別の1色＋ベーシックカラーのように組み合わせます。図（174ページ）の例は、ピンクと黄の明るくキュートな印象に、ベーシックカラーを組み合わせています。ピンクと黄は典型的なスプリングの配色です。❶、❷の配色に比べると色彩が多彩でやや複雑ですが、難しい配色ではありません。

❹ベーシックカラー2色＋同系色相の2色（有彩色）による4色配色
　❷の配色のうち、ベージュとの組み合わせに、ベーシックカラーを1色加えただけの組み合わせです。色数が4色に増えますが、少しも難しい配色ではありません。図（175ページ）の例は、赤、ピンク、ベージュにベーシックカラーを加えた組み合わせです。同系色相の濃淡の2色なら、組み合わせる色相の数が増えても調和しやすくなります。

❺ベーシックカラー2色＋有彩色1色＋異なる色相の有彩色1色による4色配色
　❸の配色にベーシックカラーを1色加えた組み合わせです。図（176ページ）の例は、同シーズンのピンクと黄に紺を組み合わせ、さらに、ベーシックカラーを加えた組み合わせです。ベーシックカラーの中でもグレーはほかの色になじみ、4色配色のような印象は受けません。グレーは、もう1色プラスしたいときに便利な色です。

■❷ベーシックカラー1色＋同系色相の2色（有彩色）による3色配色の例

赤とピンクにベーシックカラーを加えた組み合わせ

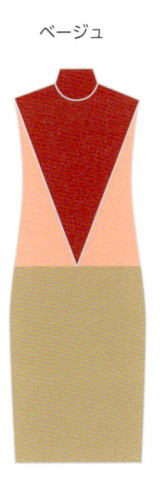

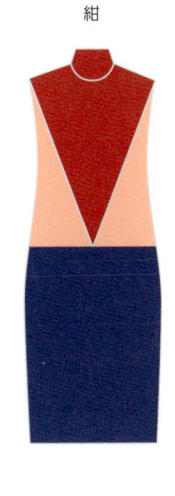

黒　　　　　　　　　白　　　　　　　　　茶

ベージュ　　　　　　紺　　　　　　　　　グレー

赤とピンクにベージュを組み合わせるとスプリングタイプの配色になる

第3章 新しい色の法則を使いこなす

3.1 色の自由な組み合わせ

❸ベーシックカラー1色＋有彩色1色＋異なる色相の有彩色1色による3色配色の例

ピンクと黄にベーシックカラーを加えた組み合わせ

黒　　　　　　　　　白　　　　　　　　　茶

ベージュ　　　　　　紺　　　　　　　　　グレー

ピンクと黄にベージュを組み合わせるとスプリングタイプの典型的な配色になる

■❹ベーシックカラー2色＋同系色相の2色（有彩色）による4色配色の例

ピンクと赤にベーシックカラーを加えた組み合わせ

黒　　　　　　　　　白

茶　　　　　紺　　　　　グレー

赤、ピンク、ベージュの暖色系の組み合わせに低明度の寒色系の紺を加えると、引き締まった印象になる

第3章　新しい色の法則を使いこなす

3.1　色の自由な組み合わせ　175

❺ベーシックカラー2色＋有彩色1色＋異なる色相の有彩色1色による4色配色の例

ピンク、黄、紺にベーシックカラーを加えた組み合わせ
※ 4色配色だが、ベーシックカラーの2色を使うことでうるさい配色には見えない

黒

白

茶

ベージュ

グレー

3.1.2　色による季節表現

　私たちは、暖寒から身体を守るため、着用する衣服には季節と調和したものを選びます。大きく変わる季節に合わせて毎年何回か衣替えを行い、ファッション界では春夏コレクション、秋冬コレクションが毎年発表されます。現代の室内空間では空調が施されていることが多く、衣服による調整は過去に比べて必要性が減少していますが、季節の変化に応じた衣替えの習慣は、いつまでも大切に続けたいものです。

　衣服に季節感を込めるには、色彩から受ける「暖かい・冷たい」という感情効果を考慮して、十分に活用することが必要です。オレンジと青を比べたとき、どちらが暖かい色でどちらが冷たい色なのかは、誰でもすぐ判断できます。季節感を大切にする衣服のコーディネートにおいては、この誰にでも感じることができる暖色と寒色の配色比率が大切です。

　色彩学では、赤系、オレンジ系、黄系を暖色、青緑系、青系、青紫系を寒色としています。パーソナルカラーシステムでは、色彩学とはやや異なる発想で、イエローベースの色（黄が混色された色）は暖かく感じるとし、ブルーベースの色（青が混色された色）は冷たく、涼しく感じるとしています。そのことから、それぞれをウォームベース、クールベースとも呼びます。

　夏には涼しげな、冬には暖かさを感じる色を使った衣服のコーディネートは心地良く感じられます。これは、衣食住すべてに共通していえることです。ただし、コーディネートの際に、涼しげにしたいからといって使う色をすべて寒色にするのではなく、適切なバランスで寒色を配することが重要です。

パーソナルカラーでできる季節の表現

　パーソナルカラーのシーズンごとにカラーパレットの色だけでコーディネートを試みると、どうしても季節感が表現しにくくなります。その理由は、スプリングカラーとオータムカラーはイエローベース、サマーカラーとウィンターカラーはブルーベースであるという、アンダートーンがあることです。

　スプリングとオータムのカラーパレットには、暖かみを感じさせる色が多く含まれています。秋冬の季節には、カラーパレットの色をそのまま使っても季節感は損なわれません。しかし、寒色が欲しくなる春夏の季節には、コーディネートに工夫が必要です。

　一方で、サマーとウィンターのカラーパレットには、涼しさや冷たさを感じ

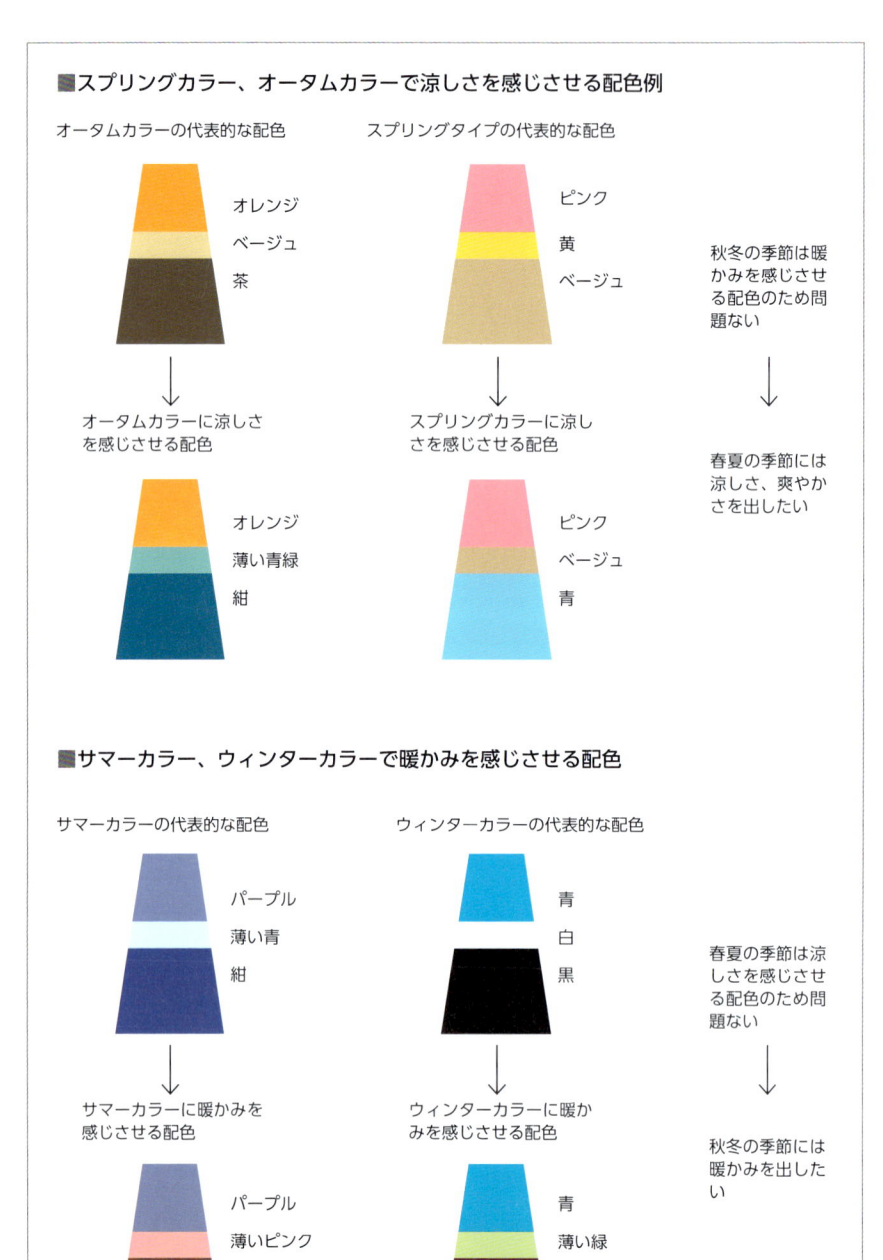

■スプリングカラー、オータムカラーで涼しさを感じさせる配色例

オータムカラーの代表的な配色

- オレンジ
- ベージュ
- 茶

↓

オータムカラーに涼しさを感じさせる配色

- オレンジ
- 薄い青緑
- 紺

スプリングタイプの代表的な配色

- ピンク
- 黄
- ベージュ

↓

スプリングカラーに涼しさを感じさせる配色

- ピンク
- ベージュ
- 青

秋冬の季節は暖かみを感じさせる配色のため問題ない

↓

春夏の季節には涼しさ、爽やかさを出したい

■サマーカラー、ウィンターカラーで暖かみを感じさせる配色

サマーカラーの代表的な配色

- パープル
- 薄い青
- 紺

↓

サマーカラーに暖かみを感じさせる配色

- パープル
- 薄いピンク
- ローズブラウン

ウィンターカラーの代表的な配色

- 青
- 白
- 黒

↓

ウィンターカラーに暖かみを感じさせる配色

- 青
- 薄い緑
- マルベリー

春夏の季節は涼しさを感じさせる配色のため問題ない

↓

秋冬の季節には暖かみを出したい

させる色が多く含まれています。春夏の季節のコーディネートには最適ですが、暖色が欲しくなる秋冬の季節には工夫が必要です。

工夫の1つとしてカラーパレットの色を増やす方法があります（次項で詳しく解説）。ベーシックカラーを上手に使う方法もあります。スプリングカラーやオータムカラーには、紺、白、明るいグレーなどを組み合わせると、涼し気な印象になります。サマーカラーやウィンターカラーには、茶やベージュを組み合わせると、暖かみを感じさせるコーディネートを作ることができます。

3.1.3　色の自由なコーディネート

パーソナルカラーのカラーパレットには、シーズンごとに色相とトーンに統一性（類似性、共通性）のある色が配されています。自然で無理のないおしゃれな装いを可能にする方法として、パーソナルカラーシステムは広く受け入れられましたが、時代を経るとともに人々のおしゃれに対する感覚が多様になり、同系色のコーディネート、同一トーンや類似トーンのコーディネートでは物足りなく感じるようになってきました。「同系色でまとめる」から「いくつもの異なった要素を取り入れる」ことを欲する時代に変化したのです。

たとえばスプリングタイプは、「かわいい」「若々しい」などといったイメージを持ち、ピンクや黄と、ベージュ（ベーシックカラー）を組み合わせるのが典型のコーディネートです。しかし今日では、このような色の組み合わせは「当たり前」に見えます。当たり前のコーディネートから抜け出し、パーソナルカラーシステムの枠組みから飛び出して色を自由に使うためには、4シーズンのカラーパレットを拡張し、使える色数を増やすようにすることが必要です。これがパーソナルカラーを超えるチャレンジの第一歩です。ここでは、カラーパレットの色数を増やす考え方と具体的な方法を紹介します。

パーソナルカラーのカラーパレットの特徴

4シーズンのカラーパレットを色相環に置き換えると、シーズンごとに片寄った色が色相環に並んでいることがわかります（182ページ〜185ページの上の色相環参照）。

まず、4シーズンのカラーパレットの特徴を把握しましょう。スプリングのカラーパレットには暖色系が多く、多くは赤から黄緑までの範囲に分布しています。オータムのカラーパレットには暖色系と緑系の色が多く、赤からオレン

ジ、緑系の2つの範囲に分布しています。サマーのカラーパレットには寒色系が多く、多くは青から紫までの範囲に分布しています。ウィンターのカラーパレットも寒色系が多く、青系に多くが分布しています。サマーにも寒色系が多いのですが、ウィンターは色相が分散していることが特徴です。

このように、4シーズンのカラーパレットには、それぞれすべての色相が平均的に存在しているということがなく、色の分布は片寄っています。

これまで述べてきたように、カラーパレットにない色は使えない、つまり使える色相が片寄っていると、衣服のコーディネートに時代、流行、社会情勢などの変化を取り入れて、積極的に新しい感覚を表現することができにくくなります。変化を取り入れるには、カラーパレットの色相の数を増やすことが必要です。

カラーパレットの色数を増やす

4シーズンのカラーパレットに不足している色相をプラスしていきます。パーソナルカラーシステムは、各シーズンタイプの色に片寄りがあることが特徴でした。その特徴を活かしながら、色相の数を増やしていきます。

図（182ページ～185ページ）には、パーソナルカラーの4シーズンのカラーパレットの色を色相環に分布したものと、以下に述べる方法で色数を増やしたもの（四角形のものが増やした色）を示しています。特定の色相にパーソナルカラーのカラーパレットの色が片寄っていること、使える色相の数が増えることがひと目でわかると思います。なお、多くの色をさらに追加できるのですが、ここでは色相の範囲が広がることがわかりやすいように、従来のカラーパレットの代表的な色に不足する色、つまり似合わないとされていた色をプラスして示してあります。

スプリングのカラーパレットは、ウォームベース（イエローベース）で、アンダートーンに黄が感じられ、暖かみがある色です。また、トーンとしてはティントトーン（純色に白を混色した色）が多く、明度と彩度は中～高領域です。たとえば、ペールオーキッドピンク（紫みのピンクで、黄みを含まない薄いピンク。サマーのカラーパレットに含まれる）はスプリングのカラーパレットには本来は存在しない色なのですが、明度が高く、ソフトな暖色系です。この色は、明るく、かわいらしく、若々しいといったスプリングカラーの特徴を多く含んでいます。スプリングタイプは、ピンクが似合うタイプの代表のため、サマーに含まれるペールオーキッドピンクなどを含むことができます。ピンクの範囲は広

くに及びます。

　オータムのカラーパレットは、ウォームベース（イエローベース）でアンダートーンに黄が感じられ、4タイプの中でもっとも暖かみを感じさせます。代表的なトーンは、ダークトーンやダルトーン、ソフトトーンなどで、中明度～低明度、中彩度～低彩度です。オータムタイプは落ち着いた自然な色合いが似合い、明るいピンク系は苦手と思われがちですが、オータムカラーの特徴を含むピンクは似合うピンクとして加えることができます。サマータイプに似合うオールドローズは、若干のグレーみを持つピンクで、濁色系なのでオータムタイプにも似合います。シェルピンクはスプリングタイプに似合う明るいピンクですが、オレンジに片寄るピンクなのでオータムタイプに似合うピンクに加えることができます（オータムはオレンジ系が得意）。

　サマーのカラーパレットは、クールベース（ブルーベース）で、アンダートーンに青が感じられ、涼しげな色合いです。トーンとしては、中明度～高明度、彩度はスプリングよりやや低くなります。ペールトーンやライトトーン、ライトグレイッシュトーンなどの明るくソフトな色が代表的です。このようなサマータイプには黄は似合わないと思われがちですが、緑みに片寄る（青が少し含まれる）ペールレモンがサマーのカラーパレットに含まれています。サマータイプにはレモン系の黄しか似合わないのかと考えてしまいそうですが、共通的な特徴のある黄は似合います（ソフト感があり、ティントトーン）。暖かみのある赤みの黄は顔の近くに持ってくると肌の色をくすませて見せますが、クリーム色、マヨネーズのようなソフトでクリア感のある黄は似合います。この色はスプリングタイプも似合う色ですが、サマータイプにも十分に似合う色として加えることができます。

　ウインターのカラーパレットは、クールベース（ブルーベース）でアンダートーンに青が感じられ、クール感があります。高明度または低明度、高彩度または低彩度のどちらかで、中間の明度・彩度の範囲の色は含みません。無彩色も含めてクリア感や透明感のあるカラーパレットです。ウインタータイプは、色の組み合わせの際にコントラストをつけることが必要です。コントラスト感があれば、アンダートーンがクールベース以外の色でも組み合わせられます。たとえばペールトーンでもごく薄い色は、どの色相でも使うことができます。オレンジが苦手とされるウィンタータイプでも、黒や紺、白などにはごく薄いオレンジは似合います。また、クールベースなので茶は似合わないと思われがちですが、チョコレート色などの暗い赤みの茶は似合います。チョコレート色は、

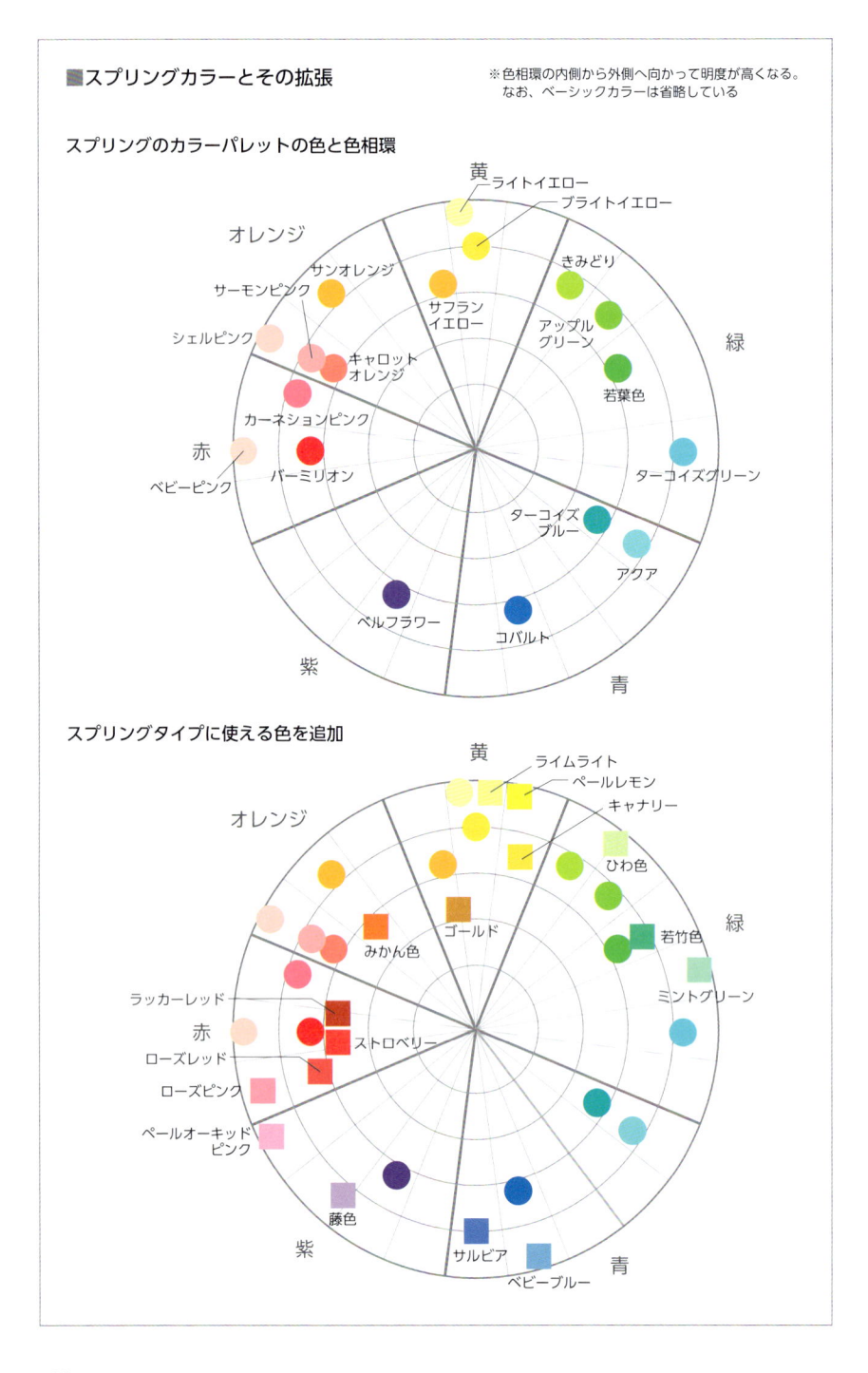

■ スプリングカラーとその拡張

※色相環の内側から外側へ向かって明度が高くなる。
なお、ベーシックカラーは省略している

スプリングのカラーパレットの色と色相環

黄
- ライトイエロー
- ブライトイエロー
- サフランイエロー

オレンジ
- サンオレンジ
- サーモンピンク
- シェルピンク
- キャロットオレンジ

緑
- きみどり
- アップルグリーン
- 若葉色
- ターコイズグリーン

赤
- カーネーションピンク
- ベビーピンク
- バーミリオン

青
- ターコイズブルー
- アクア
- コバルト

紫
- ベルフラワー

スプリングタイプに使える色を追加

黄
- ライムライト
- ペールレモン
- キャナリー

オレンジ
- ゴールド
- みかん色

緑
- ひわ色
- 若竹色
- ミントグリーン

赤
- ラッカーレッド
- ストロベリー
- ローズレッド
- ローズピンク
- ペールオーキッドピンク

紫
- 藤色

青
- サルビア
- ベビーブルー

■オータムカラーとその拡張

※色相環の内側から外側へ向かって明度が高くなる。
なお、ベーシックカラーは省略している

オータムのカラーパレットの色と色相環

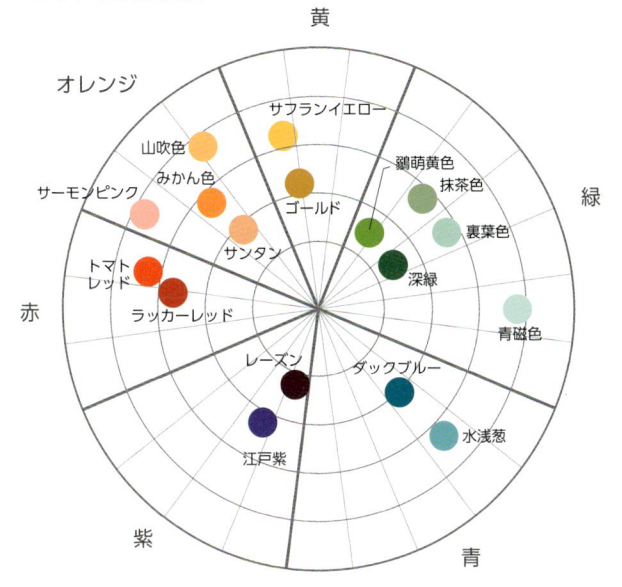

黄 / オレンジ / 緑 / 赤 / 紫 / 青

- サフランイエロー
- 山吹色
- みかん色
- ゴールド
- サーモンピンク
- サンタン
- トマトレッド
- ラッカーレッド
- 鶸萌黄色
- 抹茶色
- 裏葉色
- 深緑
- 青磁色
- レーズン
- ダックブルー
- 江戸紫
- 水浅葱

オータムタイプに使える色を追加

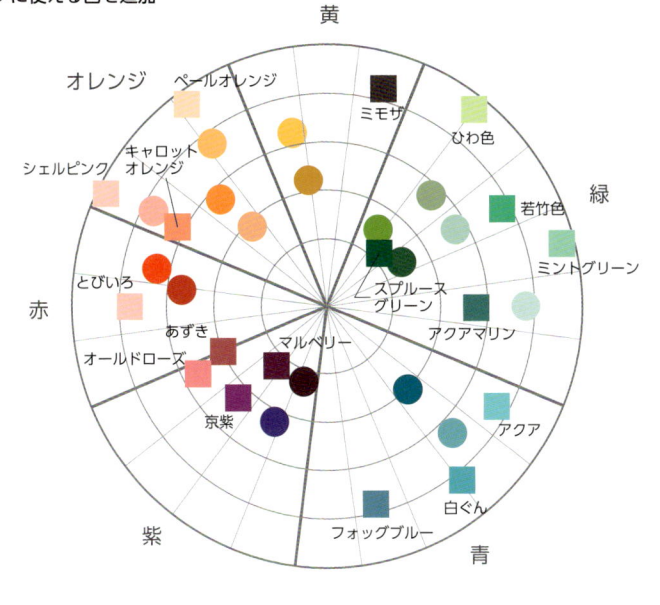

黄 / オレンジ / 緑 / 赤 / 紫 / 青

- ペールオレンジ
- キャロットオレンジ
- シェルピンク
- とびいろ
- あずき
- オールドローズ
- 京紫
- マルベリー
- ミモザ
- ひわ色
- 若竹色
- スプルースグリーン
- ミントグリーン
- アクアマリン
- アクア
- 白ぐん
- フォッグブルー

3.1 色の自由な組み合わせ　183

第3章　新しい色の法則を使いこなす

■サマーカラーとその拡張

※色相環の内側から外側へ向かって明度が高くなる。
なお、ベーシックカラーは省略している

サマーのカラーパレットの色と色相環

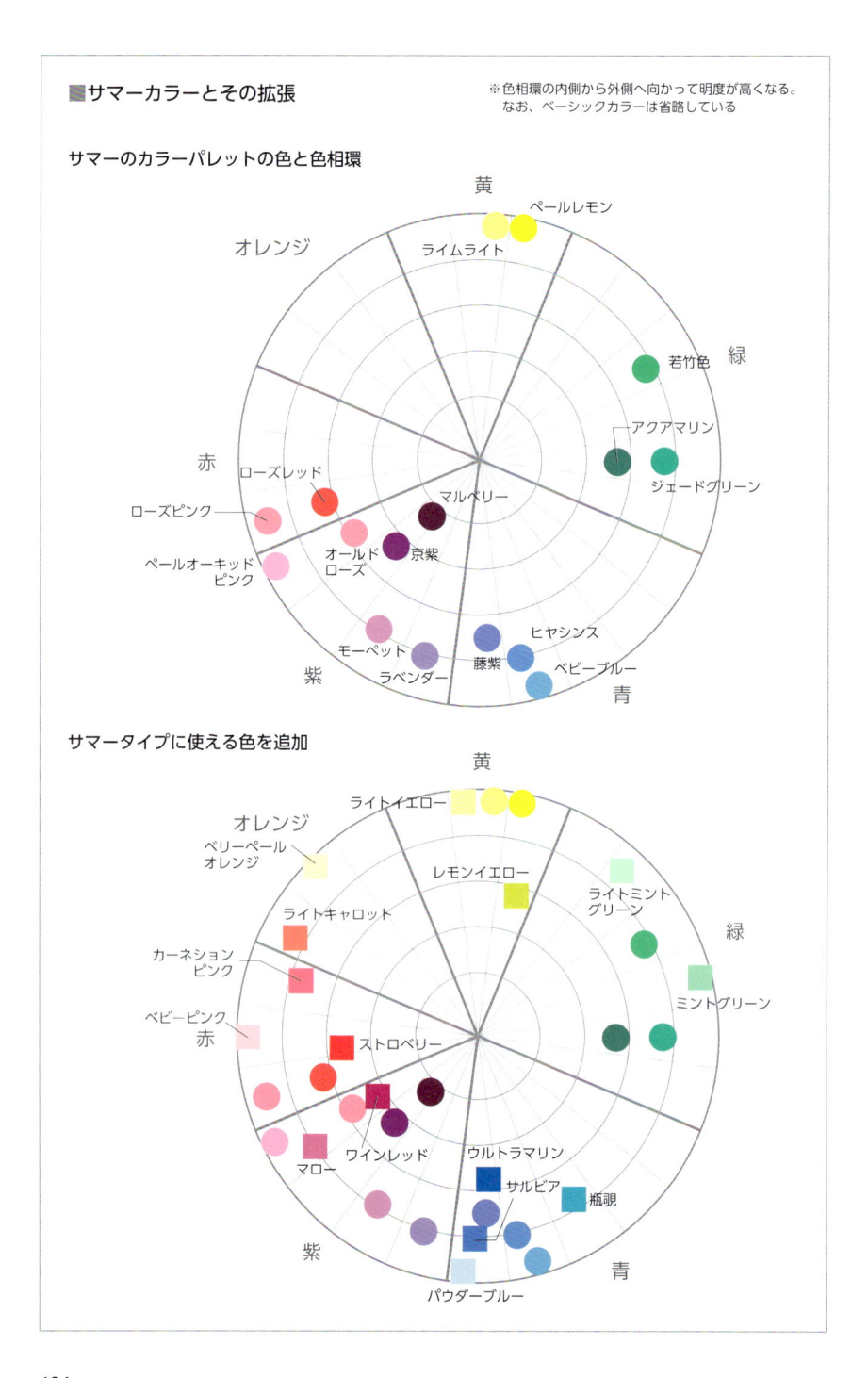

黄
- ペールレモン
- ライムライト

オレンジ

緑
- 若竹色
- アクアマリン
- ジェードグリーン

赤
- ローズレッド
- ローズピンク
- ペールオーキッドピンク
- オールドローズ
- 京紫
- マルベリー

紫
- モーベット
- ラベンダー
- 藤紫

青
- ヒヤシンス
- ベビーブルー

サマータイプに使える色を追加

黄
- ライトイエロー
- レモンイエロー

オレンジ
- ベリーペールオレンジ
- ライトキャロット

緑
- ライトミントグリーン
- ミントグリーン

赤
- カーネーションピンク
- ベビーピンク
- ストロベリー
- ワインレッド
- マロー

青
- ウルトラマリン
- サルビア
- 瓶覗
- パウダーブルー

■ウィンターカラーとその拡張

※色相環の内側から外側へ向かって明度が高くなる。
なお、ベーシックカラーは省略している

ウィンターのカラーパレットの色と色相環

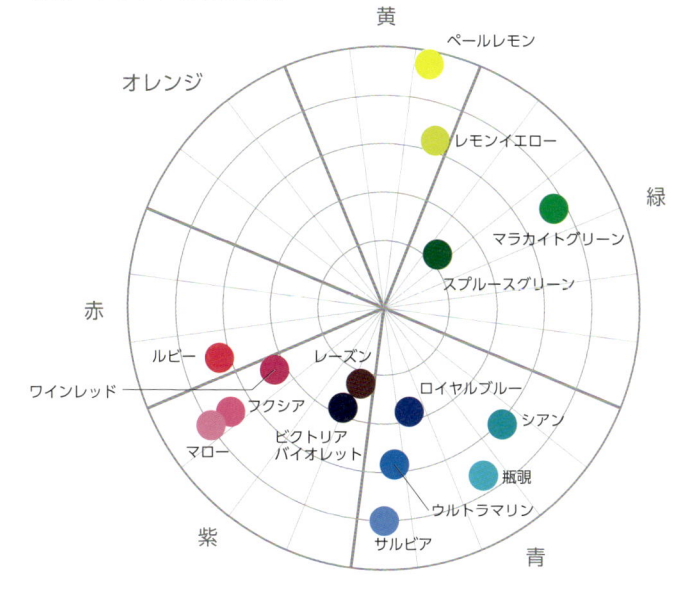

黄 / オレンジ / 緑 / 赤 / 紫 / 青

- ペールレモン
- レモンイエロー
- マラカイトグリーン
- スプルースグリーン
- ルビー
- レーズン
- ワインレッド
- フクシア
- ロイヤルブルー
- シアン
- マロー
- ビクトリアバイオレット
- 瓶覗
- ウルトラマリン
- サルビア

ウィンタータイプに使える色を追加

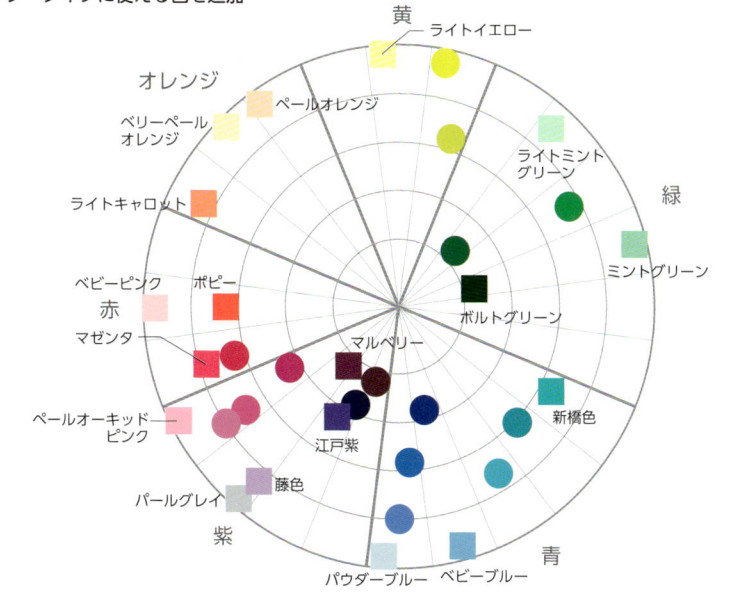

黄 / オレンジ / 緑 / 赤 / 紫 / 青

- ライトイエロー
- ペールオレンジ
- ベリーペールオレンジ
- ライトミントグリーン
- ライトキャロット
- ミントグリーン
- ベビーピンク
- ポピー
- ボルトグリーン
- マゼンタ
- マルベリー
- ペールオーキッドピンク
- 新橋色
- 江戸紫
- パールグレイ
- 藤色
- パウダーブルー
- ベビーブルー

3.1 色の自由な組み合わせ

第3章 新しい色の法則を使いこなす

ウィンターの色同士を組み合わせる際、暖かさを出したい場合に便利です。

このようにカラーパレットにない色であっても、色の持つ特徴の共通性を見つけ出し、各シーズンのカラーパレットに追加していくことができます。「スプリングタイプの人はイエローベースだから青系、紫系の色を着ることができない」「ピンクでも紫みのピンクが使えない」「黒や紺が似合わない」といった固定概念は、色相の特徴をつかみ、色の本質を知り、さらに、肌の色の関連から考えることによって取り払えます。

3.1.4 色の特徴と本質

このように、色の特徴を理解し、その本質を知ると、各シーズンのカラーパレットに色を追加することが容易になります。ここでは、色相ごとに、その特徴と4シーズンのカラーパレットに導入できる色を述べておきます。

赤

赤は、私たちの肌の色に多く含まれるため、一般的になじみやすく調和しやすい色です。赤には黄みに寄った赤（オレンジに近い赤）と紫みに寄った赤（ワインに近い赤）がありますが、どちらにも極端に片寄らない赤、つまり赤らしい赤（中心の赤）は誰にでも似合います。赤らしい赤は、肌を綺麗に見せる色です。どの赤を選んだらよいか、迷ったときはこの赤を選びましょう。

赤は、暖色であり進出色であり、目につきやすい色です。赤は鮮やかさと華やかさを持ちます。明度が高いとピンク系、明度が低いとワインや紅葉に見える赤になります。

■ 4シーズンのカラーパレットで使える赤

赤系	紫みの赤	中心の赤	黄みの赤
スプリング		● ←―― 全部使える ――→	●
オータム		● ←―― 全部使える ――→	●
サマー	● ←―― 全部使える ――→ ●		
ウィンター	● ←―― 全部使える ――→ ●		

4シーズンのカラーパレットには、次のような赤を導入することができます。導入できる色の範囲は図に示してあります。

- スプリング　　中心の赤〜黄みの赤（オレンジに近い赤）、やや明るい赤（白を混色）
- オータム　　　中心のやや濃い、暗い赤、黄みの赤（黒を混色）、やや濁った赤（グレーを混色）
- サマー　　　　中心の赤〜やや明るいワインの赤（白を混色）
- ウィンター　　中心の赤〜ワインの赤、濃い赤、暗い赤（黒を混色）

ピンク・オレンジ

　ピンクは、明度が高い色として私たちは認識しています。また暖色なので暖かみを感じます。ピンクを身につける際、使いこなしが得意な人と不得意な人に分かれますが、薄い色のピンクは肌の色に影響を与えにくく、安心して使える色です。また、ほかの色相との配色がしやすい色でもあり、広範囲に活用できます。コーディネートするには、たいへん便利で重宝する色です。

　ピンクでも、オレンジに近いピンク（黄みのピンク）はより暖かみを感じ、

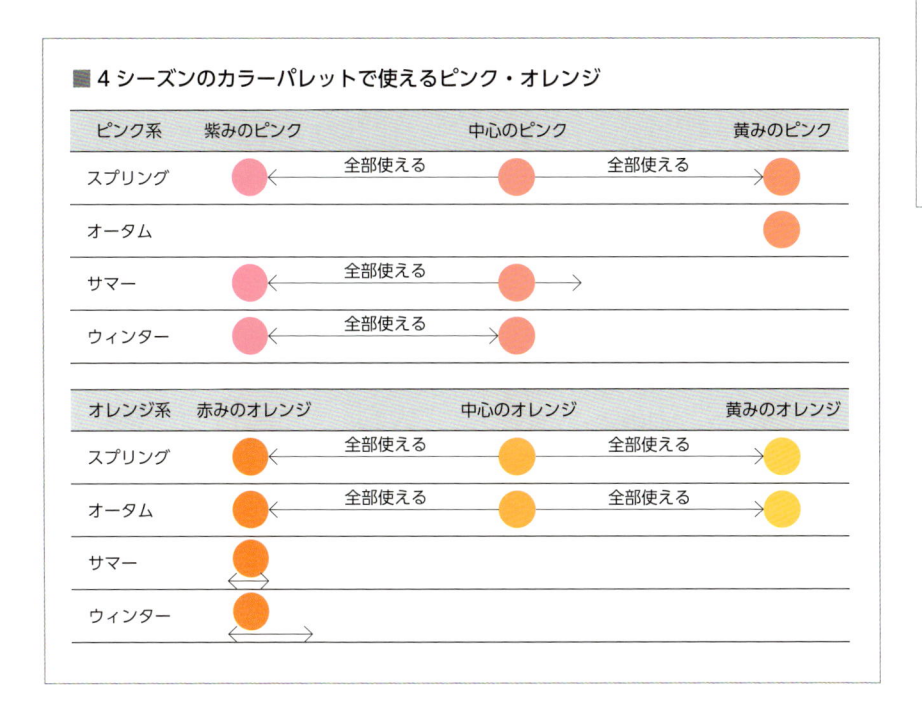

■ 4シーズンのカラーパレットで使えるピンク・オレンジ

ピンク系	紫みのピンク	中心のピンク	黄みのピンク
スプリング	●←　全部使える　●　全部使える　→●		
オータム			●
サマー	●←　全部使える　→●		
ウィンター	●←　全部使える　→●		

オレンジ系	赤みのオレンジ	中心のオレンジ	黄みのオレンジ
スプリング	●←　全部使える　●　全部使える　→●		
オータム	●←　全部使える　●　全部使える　→●		
サマー	●↔		
ウィンター	●↔		

第3章　新しい色の法則を使いこなす

3.1　色の自由な組み合わせ

紫みに寄ったピンクは暖かみを少なく感じます。

　オレンジは、赤と黄の中間の色です。暖色の中でもっとも暖かい色といわれる色です。オレンジは肌の色と同系の色相なので、同化現象によって見え方が大きく変化します。したがって、似合う色になるかならないかが極端に分かれます。パーソナルカラーシステムでは、寒色系が似合うとされるサマータイプとウィンタータイプの肌の色とオレンジは不調和とされています。つまり、クールベースのカラーパレットには、オレンジは存在しないのです。

　しかし、オレンジでも赤みの方向で明度が高く彩度が低めであれば、つまりペールトーンのオレンジとすれば肌の色と調和し、サマータイプの人にも似合います。また、ごく薄いペールトーンのオレンジ、赤みのオレンジは、ウィンタータイプにも似合います。

　4シーズンのカラーパレットには、次のようなピンク、オレンジを導入することができます。導入できる色の範囲は図（187ページ）に示してあります。
・スプリング　　すべてのピンク、すべてのオレンジ
・オータム　　　黄みのピンク、すべてのオレンジ
・サマー　　　　紫みのピンク〜中心に近いピンク、薄い赤みのオレンジ
・ウィンター　　中心のピンク〜紫みのピンク、赤みのオレンジ、ごく薄いオレンジ

黄

　有彩色の中でもっとも明度が高い色が黄で、人間の目には明るい色として認識されます。黄は明度対比が起きやすい色で、合わせる色との明度差によって視認性が高くなり、目立つ色となります。

　黄のアンダートーンはもちろん黄です。当然青を含まないように思えますが、

■ 4シーズンのカラーパレットで使える黄

黄系	赤みの黄	中心の黄	緑みの黄
スプリング	●　←　全部使える　→	●　　全部使える　→	●
オータム	●　←　　　　　　　　　　　　　　　　　　　　　　　→	●	●
サマー		●　←　全部使える　→	●
ウィンター		●　←　全部使える　→	●

色相環では黄（PCCS色相番号：9）に隣接するのは緑みの黄で、わずかながら青が含まれます。つまり、同じ黄でも暖かみが少なくなり、クールベースの人にも似合います。また、赤みの黄（オレンジに近い）は、暖かみが強いのでウォームベースの色と調和しますが、黄にさらに白を加えて明るくソフトにすると、クールベースにも調和します。

4シーズンのカラーパレットには、次のような黄を導入することができます。導入できる色の範囲は図に示してあります。

- スプリング　すべての黄
- オータム　　中・低明度、中・低彩度のすべての黄、赤みの黄（白少量を混色）
- サマー　　　中心の黄〜緑みの黄、高明度の黄（白を混色）
- ウィンター　緑みの黄（レモンイエロー）、ごく薄い黄

緑

緑は、黄と青の中間の色です。青みに寄った緑から、黄みに寄った緑まで、幅の広い色であることが特徴です。緑には、暖かみのある緑と暖かみの少ない緑があります。

色幅が広いということで、緑はどのような肌の色にも対応できる色です。4シーズンのどのタイプにもかならず似合う緑がありますが、とくに薄い緑（たとえばミントグリーン）などはすべてのタイプに似合う色です。

黄緑は、黄と緑の中間の色です。黄緑は、黄を多く含むので明度が高く、明るい色として認識されます。また、黄がベースにあるので暖かく感じられます。サマータイプ、ウィンタータイプには、黄緑は似合わないとされていますが、白を加えた黄緑（芽吹きの色）、緑に近い薄い黄緑は似合います。

■ 4シーズンのカラーパレットで使える緑

緑系	黄緑	黄みの緑	中心の緑	青みの緑	青緑
スプリング	●	←全部使える→	●		●
オータム	●	←全部使える→	●	←全部使える→	●
サマー			●	←全部使える→	●
ウィンター			●	←全部使える→	●

4シーズンのカラーパレットには、次のような緑を導入することができます。導入できる色の範囲は図（189ページ）に示してあります。

- スプリング　　黄緑～緑、明るい緑（白を混色）
- オータム　　　すべての緑（明度・彩度をほんの少し低くした緑～低明度の緑）
- サマー　　　　中心の緑～青緑（白を混色）
- ウィンター　　中心の緑～青緑、高明度・低明度の緑（白・黒を混色）

青

　青は寒色系で、冷たさや涼しさを感じさせます。寒色系の中でもっとも冷たく感じる色です。明度の低い青が紺で、紺はベーシックカラーです。青は色相全体の中で明度が低い色相になります。明るい青でも明るい黄やオレンジなどと比べると、明度は低めになります。

　色を苦手とする人も、青系の色は、多くの人がかまえることなく安心して選んでいる色です。後退色、収縮色でもある青は、比較的目立たなく主張しない色ですが、彩度の高い青は配色によって際立つ色にもなります。

　ウォームベースのスプリングタイプ、オータムタイプにはあまり似合わない色とされています。しかし、明度の高い薄い色の青ならどのタイプでも対応でき、またどんな肌の色に対しても肌を白っぽく（白い感じに）映し出します。緑みの青は、黄が含まれるので、青が似合わないと思われるタイプの人でもこの色が選べます。

　4シーズンのカラーパレットには、次のような青を導入することができます。導入できる色の範囲は図に示してあります。

- スプリング　　中心の青～緑みの青、高明度または高彩度の青（白を混色）

■ 4シーズンのカラーパレットで使える青

青系	緑みの青	中心の青	紫みの青	青紫
スプリング	←全部使える→		●	
オータム	←　　　●			
サマー	←　　　全部使える　　　→			●
ウィンター	←　　　全部使える　　　→			●

- オータム　　　緑みの青、濃い青・濁った青（黒・グレーを混色）
- サマー　　　　すべての青、とくにソフト感のある中心の青〜青紫（白少量を混色）
- ウィンター　　すべての青

紫

　紫は、青と赤の中間の色です。暖色と寒色が混在している色なので、色の感情は曖昧です。赤みに寄った紫から青みに寄った紫まで幅の広い色です。そのため同じ紫系でも色の片寄りによって印象も違って見えます。

　色相の中で紫も青と同じく明度が低い色です。明るい紫でも暖色系の明るい色相と比べると明度は低くなります。

　紫は組み合わせた色の影響を受けやすく、組み合わせによって寒色、あるいは暖色に近づいて見えます。紫の使い方は一般に難しいとされますが、薄い紫は、比較的その人本来の肌の色の見え方の変化を抑え、明るさが足されるので、4シーズンタイプのどの肌の色にも似合いやすい色です。濃い紫は、肌の色との関係に明度の対比効果が働きやすくなります。濃い紫が難しいと感じる人は、薄い紫を使うとよいでしょう。

　4シーズンのカラーパレットには、次のような紫を導入することができます。導入できる色の範囲は図に示してあります。

- スプリング　　高明度・高彩度の中心の紫、紫（白を混色）
- オータム　　　低明度のすべての紫、赤みの紫（グレーを混色）
- サマー　　　　すべての紫、すべての紫（白を混色）
- ウィンター　　中心の紫〜青紫、すべての紫（白を混色）

■ 4シーズンのカラーパレットで使える紫

紫系	青みの紫	中心の紫	赤みの紫	赤紫
スプリング		←→		
オータム	●	←　全部使える　→	●	
サマー	●	←　　全部使える　　→		●
ウィンター	●	←　全部使える　→	●	

3.2 CNEHによる「色」の法則

3.2.1 「色」の新しい調和 – CNEH –

パーソナルカラーからの発展

　これまでに説明したように、パーソナルカラーシステムは、色、形、素材、柄などの同一の性質でまとめることにより、自分に「似合う」、調和のとれたファッションをもたらします。同一の性質は、スプリング、オータム、サマー、ウィンターの四季の名前で分類されます。自然の色彩からなる調和を取り入れたパーソナルカラーシステムは、ファッション、生活スタイルなど色彩を必要とする多くの場面で利用されています。

　一方で、社会が大きく変化し、デザイン、アート、ファッションの世界でも新しい流行やアイデアが次々と生まれ、人々の生活スタイルや好みといった面では多様化が進みました。人々が日常的に取り入れるファッションも多彩になる中、パーソナルカラーの枠組みでは物足りず、おしゃれの可能性をさらに広げたいと考える人が増えたことは当然といえるでしょう。

　これらの世界の様相の変化、人々のファッションに対する欲求を実際に目の当たりにした筆者らは、パーソナルカラーシステムを超える新しい「色」のシステムの必要性を感じ、独自に研究を進めました。その結果として構築したのが、パーソナルカラーシステムを発展させた法則である「CNEH」です。四季の調和をもとに考案されたパーソナルカラーをさらに発展させ、同一の性質による調和にとらわれず、新たな調和の創造を可能にする手法です。

CNEHの概要

　自分に「似合う色」を見つけるための手法がパーソナルカラーシステムだとすると、「なりたい」自分（理想の姿や見せたいイメージ）をトータルに表現する手法がCNEHです。「なりたい」自分の姿やイメージは人によってそれぞれ異なり、一人の人間でも時や場所、気分によって変化します。かわいらしいイ

メージの人が、華やかさ、格好良さ、大人っぽさなど別のイメージを取り入れたいと思うこともあります。

「素敵」「おしゃれ」と感じるイメージはますます複雑化していることから、人々が「なりたい」と願う姿も多様化しています。色だけではなかなか実現できなかった、こうした複雑で多様化したイメージの創造を可能にする手法、それがCNEHです。

パーソナルカラーシステムとCNEHの大きな違いをさらにあげると、「色」に加えて「形」も取り入れていることです。パーソナルカラーシステムでは色を中心にカラーコーディネートの提案を行ってきました。第2章でも説明したように、「形」は人の好みや似合う似合わないに大きな影響を及ぼします。そこでCNEHでは色だけでなく、これに形（衣服でいうとシルエットや柄など）を組み合わせて展開することにより、表現の可能性を広げています。

また、パーソナルカラーシステムでは色をスプリングカラー、オータムカラー、サマーカラー、ウィンターカラーのように4つのシーズンに分類し、それぞれの季節の色合いを重視しましたが、CNEHでは、季節（4シーズン）にとらわれない幅広いイメージを大切にします。イメージを表すのにもっとも有効な方法が言葉で表現することです。そこで、CNEHでは、イメージをCute（キュート）、Natural（ナチュラル）、Elegant（エレガント）、Hard（ハード）という4つの言葉で表現して分類し、CNEHのカテゴリーとしました。それぞれC = Cute、N = Natural、E = Elegant、H = Hardと略し、CNEHはこれらの頭文字を合わせた言葉です。Cのイメージはパーソナルカラーのスプリングと同一です。同じように、NはオータムN、Eはサマー、Hはウィンターと同一です。

「色」については、色の強弱・濃淡・軽重などで大きく2種類に分類します。筆者らはこれに「強色」、「弱色」という呼び名をつけました。「形」についても同じように特徴別に2つに分類し、「シカク」、「マル」という呼び名をつけました。「色」や「形」から感じられるイメージは、「強色」、「弱色」、「シカク」、「マル」の組み合わせにより、華やかで格好良い、かわいらしくて女性らしい、大人っぽくて個性的、柔和で知的など、複雑かつ多様なイメージに変化していきます。

CNEHを使いこなせるようになると、すべての色と形の性質を自在に組み合わせることができ、どんな自分にもなることができます。CNEHは衣食住のすべてで使える手法なので、たとえば食の場面では、器と食物、テーブルクロスとテーブルフラワーなどをCNEHの組み合わせで演出できます。つまり、

CNEHはイメージを大切にするすべての場面で実践することができます。

パーソナルカラーからCNEHへの展開

　CNEHは、前述のようにパーソナルカラーシステムを基本に新たな組み合わせ方を展開する手法です。バッグを例に、パーソナルカラーからCNEHへの展開を具体的に見てみましょう。

　右図のバッグは、パーソナルカラーの4つのシーズン別に色、形、素材、柄を同一の性質で組み合わせています。それぞれパーソナルカラーの各シーズンタイプの特徴がよく現れています。バッグから受けるイメージを言葉で表すと、スプリングは「かわいい」、オータムは「大人っぽい」、サマーは「女性らしい」、ウィンターは「モダンな」などが思いつくでしょう。

　パーソナルカラーの各シーズンの特徴を表したバッグを、CNEHの手法で展開します。図（196ページ）のように、バッグの形と地の色は変えずに、柄の形と色に異なる性質を組み合わせると、イメージが大きく変化します。

　スプリングのイメージから展開したバッグは、花柄の大きさから大胆さを感じさせ、鮮やかなピンクでモダンさを強調しています。柄の種類や色、大きさを変えることで、スプリングのかわいい印象にあでやかさも加わっています。

　同じように、オータムのイメージから展開したバッグは、大人っぽい印象に加え、小花柄のイメージと色からエレガントな印象も感じます。サマーのイメージの柔らかな印象のバッグは、オレンジの色みと大きな花柄に入れ替わることでナチュラルさが加わっています。ウィンターのイメージのバッグは、小さな花柄のデザインとパステルカラーが加わったことで、四角い印象が強調されたバッグから、ソフトでかわいらしい印象を兼ね備えた新しいイメージのバッグに変わっています。

　それぞれのシーズンのイメージのバッグ（同一のカテゴリーの色、形、素材、柄）は、CNEHの手法を取り入れる（異のカテゴリーの色と柄を組み合わせる）ことで、新鮮なイメージのバッグに変化しています。

　ここではCNEHによる展開の例としてバッグを例に取り上げましたが、衣服でも同様に展開することができます。何気なく選んでいるものの中に色や形、素材や柄などで異なる質のものを組み合わせることにより、それまでなかった新鮮さを表現することが可能になります。

　このように、同一の印象を与える色と形に、異なる印象を与える色と形を組み合わせるのがCNEHの手法です。CNEHでは、Cute（キュート）、Natural（ナチュ

■パーソナルカラーの各シーズンの特徴を表したバッグ

スプリングのカラーパレット

↓

スプリングの色、形、素材、柄のバッグ

オータムのカラーパレット

↓

オータムの色、形、素材、柄のバッグ

サマーのカラーパレット

↓

サマーの色、形、素材、柄のバッグ

ウィンターのカラーパレット

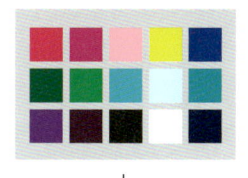

↓

ウィンターの色、形、素材、柄のバッグ

第3章 新しい色の法則を使いこなす

3.2 CNEHによる「色」の法則

■ CNEH の手法で展開したバッグ

パーソナルカラーのバッグの柄の形と色に異なる性質を組み合わせる

スプリング

↓

オータム

↓

サマー

↓

ウィンター

↓

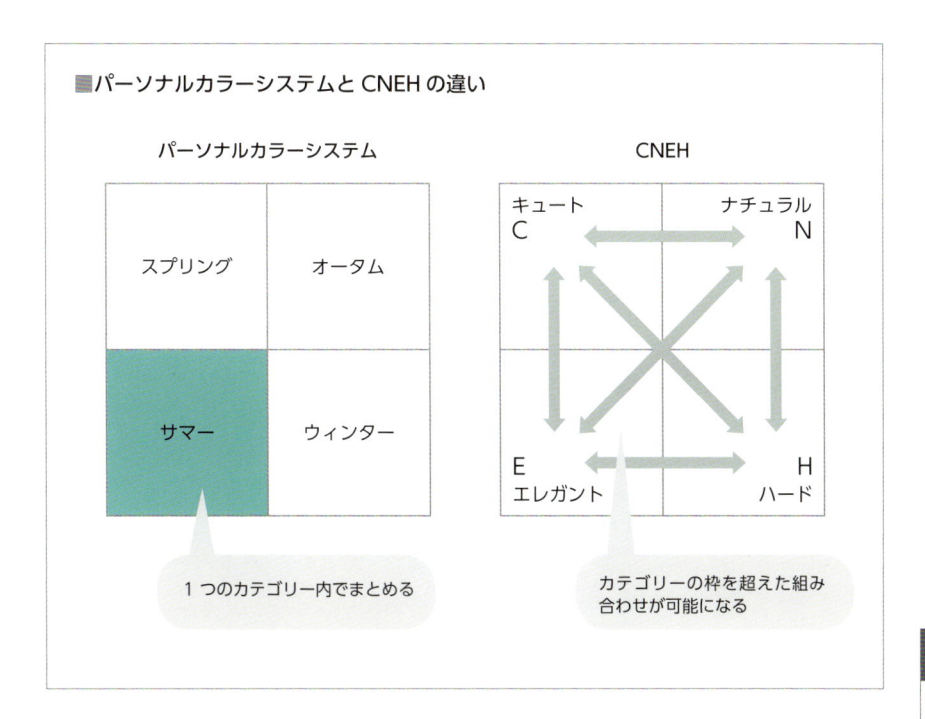

■パーソナルカラーシステムとCNEHの違い

パーソナルカラーシステム

スプリング	オータム
サマー	ウィンター

1つのカテゴリー内でまとめる

CNEH

キュート C ― ナチュラル N
エレガント E ― ハード H

カテゴリーの枠を超えた組み合わせが可能になる

ラル)、Elegant（エレガント)、Hard（ハード）という4つのカテゴリーを自由に組み合わせて新しいイメージを創ります。同じカテゴリーでまとめるパーソナルカラーとこの点で大きく異なります。

CNEHで広がるイメージ

CNEHでは、色と形、その組み合わせから感じる印象やイメージを大切にします。本書ではこれを言葉で表します。図（198ページ）に、CNEHで展開されるイメージをまとめています。

「言葉のイメージ」は印象やイメージを言葉で表したものです。たとえばCのカテゴリーの強色を見ると「活発な、華やかな」といった言葉が連想されます。EとHのカテゴリーの弱色を見ると「爽やかな、優しい、すっきりした」といった言葉が連想されます。反対に、これらの言葉から色をイメージすると、同様の色が連想されることでしょう。このように、言葉から連想される色、色から連想される言葉は一致します。

■ CNEH で展開されるイメージ

色	形	言葉のイメージ
強色 C N E H	シカク	C：活発な・華やかな・ポップ N：落ち着いた・粋な・シックな・渋い・大人っぽい・円熟した・しっかりした・ゴージャスな E：エレガントな・優雅な H：高級な・情熱的な・シャープな・知的な・ドラマチックな・モダンな
弱色 C N E H	マル	C：かわいい・若々しい・明るい・楽しい・陽気な・愛らしい N：のびのびとした・自然な E：女性らしい・静かな・温和な・爽やかな・柔和な・優しい・柔らかな・涼やかな H：すっきりした・澄んだ・クールな

↓ CNEH で相反する性質同士を組み合わせることにより、イメージの可能性が広がる

	形	言葉のイメージ
C N E H 強色 × 弱色 C N E H	シカク × マル	活発な・華やかなポップ・かわいい・若々しい・明るい・楽しい・陽気な・愛らしい・落ち着いた・粋な・シックな・渋い・大人っぽい・円熟した・しっかりした・ゴージャスな・のびのびとした・自然な・エレガントな・優雅な・女性らしい・静かな・温和な・爽やかな・柔和な・優しい・柔らかな・涼やかな・高級な・情熱的な・シャープな・知的な・ドラマチックな・モダンな・すっきりした・澄んだ・クールな ※さまざまなイメージを組み合わせて表現することができる

CNEHで実現する「理想」の自分の姿

　姿かたち、性格、好みなど、まったく同じ人はこの世に存在することはなく、人はそれぞれ異なる個性を持ち、これに優劣をつけることはできるはずがありません。人はそれぞれ異なることが素晴らしく、「美しい」「素敵」だと感じるものも人により異なります。その人が「美しい」と感じるものは、その人にとっての「理想」ともいえます。

　パーソナルカラーシステムは、自然界における調和をもとに、自分に「似合う色」を見つけ出し、シーズンごとに同一の印象を与える組み合わせをファッションに取り入れることで美しく見せる方法を教えてくれています。CNEHでは、同一の印象を与える色と形の組み合わせに、異なる印象を与える色と形の組み合わせを融合させることで、自分の可能性や表現の限界を自由に超えていきます。CNEHを取り入れることにより、人によって異なる「理想」の姿（なりたい自分の姿）により近づいていくことができます。

3.2.2　CNEHの色と形

CNEHの色と形の特徴

　CNEHで組み合わせを考えるときに重要な要素となるのが色と形です。CNEHでは、色を強色と弱色、形をシカクとマルのように、相反する性質でそれぞれ大きく2分類します。色と形の融合で考えると、強色はシカク、弱色はマルと同じ性質です。

　強色と弱色、シカクとマル、あるいは色が強色で形がマル、弱色とシカクのように、相反する性質のものをバランス良く組み合わせることで、なりたいイメージを創り上げていきます。組み合わせをバランス良く行うには、強色と弱色、シカクとマル、それぞれの性質を理解しておく必要があります。

　はじめに、強色と弱色、シカクとマルの性質の違いを理解しましょう。図（200ページ）では、それぞれのグループの性質を表す言葉を一覧にして比較しています。図に示した以外に、皮、サテン、コットンなどの素材、フリル、レースなどの装飾が持つ性質も、CNEHの組み合わせでイメージを創る要素の1つとして考えることができます。

　このほかにも、相反する性質として、寒色・暖色、フォーマル感・カジュアル感のような色の性質を利用し、CNEHの組み合わせを広げることもできます。「3.4.1　CNEHにおけるベーシックカラーの使い方」で解説するように、ベー

■ CNEHの相反する性質

	強色	弱色
色	濃い	薄い
	強い	弱い
	重い	軽い
	硬い	柔らかい
	激しい	穏やか
	ストロング	ソフト
	ディープ	ペール
	ハード	ソフト
	派手	地味
形	シカク	マル
	角のある	丸みのある
	鋭角	鈍角
	直線	曲線
	硬い	柔らかい

強色と弱色、シカクとマルでは性質が相反する

　シックカラーもCNEHで使用することができますが、ベーシックカラーの場合はとくに、寒色系の色みで強色の場合はフォーマル感が高まり、弱色の場合は弱まります。暖色系の色みは強色・弱色ともにカジュアル感が高まります。

強色と弱色

　CNEHの重要な要素である強色と弱色は、パーソナルカラーの各シーズンタイプのカラーパレットを基本にします。スプリングカラーはCの強色と弱色、オータムカラーはNの強色と弱色、サマーカラーはEの強色と弱色、ウィンターカラーはHの強色と弱色のように分類されます。なお、色は無数にありますが、無作為に色を選択しても狙ったイメージに仕上げることはできません。そのために本書では、CNEHでイメージを創り上げるためにパーソナルカラーの

■ CNEHの強色と弱色

パーソナルカラー		CNEH	
		強色	弱色
スプリングカラー		C	
オータムカラー		N	
サマーカラー		E	
ウィンターカラー		H	

■強色・弱色の比較

　各シーズンタイプのカラーパレットより最適な色を代表色として、強色と弱色のカラーパレットに選択してあります。CNEHを実践する際は、カラーパレットの色を基準にして類似する色を選択するとよいでしょう。

　前掲の図「CNEHの相反する性質」に示したように、「強色」は濃い、強い、重いなどの色の性質を含みます。強色は色の印象が強く、色の持っているイ

3.2　CNEHによる「色」の法則　201

メージや性質も強調されます。図（201ページ下）のような同形の衣服（トップス）のデザインの場合、色自体が目立つので、左の強色の赤のほうが印象が強く、目立ちます。反対に、「弱色」は、薄い、弱い、軽いなどの色の性質を含み、その色がもともと持っている色の特徴が弱められています。右の弱色のピンクは柔らかく見え、強色の赤から受ける衣服の印象とはまったく異なります。

シカクとマル

　CNEHの形は、「シカク・マル」で表します。第2章「2.1　形の法則」で説明した丸、四角、三角と共通する性質を持ちますが、CNEHでは区別するために「シカク」、「マル」という言葉を用います。

　前掲の図「CNEHの相反する性質」に示したように、「シカク」の形は角のある、鋭角などの性質を含み、「マル」の形は丸みのある、鈍角などの性質を含みます。

　シカクは角を感じさせ、鋭さや明快さといった印象を与え、衣服ではスーツなどのフォーマルな装いが特徴です。スーツやシャツなどは、襟に鋭角なフォルムがあり、しっかりとした硬さを感じさせる素材と形であることがシカクに当てはまります。また、ボディラインに沿った形や部分的に強調するスタイルであるドレスやパーティ服には装飾性があり、ドレープやレース使い、フリルなど1つ1つに量感のある、大ぶりで華やかなパーツがあしらわれている点もシカクの特徴です。

　マルは文字どおり丸さを感じさせ、柔らかくソフトな印象を与えます。一方で、曖昧さも感じさせ、衣服ではカジュアル着が特徴です。脇や襟、ウエストの締めつけが少なく、動きやすい素材であること、装飾性はあまり感じられずナチュラル感のある飾り気のないもの、フリルやレースでも存在感を感じさせないかわいらしさや無邪気さを感じる装飾などもマルの特徴です。

　シカクとマルの形の性質は、身のまわりにある事物に現れています。商品パッケージや雑貨全般、バッグやシューズなどの装飾品などは、マルの色と形の印象を持つものが多く存在します。これには人間の身体との関係があると考えられます。ボディラインや目鼻立ち、臓器や骨などには角がなく、すべて曲線から形が成り立っているからです。一方で、建築物、屋内のインテリア用品などには角を持つものが多く存在します。動植物など生命あるものは曲線の形が多く、雪の結晶や鉱物には鋭角な美しさがあります。

　なお、形は全体を大きくシカクとマルに分けて考えますが、パーソナルカラーシステムで各シーズンの属性につながる形があるように、CNEH各カテゴ

■シカクの形の具体例

素材	ハードさを感じる皮、サテン、ビニール、シルク、ジャガード、ファー、レザーなど
柄	輪郭がはっきりしている、大きく、華美な印象
装飾	大きめのフリル、華やかさを感じる大ぶりなレースなど
シルエット	
衣服のアイテム	フォーマル感があるスーツ、ジャケット、シャツ、タイトスカート、プリーツスカート、ワイドパンツなど
線の使い方	直線が多く、線の使い方は太い
絵画におけるシカク	ルオー、ミロ、モンドリアンなどの作品における、はっきりとした輪郭、鮮やかな色は、シカクの形と色の代表例

■マルの形の具体例

素材	ソフトさを感じるシフォン、ニット、ジャージー、コットン、麻など
柄	輪郭がはっきりしない、小さく、飾り気をあまり感じない印象
装飾	小さめのフリル、装飾性があまり感じられないレースなど
シルエット	
衣服のアイテム	カジュアル感のあるニットやコットン素材のワンピース、カーディガン、テッパードパンツ、スリムパンツ、フレアスカートなど
線の使い方	曲線が多く、直線の場合でも線の使い方が細い
絵画におけるマル	モネの絵画における筆のタッチはマルの形と色の代表例。そのほかに、ルノワールやスーラ、シャガールなどの作品にも見られる

第3章 新しい色の法則を使いこなす

リーのイメージを感じさせる柄や衣服のデザイン、素材・装飾などがあります。CNEHでは、これらの各カテゴリーのイメージを感じさせる形も、コーディネートに取り入れて新しいイメージを創造していきます。

色の組み合わせの効果：強色と弱色

　相反する性質のものを組み合わせることにより、どのような効果が生み出されるのか、色で見てみましょう。

　強色同士を組み合わせると、互いの色を主張し合います（強め合う）。右図の例では赤も黒もより色が際立ち、イメージとしてははっきりとした個性的な印象を与えています。衣服にこの配色を取り入れると目立つ配色となり、全体のバランスを崩すことがあります。そのため、似合う人が限定される色の組み合わせです。

　弱色同士を組み合わせると、色の対比効果が小さく、ソフトな印象を与えますが、互いの色の個性をぼやけさせます（弱め合う）。そのため、顔や衣服全体がぼやけた印象になる場合もあります。強色同士と同じように似合う人が限定される色の組み合わせです。

　強色と弱色を組み合わせると、もともと持っている色の性質を強めたり弱めたりすることができます。強さ（強化・緊張）と弱さ（緩和・弛緩）の中間でうまく融合され、互いが足りないものを補うような新しいバランスを生み出し、誰にでも合う組み合わせです。強色同士、弱色同士の配色はいずれも良い悪いはなく、美しい配色です。衣服に取り入れる場合には、顔の形、肌の色により似合う人を限定する配色となります。

　CNEHの手法で相反する性質同士を組み合わせると、顔の印象が強すぎたり弱すぎたりせずに目鼻立ちをバランス良く、かつ立体的に見せることができます。

　なお、人間の目は色と形の両方の性質を統合して見ますが、ビビッドトーンやストロングトーン（第4章「4.1.3　明度、彩度、トーン」参照）、黒などの色（これらはすべて強色に配される）の場合は、色と形のうち色が先に目に飛び込んできます。その点で、強色は面積が小さい場合でもほかの色や衣服のデザイン、柄や素材などへ与える影響が大きいといえます。CNEHでも同様の効果を発揮します。弱色でも狙った効果を得ることはできますが、それ以上に強色のほうが効果を得やすい色といえます。

■ 強色同士の組み合わせ

強色同士の組み合わせは色から受ける印象が強すぎ、衣服の場合は顔の印象よりも色に目がうつり、人により全体のバランスがとりづらい

■ 弱色同士の組み合わせ

弱色同士の組み合わせは色から受ける印象が弱すぎ、衣服の場合は顔の印象を弱め、人により全体のバランスがとりづらい

■ 強色と弱色の組み合わせ

強色と弱色の組み合わせは、互いに足りないものを補い、バランスをとり合う

3.2 CNEH による「色」の法則

形の組み合わせの効果：シカクとマル

　相反する性質同士を組み合わせることにより生まれる効果について、形で見てみましょう。

　下図は、広告で使用されているシカクとマルの例です。広告の枠には、角のある四角形が多く取り入れられ、少量の角丸四角形を取り入れることで角丸の部分を目立たせています。また、フォントの例では、同じ文字でも印象が異なります。マルの印象を持つフォントは滑らかで流れがあり、主張しすぎず軽さを感じます。シカクの印象を持つフォントは1つ1つに主張があり、目に飛び込みやすく、強さ、太さ、重さを感じます。広告ではマルとシカクの印象を持つフォントを併用してその効果を高めています。

　このように、相反する性質のシカクとマルの形は共存し、互いに補い合いながら存在しています。

　シカクとマルの組み合わせで生まれる効果について、次に皿と菓子の組み合わせで考えてみましょう。なお、組み合わせの効果を表すためには言葉のイメージを利用します。

　2つの皿に載った菓子を想像してください。1つ目は、丸皿に丸い形の菓子が載せられています。2つ目は、角皿の上に丸い形の菓子が載せられています。CNEHの形でいうと、1つ目は、丸皿がマル、菓子がマルとなりマル×マルの組み合わせです。2つ目は角皿がシカク、菓子がマルとなりシカク×マルの組み合わせです。どちらも主役はマルの菓子ですが、1つ目は菓子と同じマルの丸皿、2つ目は菓子のマルと相反するシカクの角皿を組み合わせています。

　1つ目の丸皿×丸い菓子は、マルにマルの形が重なることで丸みが強調され、

■シカクとマルの例

広告の枠の例　　　　　　　　　　　　フォントの例

　　　　　　　　　　　　　　マルのフォント　　あいうえお
　　　　　　　　　　　　　　　　　　　　　　　あいうえお

　　　　　　　　　　　　　　シカクのフォント　**あいうえお**
　　　　　　　　　　　　　　　　　　　　　　　あいうえお

それにより菓子のマルや柔らかさから連想されるかわいらしく楽しげな様子が強調されます。一方で、2つ目の角皿×丸い菓子では、角皿のシカクから大人っぽさ、フォーマル感などが醸し出されて、これらがマルである菓子のかわいらしさ、楽しさに加わっています。マルにシカクの形を組み合わせることで、マル×マルにはなかった意外性のある食のコーディネートを実現します。

　さらにシカクとマルの形の組み合わせの例をあげます。たとえばパーティでフォーマル感を出したいときには、形にシカク×シカクを多く取り入れます。たとえば、ランチョンマット（シカク）、角皿（シカク）を組み合わせます。強色も取り入れると高級な印象も演出できます。

　気軽な心地良さのある場に仕上げたいときには、形にマル×マルを多く取り入れます。ケーキや料理を丸い形に仕上げる（マル）、フラワーアレンジメントを丸い形状になるように仕上げる（マル）といったように組み合わせると、何気ない楽しげな雰囲気を強調することができます。

　フォーマル感を出しながら居心地が良く、気軽さのあるパーティに仕上げたいときは、形をシカク×マルでまとめて両方の要素を組み合わせます。たとえば、ランチョンマット（シカク）、丸皿とフラワーベース（マル）、クッション（シカク）、テーブル（マル）のように組み合わせます。

　このようにシカク、マルの組み合わせを変えることにより、さまざまなイメージを自由に創り上げることができます。これに色が加わると、さらに多くのイメージを創り上げることができます。

CNEHにおける組み合わせの法則

　色（強色・弱色）、形（シカク・マル）の組み合わせにはいろいろありますが、CNEHはこの中から対立する（相反する）関係の組み合わせを取り入れます。これを図式化します。

　強色同士、シカク同士が互いの性質を強め合うように、強色とシカクの組み合わせも互いを強め合います。強め合う関係は、強いものはより強く、濃いものはより濃く、重いものはより重く、硬いものはより硬く、といったように強色、シカクの性質をより強調します。弱色同士、マル同士が互いを弱め合うように、弱色とマルの組み合わせも互いを弱め合います。弱め合う関係は、弱いものはより弱く、薄いものはより薄く、軽いものはより軽く、柔らかいものはより柔らかく、といったように弱色、マルの性質をより強調します。

　相反する性質同士の組み合わせ、つまり、強色と弱色、シカクとマル、強色

■強色・弱色・シカク・マルの組み合わせ

強色 ⇔ 弱色

シカク ⇔ マル

⇔ 相反する性質同士の組み合わせ

強色と強色
強色とシカク
シカクとシカク

強すぎる組み合わせ

弱色と弱色
弱色とマル
マルとマル

弱すぎる組み合わせ

強色と弱色
シカクとマル
強色とマル
弱色とシカク

バランスのとれる組み合わせ

とマル、シカクと弱色の組み合わせの場合、強色が弱色へ（反対に弱色が強色へ）、シカクがマルへ（反対にマルがシカクへ）と印象が移り変わっていきます。互いに影響し合い、あるいは足りないものを補い合うことで、相反するもの同士が釣り合いのとれた状態に落ち着きます。たとえば衣服のデザインや柄の大きさがシカクのものに弱色を組み合わせると、シカクの印象の強さで弱色が強色に（強色ほどの効果はありませんが）近づき、全体のバランスをとることができます。もちろん単純に2つを組み合わせるだけではなく、実際には複数の要素をバラ

ンスを考えながら組み合わせていきます。相反する性質同士を組み合わせることでバランスのとれた関係を創り上げていきます。

　強色と弱色を組み合わせた衣服のコーディネートで目に留まるのは、1番目は強色、2番目が弱色です。つまり、強色と弱色の組み合わせでは、1番目に強色から受けるイメージ（たとえば、Cの強色ならかわいらしさ）が印象に残り、2番目に弱色から受けるイメージ（たとえば、Nの弱色なら大人っぽさ）の印象が残ることになります。強色はそれほど強く人の目を引きます。もちろん面積にもよりますが、CNEHに関係なく強色は1番目に印象が強く残り、ほかの色に左右されにくい性質の強さを持っています。一方、弱色は色の印象が弱く、ほかの色や形の性質に左右されやすいという性質があります。形では、シカクがもっとも硬さや強さがあり、目を引きます。マルは角がなくゆったりとし、弱色と同様にどんな形にでも性質が変化しやすいといえます。

　色と形の印象の強さは、1番目は強色、2番目は弱色、3番目はシカク、4番目はマルという順番です（色や形の面積や素材などにより異なる場合が多々ありますが）。そのため、色を優先的に活用することがCNEHのコーディネートでは重要になります。

　極論をいうと、強いもの同士（強色同士、シカク同士、強色とシカク）の組み合わせは互いを強め合う関係であり、単純で良い悪いもなく平凡な印象に見えます。弱色同士、マル同士、弱色とマルの組み合わせは互いを弱め合い、やはり平凡な印象です。これらを打破するために、強色とマル、弱色とシカクのように相反する関係の組み合わせを取り入れると、不足している強さ、弱さの中間部分を互いに補い、新しい調和が生まれます。

相反する性質を合わせる理由

　相反する性質の色（強色・弱色）と形（シカク・マル）を合わせることでなぜおしゃれ感が増し、素敵に見えるのでしょうか。この理由として考えられるのが、補色の効果です。人は、眼の構造から、色を見るときにその色の補色も見ています。生まれながらに人に備わっている機能で、日々の生活でも知らず知らずのうちに生かされています（第4章「4.4.1　色相、明度、彩度、トーンによる配色」参照）。

　たとえば、食事を目の前にしておいしそうと感じるときは、食物や器に補色の配色が使われています。補色の関係にある2色は互いの色を鮮やかに見せる効果があります。

　人は美しいと感じるものを取り入れることにより、心身のバランスを保ちま

す。相反する色（ここでは補色）を取り入れることで満足感が得られるということは、色によって満たされた状態を保つことができるともいえます。これらのことから意識するしないにかかわらず、相反する色を取り入れることは、自然と行っていることがわかります。

赤の補色は青緑であり、色みのトーンが同一の場合は赤いバラと葉の色の関係になります。これら2色の関係には互いの色を引き立て合う効果があり、その配色からは華やかで豪華な印象を受けます。ただし、これらの色は衣服で着こなす場合、ポインセチアやクリスマスツリーのイメージになり（クリスマス時期の装いには合いますが）それ以外の時期の服装で考えてみると目立つ配色になります。そこで、同一トーン同士で合わせずに、一方は柔らかさを感じるトーンにすると、バランス良く着こなすことができます。たとえばバラのように赤いトップスを着る場合は、赤の補色の青緑でも、白を混ぜた色みのミントグリーンのスカート、少し青みに寄るペールトーンからライトトーンの青系の色みのカーディガンやショールを合わせると、洗練された装いを演出できます。また、相反する色（補色）を衣服に取り入れると、自分だけが満足するのではなく、他者も心地良く感じます。

色にかかわらず、補色と同じような経験をすることがあります。たとえば、性格が似ている友人と話をすることは誰しもが楽しいもと感じることでしょう。一方、性格が異なる人と話をすることもあります。色でいうと補色のような関係です。不思議なことに、性格が似ている友人とばかり四六時中過ごしているとなぜか物足りなさを感じることがあります。一方、性格が異なると思う人と話をすることで何かに気づき、自身が成長するための良い機会になるということもあります。また、甘いものを食べると塩気のあるものを欲するようになります。外出ばかりしていると、家でゆっくりくつろぎたくなります。このように日常生活の中で、両極の中心軸に自分が位置し、天秤のようにバランスをとることを自然と行っています。

CNEHの手法

CNEHとは、無限の色と形の組み合わせから自由なイメージを創るための手法です。

CNEHはパーソナルカラーの枠組みにはとらわれません。まったく異なるイメージであるC（キュート）、N（ナチュラル）、E（エレガント）、H（ハード）同士を、C×N、C×E、C×Hのように組み合わせていきます。そのため、決まりきっ

た衣服の着こなし方に異なる印象の色や形で足りないものを補い、なりたい理想の姿や新しい自分のイメージをバランス良くコーディネートすることができます。CNEHの手法は、日常生活や仕事などあらゆる場面に活用することができ、衣食住がさらに創造的になります。

　CNEHでは相反する性質の色や形を組み合わせます。それを心地良く感じるのは、補色の効果など、つまり人が相反する性質のものを日常生活のあらゆる場面で自然に取り入れ、バランスをとっているからです。これらを取り入れることは刺激であり、衣服の色や形に取り入れていくと、その人自身の変化を促進させることがあります。

3.3 CNEHの各論

　料理の世界では、洋と和のように食材や調理方法の意外な組み合わせで、斬新で味わいのある料理を創作することがあります。同じように、CNEHの法則に従って相反する性質の色や形を「材料」にして組み合わせることで、新鮮で洗練されたイメージを創り上げることができます。

　色も形も無数に存在する中でどの色や形を「材料」に選べば「創りたい」イメージに近づけられるのか迷ってしまい、結局狙ったとおりに仕上がらないということもあります。そこで、CNEHでは、組み合わせる「材料」をC（キュート）、N（ナチュラル）、E（エレガント）、H（ハード）と4つのカテゴリーに分けることで、イメージ作りを容易にしています。そのためには、組み合わせる「材料」であるC、N、E、Hそれぞれの性格の理解が必要です。ここでは、CNEHの各カテゴリーの色と形が持つ性格について説明します。

3.3.1　Cの特徴

　CNEHにおけるCの「Cute（キュート）」という言葉は、下記にあげるCのイメージを集約しています。色や形、素材感などから、これらのイメージを誰もが共通して感じられることを表します。これを略してCと呼びます。Cのイメージは、パーソナルカラーシステムのスプリングと同一です。

■Cのイメージを表す言葉

かわいい　若々しい　明るい　活発な　楽しい　華やかな　陽気な
愛らしい　ポップ

Cの強色・弱色

　パーソナルカラーシステムのスプリングカラーは、Cの強色、Cの弱色に分けることができます。このうち、Cのキュートのイメージを感じさせるために最適な色を取り出して、下図のカラーパレットに示します。CNEHを実践する際は、カラーパレットの色を基準にして近い色を選択していくと、Cのイメージを感じる組み合わせを創ることができます。

　同じスプリングカラーでも、強色・弱色のグループに分けると色から受ける感じ方が異なります。Cの強色は、強さ、華やかさ、鮮やかさ、活発さを兼ね備えている色の集合体です。パーソナルカラーのスプリングの性格を強く表します。一方、Cの弱色は、軽やかさ、穏やかさ、ソフトな明るさを感じる色の

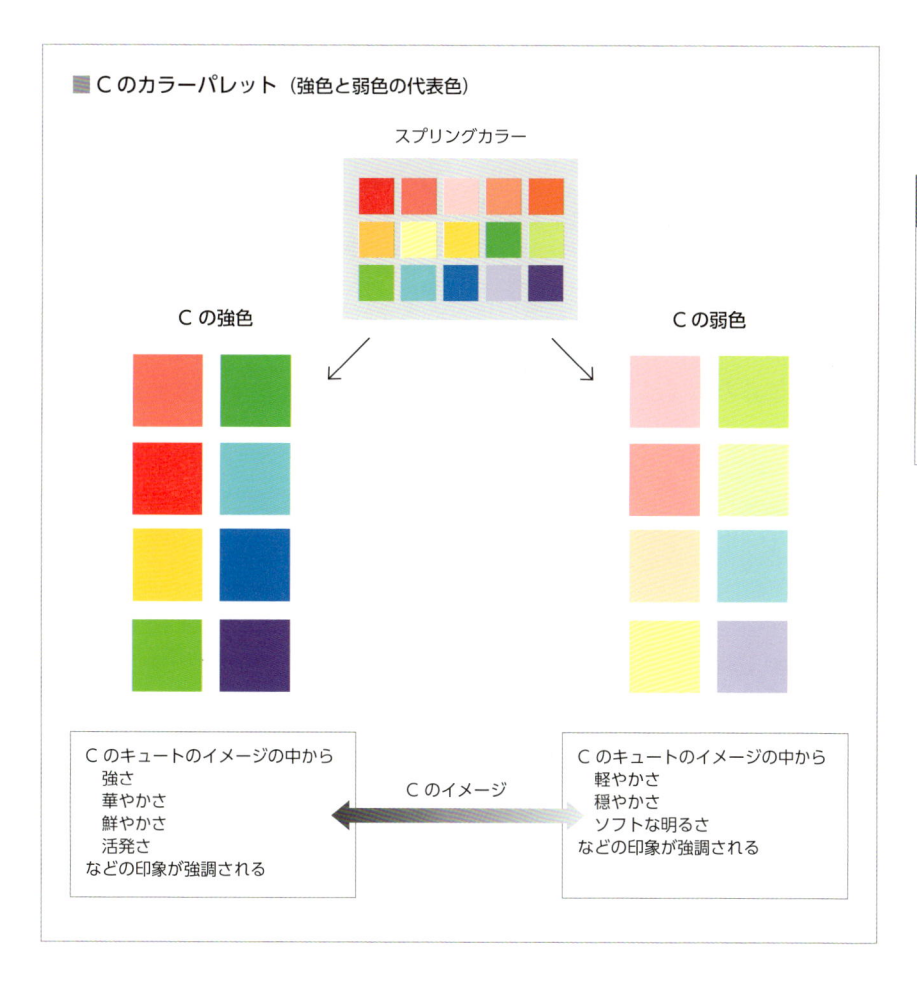

■ Cのカラーパレット（強色と弱色の代表色）

スプリングカラー

Cの強色　　　　　　　　　　　　　　　　Cの弱色

Cのキュートのイメージの中から
　強さ
　華やかさ
　鮮やかさ
　活発さ
などの印象が強調される

Cのイメージ

Cのキュートのイメージの中から
　軽やかさ
　穏やかさ
　ソフトな明るさ
などの印象が強調される

集合体です。

　Cの強色が持つ性格は、そのままCの性格ということができます。そのため強色により、Cのキュートのイメージが強調されます。

　Cの代表色は、強色・弱色を含む黄、黄緑、ピンク（黄み）です。これらの色はとくにCのキュートなイメージを出しやすい色です。とくに代表色の強色は、ほかのカテゴリーの色と組み合わせる場合に、Cのキュートなイメージを主役とするコーディネートを実現しやすくなります。たとえば、かわいらしさに大人っぽさを加味したい場合は、Cの代表色の強色と後述するNの弱色を組み合わせるなど、「強色×弱色」を用いてなりたいイメージに近づけることができます。

Cの形

　衣服自体のデザイン、柄、素材、装飾など、形からCのキュートのイメージを感じることもあります。Cの形は、パーソナルカラーのスプリングの色と同じ属性を持つ形（第1章「1.2.2　顔の形とパーソナルカラー」参照）で、マルが多く使われています。Cの形の代表として、フリルやレース、リボンなどがあります。

　下図にあるようなCの柄が衣服の中央に大きくあった場合、その衣服ではCのキュートの印象が強調されます。Cの柄が大きい場合は、シカクの要素が大きくなり、Cの強色が持つ華やかさや鮮やかさを全体の形から感じさせます。大きさにインパクトがあり、線がはっきりしている点が特徴です。一方、Cの柄が小さい場合は、マルの要素が大きくなり、線のインパクトは感じられず、Cの弱色が持つソフトな明るさ、柔らかさを形から感じさせます。シカクの性質を弱めたような小さな形が特徴的で、線の曖昧さとソフトさがあります。こ

■ Cの形（柄の例）

のように、Cの強色とCの形のシカク、Cの弱色とCの形のマルとは性格が共通します。

キュートを連想させる衣服のうち、Cの強色を表すシルエットの形として、袖口が膨らんだ丸みのあるパフスリーブやバルーンスカート、かわいらしさが強調されるミニスカートなどの衣服が当てはまります。

3.3.2　Nの特徴

CNEHにおけるNの「Natural（ナチュラル）」という言葉は、下記にあげるNのイメージを集約しています。色や形、素材感などから、これらのイメージを誰もが共通して感じられることを表します。これを略してNと呼びます。Nのイメージは、パーソナルカラーのオータムと同一です。

■ Nのイメージを表す言葉

のびのびとした　落ち着いた　粋な　自然な　シックな　渋い　大人っぽい
円熟した　しっかりした　ゴージャスな

Nの強色・弱色

パーソナルカラーシステムのオータムカラーは、Nの強色、Nの弱色に分けることができます。このうち、Nのナチュラルのイメージを感じさせるために最適な色を取り出して、図（216ページ）のカラーパレットに示します。CNEHを実践する際は、カラーパレットの色を基準にして近い色を選択していくと、Nのイメージを感じる組み合わせを創ることができます。

同じオータムカラーでも、強色・弱色のグループに分けると色から受ける感じ方が異なります。Nの強色は、シックさ、落ち着き、渋さが特徴で、粋な大人っぽさを表す色の集合体です。パーソナルカラーのオータムの性格を強く表します。一方、Nの弱色は、暖かさのある風合いやナチュラルさを感じる色の集合体です。

Nの強色が持つ性格は、そのままNの性格ということができます。強色により、Nのナチュラルのイメージが強くなります。

Nの代表色は、強色・弱色を含むオレンジ、緑です。ベーシックカラーの茶

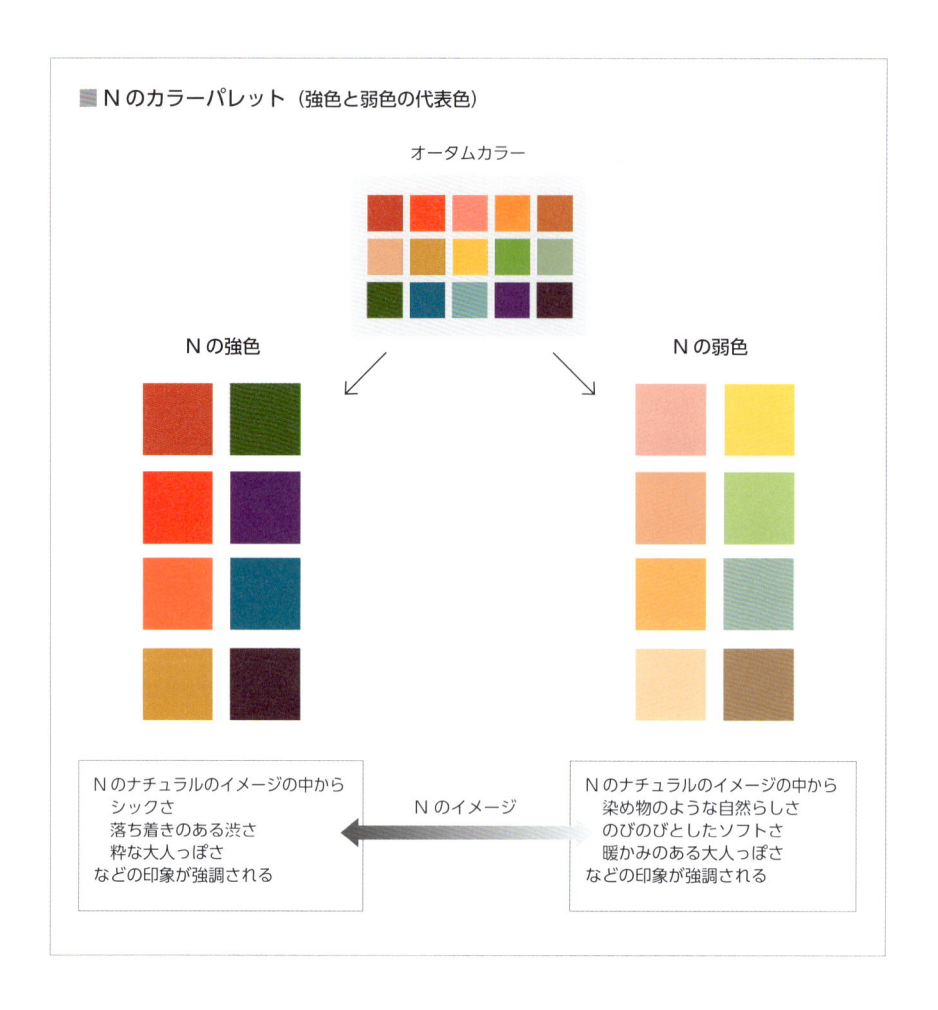

■ Nのカラーパレット（強色と弱色の代表色）

オータムカラー

Nの強色 → ← Nの弱色

Nのイメージ

Nのナチュラルのイメージの中から
　シックさ
　落ち着きのある渋さ
　粋な大人っぽさ
などの印象が強調される

Nのナチュラルのイメージの中から
　染め物のような自然らしさ
　のびのびとしたソフトさ
　暖かみのある大人っぽさ
などの印象が強調される

もNの代表色です。これらの色はとくにNのナチュラルなイメージを出しやすい色です。とくに代表色の強色は、ほかのカテゴリーの色と組み合わせる場合に、Nのナチュラルなイメージを主役とするコーディネートを実現しやすくなります。たとえば、大人っぽさに爽やかさも加味したい場合は、Nの代表色の強色と後述するEの弱色を組み合わせるなど、「強色×弱色」を用いてなりたいイメージに近づけることができます。

Nの形

　衣服自体のデザイン、柄、素材、装飾など、形からNのナチュラルのイメージを感じることもあります。Nの形は、パーソナルカラーのオータムの色と同

■ N の形（柄の例）

じ属性を持つ形（第1章「1.2.2　顔の形とパーソナルカラー」参照）で、比較的線を多く使った、シカクとマルの中間の要素が使われています。Nの形の代表として、麻やコットンなど草木染めのような自然素材、マットな質感の皮素材など、光沢感をあまり感じさせない質感を持つものがあげられます。

　上図にあるようなNの柄が衣服の中央に大きくあった場合、その衣服ではNのナチュラルの印象が強調されます。Nの柄が大きい場合は、シカクの要素が大きくなり、Nの強色が持つシックさや落ち着きを全体の形から感じさせます。また、熟した深みも連想させます。大きさにインパクトがあり、線描が数多くあるのが特徴で、線の強さの勢いからは自然の躍動感を感じさせます。一方、Nの柄が小さい場合は、マルの要素が大きくなり、Nの弱色と同じようにシックさよりも自然な柔らかさを感じさせます。シカクの性質を弱めたような小さな形が特徴的で、インパクトよりも穏やかな動きを感じさせます。Nの形に共通する点として、あらゆる方向に向いている細長い線が数多くあることが特徴なので、C、E、Hの形よりも自然感をより実感できる印象を与えます。このように、Nの強色とNの形のシカク、Nの弱色とNの形のマルとは性格が共通します。

　ナチュラルを連想させる衣服のうち、Nの強色を表すシルエットの形として、身体のラインを強調する衣服よりもAラインの衣服、脚のラインを強調しない麻素材のパンツなどの衣服が当てはまります。

3.3.3　Eの特徴

　CNEHにおけるEの「Elegant（エレガント）」という言葉は、下記にあげるEのイメージを集約しています。色や形、素材感などから、これらのイメージを誰もが共通して感じられることを表します。これを略してEと呼びます。Eの言葉のイメージは、パーソナルカラーのサマーと同一です。

■ Eのイメージを表す言葉

女性らしい　静かな　温和な　爽やかな　柔和な　優しい　柔らかな
涼やかな　エレガントな　優雅な

Eの強色・弱色

　パーソナルカラーシステムのサマーカラーは、Eの強色、Eの弱色に分けることができます。このうち、Eのエレガントのイメージを感じさせるために最適な色を取り出して、右図のカラーパレットに示します。CNEHを実践する際は、カラーパレットの色を基準にして近い色を選択していくと、Eのイメージを感じる組み合わせを創ることができます。

　同じサマーカラーでも、強色・弱色のグループに分けると色から受ける感じ方が異なります。Eの強色は、青紫、紫ピンクがかった色が特徴的なため、女性らしさを全体的に感じる色の集合体です。パーソナルカラーのサマーの性格を強く表します。一方、Eの弱色は、青みを感じさせる爽やかさや女性らしい穏和さを感じる色の集合体です。

　Eの強色が持つ性格は、そのままEの性格ということができます。強色により、Eのエレガントが持つ印象が強くなります。

　Eの代表色は、強色・弱色を含む紫、ピンク（紫みのピンク、中明度～高明度）、青（中明度～高明度）です。これらの色はとくにEのエレガントなイメージを出しやすい色です。とくに代表色の強色は、ほかのカテゴリーの色と組み合わせる場合に、Eのエレガントなイメージを主役とするコーディネートを実現しやすくなります。たとえば、女性らしさにかわいらしさを加味したい場合は、Eの代表色の強色と前述のCの弱色を組み合わせるなど、「強色×弱色」を用いてなりたいイメージに近づけることができます。

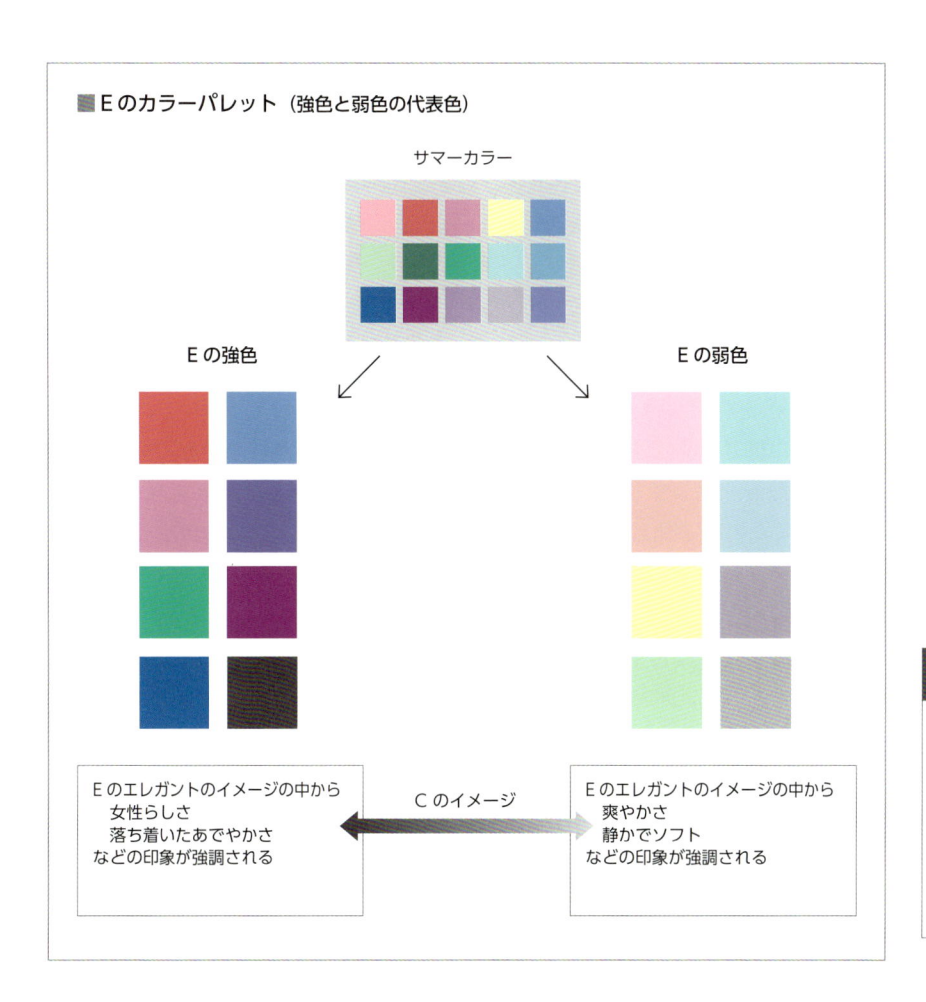

■ E のカラーパレット（強色と弱色の代表色）

サマーカラー

E の強色　　　　　　　　　　　　　　　　E の弱色

C のイメージ

E のエレガントのイメージの中から
　女性らしさ
　落ち着いたあでやかさ
　などの印象が強調される

E のエレガントのイメージの中から
　爽やかさ
　静かでソフト
　などの印象が強調される

E の形

　衣服自体のデザイン、柄、素材、装飾など、形から E のエレガントのイメージを感じることもあります。E の形は、パーソナルカラーのサマーの色と同じ属性を持つ形（第1章「1.2.2　顔の形とパーソナルカラー」参照）で、流線型のマルが比較的多く使われています。E の形の代表として、流動感があり、ソフトでしなやかなシフォンなどドレープ感のあるもの、オーガンジー、繊細なレース、部分使いで控えめなスパンコール、ビーズ、刺繍などがあります。

　図（220ページ）にあるような E の柄が衣服の中央に大きくあった場合、その衣服では E のエレガントの印象が強調されます。E の柄が大きい場合は、シカクの要素が大きくなり、E の強色が持つ女性らしい華やかさやあでやかさを全

■ E の形（柄の例）

体の形から感じさせます。同時に、Eには青を感じる色みがベースにあるため、みずみずしさを感じさせます。全体的にまん丸としたシルエットよりも、流線形の涙型のような形となり、大きさのインパクトはあっても、水分を含んだような爽やかな印象がある線です。そのため、はっきりくっきりというよりも、C、N、Hの形と比べると強さは強調されないという特徴があります。一方、Eの柄が小さい場合は、マルの要素が大きくなり、線のインパクトよりも柄全体の印象からEの弱色が持つ優しくソフトな印象が特徴となります。このように、Eの強色とEの形のシカク、Eの弱色とEの形のマルとは性格が共通します。

エレガントを連想させる衣服のうち、Eの強色を表すシルエットの形として、女性らしさを強調するためのウエストラインのくびれ、マーメイドラインのスカート、カシュクールに見られるような斜めのラインやボディラインの強弱が出る衣服が当てはまります。

3.3.4　Hの特徴

CNEHにおけるHの「Hard（ハード）」という言葉は、下記にあげるHのイメージを集約しています。色や形、素材感などから、これらのイメージを誰もが共通して感じられることを表します。これを略してHと呼びます。Hのイメージ

■ Hのイメージを表す言葉

高級な　情熱的な　すっきりした　シャープな　知的な　澄んだ
ドラマチックな　クールな　モダンな

は、パーソナルカラーのウィンターと同一です。

Hの強色・弱色

パーソナルカラーシステムのウィンターカラーは、Hの強色、Hの弱色に分けることができます。このうち、Hのハードのイメージを感じさせるために最適な色を取り出して、下図のカラーパレットに示します。CNEHを実践する際は、カラーパレットの色を基準にして近い色を選択していくと、Hのイメージを感じる組み合わせを創ることができます。

同じウィンターカラーでも、強色・弱色のグループに分けると色から受ける感じ方が異なります。Hの強色は、鮮やかな原色が特徴的なため、シャープ

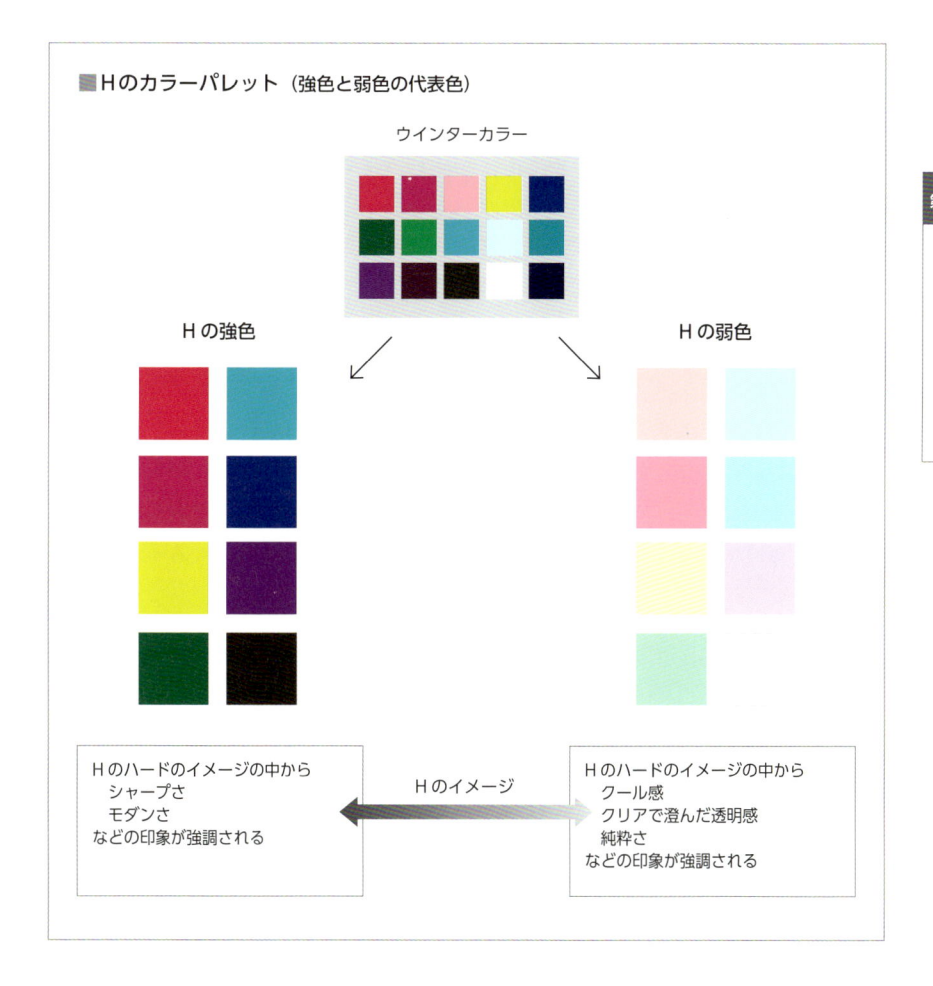

■Hのカラーパレット（強色と弱色の代表色）

ウインターカラー

Hの強色 → Hの弱色

Hのイメージ

Hのハードのイメージの中から
　シャープさ
　モダンさ
などの印象が強調される

Hのハードのイメージの中から
　クール感
　クリアで澄んだ透明感
　純粋さ
などの印象が強調される

3.3 CNEHの各論

さのあるモダンな色の集合体です。パーソナルカラーのウィンターの性格を強く表します。一方、Hの弱色は、クール感やクリアで澄んだ透明感、純粋さを感じる色の集合体です。

　Hの強色が持つ性格は、そのままHの性格ということができます。強色により、Hのハードが持つ印象が強くなります。

　Hの代表色は、赤、青です。ベーシックカラーの黒もHの代表色です。これらの色はとくにHのハードなイメージを表しやすい色です。Hは色に強さがあり、とくに代表色の強色は、ほかのカテゴリーの色と組み合わせる場合に、Hのハードなイメージを主役とするコーディネートを実現しやすくなります。たとえば、モダンさに大人っぽさを加味したい場合は、Hの代表色の強色と前述のNの弱色を組み合わせるなど、「強色×弱色」を用いてなりたいイメージに近づけることができます。

Hの形

　衣服自体のデザイン、柄、素材、装飾など、形からHのハードのイメージを感じることもあります。Hの形は、パーソナルカラーのウィンターの色と同じ属性を持つ形（第1章「1.2.2　顔の形とパーソナルカラー」参照）で、シカクの要素が多く使われています。Hの形の代表として、重厚で風格があることが特徴で、乾いた風合いやサテン、合皮など、張りや人工的な光沢感のある素材があります。

　下図にあるようなHの柄が衣服の中央に大きくあった場合、その衣服ではHのハードの印象が強調されます。Hの柄が大きい場合は、シカクの要素が大きくなり、Hの強色が持つ、程度の高い強さ、硬さ、派手さを全体の形から感じさせます。直線形で、先端部分が尖り、人の目を先端に印象づけるインパクト

■ Hの形（柄の例）

のあるはっきりとした形が特徴です。一方、Hの柄が小さい場合は、マルの要素が大きくなり、Hの弱色が持つ透明感のあるクリアで鮮明な明るさを全体的に感じさせます。このように、Hの強色とHの形のシカク、Hの弱色とHの形のマルとは性格が共通します。

　ハードを連想させる衣服のうち、Hの強色を表すシルエットの形として、個性的ではっきりとした明快さのあるラインから、ドレスなどのフォーマルで豪華な印象の衣服や、スーツ、襟のあるジャケット、タイトスカートなどのかっちりとした硬さのある衣服が当てはまります。

3.3.5　CNEHを感じる組み合わせ

　CNEHの組み合わせを具体的に理解する第一歩として、ここでは同一の形のトップスとボトムスというシンプルなコーディネートを題材とし、CNEHの各イメージに別のカテゴリーのイメージを組み合わせる例を図で見ていきます。

　以降のコーディネートの例では、イメージの違いを色だけで感じられるように、シカクとマルの印象を強く感じないデザインの衣服としています。色から受ける印象がもっとも強く人の目に飛び込むため、まずは色を主として考え、強色・弱色を組み合わせます。なお、トップスの形は襟があるためシカクに、ボトムスの形はゆったり感のある丸みのあるデザインのためマルに分類できますが、どちらも形から受ける印象は強くはありません。

　強色と弱色の組み合わせの違いにより（トップスとボトムスで色を入れ替える）、それぞれのコーディネート例を、以下の❶と❷の2つに分けています。❶と❷ともに、すべての人に似合うコーディネート例です。

- 例❶トップス：強色、ボトムス：弱色の組み合わせ

　トップスの強色の印象を主とする例です。ボトムスの弱色の面積がトップスの面積より多く占めるため、弱色でも色から受けるイメージが強調されています。強色のイメージ（225ページの例ではHとN）を損なわずにボトムスの弱色のイメージ（225ページの例ではC）を加えた例です。

- 例❷トップス：弱色、ボトムス：強色の組み合わせ

　強色の効果により衣服の形が持つ印象が影響を受ける例です。この例では、はじめにボトムスの強色に目が行きます。ボトムスの形は、強色の効果により

マルから硬さのあるシカクの印象へと移行し、若干のフォーマルさを感じるようになります。トップスの形は、弱色の効果によりシカクから柔らかさのあるマルの印象へ移行し、カジュアル感が増します。

CNEHのCを感じるコーディネート

　Cを感じるコーディネートの例では、Cのイメージを主役とし、Cの色を別のカテゴリー（右図ではHとN）の色と組み合わせています。Cの色は、CNEHにはじめて挑戦する人でもCのキュートをイメージしやすく使いやすいという理由から、ソフトで薄い弱色の黄を選択しています。組み合わせるHの強色（赤）とNの強色（柿色）にもHとNそれぞれの特徴的な色を選択しています。

　いずれも、Cのキュートのイメージは失われることなく強く感じられ、さらにHのハード、あるいはNのナチュラルのイメージがプラスされながら、バランスのとれたコーディネートを実現しています。

CNEHのNを感じるコーディネート

　Nを感じるコーディネートの例では、Nのイメージを主役とし、Nの色を別のカテゴリー（226ページの図ではEとC）の色と組み合わせています。Nの色には、Nのナチュラルをイメージしやすい強色のモスグリーンを選択しています。濃い色（強色）はNのナチュラルさを出しやすい色です。組み合わせるEの弱色（薄紫）とCの弱色（ミントグリーン）にもEとCそれぞれの特徴的な色を選択しています。

　いずれも、Nのナチュラルのイメージは失われることなく強く感じられ、さらにEのエレガント、あるいはCのキュートのイメージがプラスされながら、バランスのとれたコーディネートを実現しています。

CNEHのEを感じるコーディネート

　Eを感じるコーディネートの例では、Eのイメージを主役とし、Eの色を別のカテゴリー（227ページの図ではNとC）の色と組み合わせています。Eの色には、Eのエレガントをイメージしやすい強色の紫を選択しています。組み合わせるNの弱色（ピンク）とCの弱色（ミントグリーン）にもNとCそれぞれの特徴的な色を選択しています。

　いずれも、Eのエレガントのイメージは失われることなく強く感じられ、さらにNのナチュラル、あるいはCのキュートのイメージがプラスされながら、

■ CNEH の C を感じるコーディネート例

❶ トップス：強色、ボトムス：弱色の組み合わせ

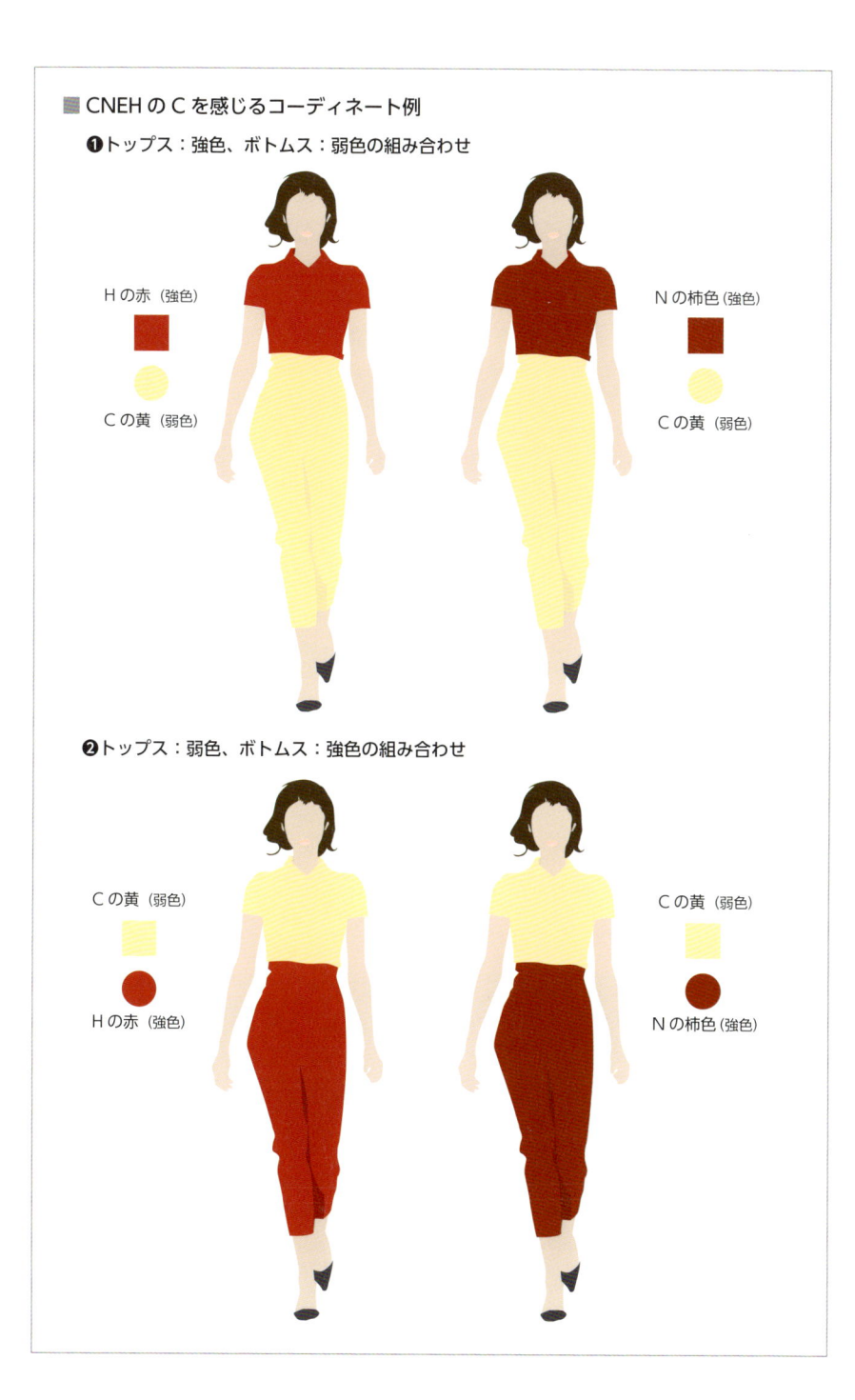

H の赤（強色）

C の黄（弱色）

N の柿色（強色）

C の黄（弱色）

❷ トップス：弱色、ボトムス：強色の組み合わせ

C の黄（弱色）

H の赤（強色）

C の黄（弱色）

N の柿色（強色）

3.3 CNEH の各論

■ CNEH の N を感じるコーディネート例

❶ トップス：強色、ボトムス：弱色の組み合わせ

N のモスグリーン
（強色）

E の薄紫 （弱色）

N のモスグリーン
（強色）

C のミントグリーン
（弱色）

❷ トップス：弱色、ボトムス：強色の組み合わせ

E の薄紫 （弱色）

N のモスグリーン
（強色）

C のミントグリーン
（弱色）

N のモスグリーン
（強色）

■ CNEH の E を感じるコーディネート例

❶ トップス：強色、ボトムス：弱色の組み合わせ

E の紫（強色）

N のピンク（弱色）

E の紫（強色）

C のミントグリーン（弱色）

❷ トップス：弱色、ボトムス：強色の組み合わせ

N のピンク（弱色）

E の紫（強色）

C のミントグリーン（弱色）

E の紫（強色）

3.3　CNEH の各論　　227

■ CNEHのHを感じるコーディネート例

❶トップス：強色、ボトムス：弱色の組み合わせ

Hの濃紺（強色）

Nのオレンジ（弱色）

Hの濃紺（強色）

Cのオレンジ（弱色）

❷トップス：弱色、ボトムス：強色の組み合わせ

Nのオレンジ（弱色）

Hの濃紺（強色）

Cのオレンジ（弱色）

Hの濃紺（強色）

バランスのとれたコーディネートを実現しています。

CNEHのHを感じるコーディネート

　Hを感じるコーディネートの例では、Hのイメージを主役とし、Hの色を別のカテゴリー（左図ではNとC）の色と組み合わせています。Hの色には、Hのハードをイメージしやすい強色の濃紺を選択しています。組み合わせるNの弱色（オレンジ）とCの弱色（オレンジ）にもNとCそれぞれの特徴的な色を選択しています。

　いずれも、Hのハードのイメージは失われることなく強く感じられ、さらにNのナチュラル、あるいはCのキュートのイメージがプラスされながら、バランスのとれたコーディネートを実現しています。

　このように、同じ色、同じ形でも組み合わせが異なることによりそれぞれ異なる印象になります。また、強色と弱色を組み合わせると、CNEHの法則により、誰もが似合うコーディネートを実現することができます。

　なお、実際に組み合わせを考える際には、主役となるCNEHのイメージを1つ決め、そこから展開を考えていくと組み合わせしやすいでしょう。衣服のコーディネートを含めたあらゆる場面で利用できる考え方です。以上のコーディネート例の図では、数値で表すと、主役となるCNEHの各イメージが3分の2弱、組み合わせるその他のイメージが3分の1弱の割合になっています。

3.4 CNEHの実践

ファッションを例にあげると、CNEHは1着の衣服の中で、あるいは全身のコーディネートの中で取り入れていくこともできます。ともに、色と形を総合的に見る、全体的な視点が必要になります。衣服や小物を複数合わせる全身のコーディネートの場合は、2アイテム、3アイテムと増やして組み合わせていくことになります。このときに、さまざまな要素（服の素材、デザイン、色、柄、装飾品、小物など）の色と形を考慮します。

CNEHをより理解するために、ここではファッションに限定し、CNEHを取り入れたさまざまな組み合わせ方について、実際のコーディネート例をあげながら紹介していきます。

3.4.1　CNEHにおけるベーシックカラーの使い方

色数を多くして組み合わせるときに、ベーシックカラーを取り入れるとコーディネートしやすくなることは、先に説明しました（「3.1.1　ベーシックカラーを使ったコーディネート」参照）。CNEHの実践でも、ベーシックカラーを取り入れると比較的簡単に組み合わせを考えることができます。ここでは、CNEHにおけるベーシックカラーの使い方をコーディネート例とともに説明します。

ベーシックカラー6色の性質

ベーシックカラーには、パーソナルカラーシステムで説明したとおり、黒、白、グレー、紺、ベージュ、茶の6色があります（第1章「1.1.1　パーソナルカラー分析の手順」参照）。ベーシックカラー6色のそれぞれの性質については、すでに「3.1.1　ベーシックカラーを使ったコーディネート」で述べていますので、もう一度目を通しておくことをお勧めします。

ここでは相反する性質として、フォーマル感とカジュアル感、寒色と暖色を重視します。フォーマル感とカジュアル感、寒色と暖色の程度は、ベーシック

■各ベーシックカラーが持つ性質（フォーマル感とカジュアル感、寒色と暖色）

フォーマル感　黒
紺
寒色　←　グレー　→　暖色
　　　　　　　　　　茶
　　　　　　　　　ベージュ
白
カジュアル感

黒に近いほどフォーマル感が高まる

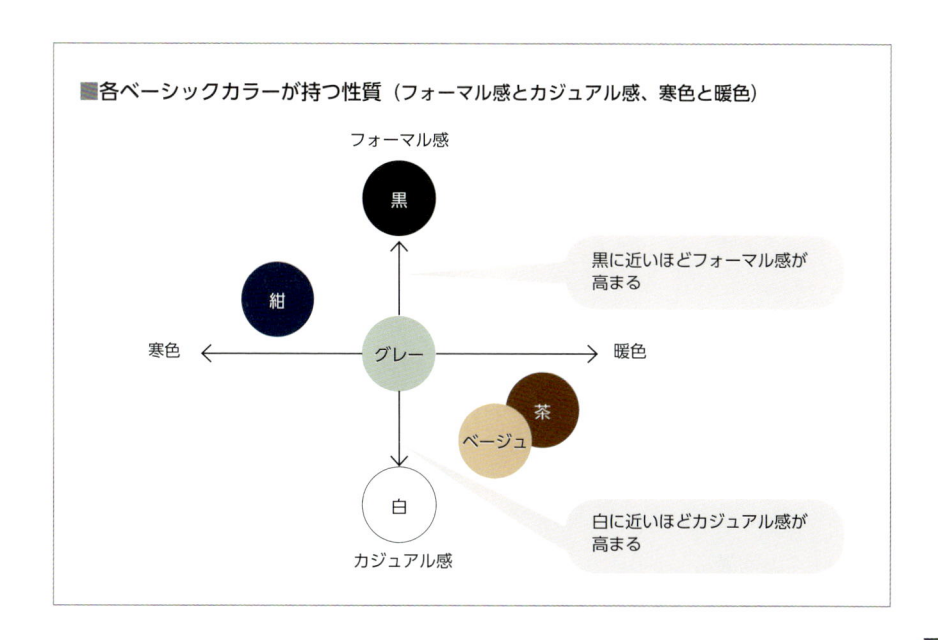

白に近いほどカジュアル感が高まる

カラーにより異なります。寒色系の色みで強色の場合はフォーマル感が高まり、弱色の場合は弱まります。暖色系の色みは強色・弱色でもカジュアル感が高まります。

　上図のグラフに示したように、6色の中でフォーマル感が高いのが黒、反対にカジュアル感が高いのが白です。黒が地のものはどの素材・色・柄でも強色・シカクの印象に見えます。一方、黒が地のものにおける強色・シカクのようにはっきりと区別はできませんが、白が地のものはどの素材・色・柄でも比較的弱色・マルの印象に寄ります。グレーは、明度や彩度によりフォーマル感やカジュアル感に片寄り、組み合わせた色の暖寒感に片寄っていきます。図では、暖寒感が中間であることから中央に色を配置しています。そのほかの紺、ベージュ、茶は、明度や彩度の高さにより印象は変わりますが、紺はカジュアル感よりフォーマル感のほうが強く、寒色系です。ベージュと茶はフォーマル感よりカジュアル感のほうが強く、暖色系です。

CNEHでの黒の使い方

　黒を使ったコーディネートでは黒が持つ性質から暗さ、重さ、硬さといった印象が強くなるので、簡単にコーディネートができそうで、じつは一般的になりすぎ、自分らしいおしゃれ感を出すには扱いが難しい色でもあります。黒の

■黒を取り入れたコーディネート例

図 A-1

カジュアル着の印象が強い

図 A-2

黒のアイテムを合わせるとフォーマル感が加わる

図 B-1

黒の重さの印象が強い

図 B-2

明るさのあるアイテムの色の追加により重さを軽くする

特徴を把握すると、CNEHに黒を取り入れることができます。

　黒は、色、形ともに強色・シカクです。黒は印象が強いので、組み合わせたほかの色や形の見え方に強い影響力を持ちます。黒の性質をCNEHに取り入れて、イメージを変化させるコーディネート方法を紹介します。

　カジュアルな服装（弱色・マル）に少量の黒を組み合わせて、黒の持つフォーマル感（強色・シカク）でカジュアル着に上品さを加えるコーディネートを図に示します。トップスとボトムスがともに明度・彩度が中程度のグレー、ジャージー素材のカジュアル着（弱色・マル）（図A-1）に、黒のアイテム（強色・シカク）を組み合わせます（図A-2）。強色・シカクの黒のアイテムを、弱色と合わせる、あるいはマルの形と合わせると、カジュアル感もありフォーマル感もある組み合わせにすることができます。

　胸元にアクセントとして黒のアクセサリー（あるいはコサージュやショールなど）、足元に黒を合わせると、目線が黒の効果で上下に動き、背が高く見えます。また、胸元の黒のアイテムにより目線を上へと上げるため、体型に目線が移りにくく、スラッと見えるスタイルに変えることができます。黒以外でも強さのある濃い色（強色）は薄い色（弱色）と合わせることにより上記のような効果を発揮します。

　図B-1は、トップスとボトムスが図A-1と同じジャージー素材で、色を黒にしています。上下ともに強色の黒にすることで、ジャージー素材のマルの形を高級感のある素材や印象に見せています。これに図A-2と同じようにアクセサリーを加えてイメージに変化を取り入れます。図B-2のコーディネート例では、黒のトップスとボトムス（強色・マル）にCのピンク（弱色）のアクセサリー、Nの足元のオレンジ（強色）を合わせることで黒の重さを軽くし、全体をフォーマル感もありカジュアルさもある印象に変化させています。なお、色相環でいうと赤から黄、緑までの色みは、明度・彩度によらず共通に明るさを感じるので（第4章「4.1.1　色相」参照）、足元にオレンジ（Nの強色）を用いても明るさを感じます。なお、組み合わせるアクセサリーなどの色には、C、N、E、Hの弱色から別の色を選ぶこともできます。

CNEHでの白の使い方

　白は黒とはほぼ真逆の性質であることから、色、形ともに弱色・マルです。ただし、純白で、素材が厚手のもの、ジャケットなどは強色・シカクになります。白は、組み合わせる色により、全体のコーディネートの印象がぼやけて見

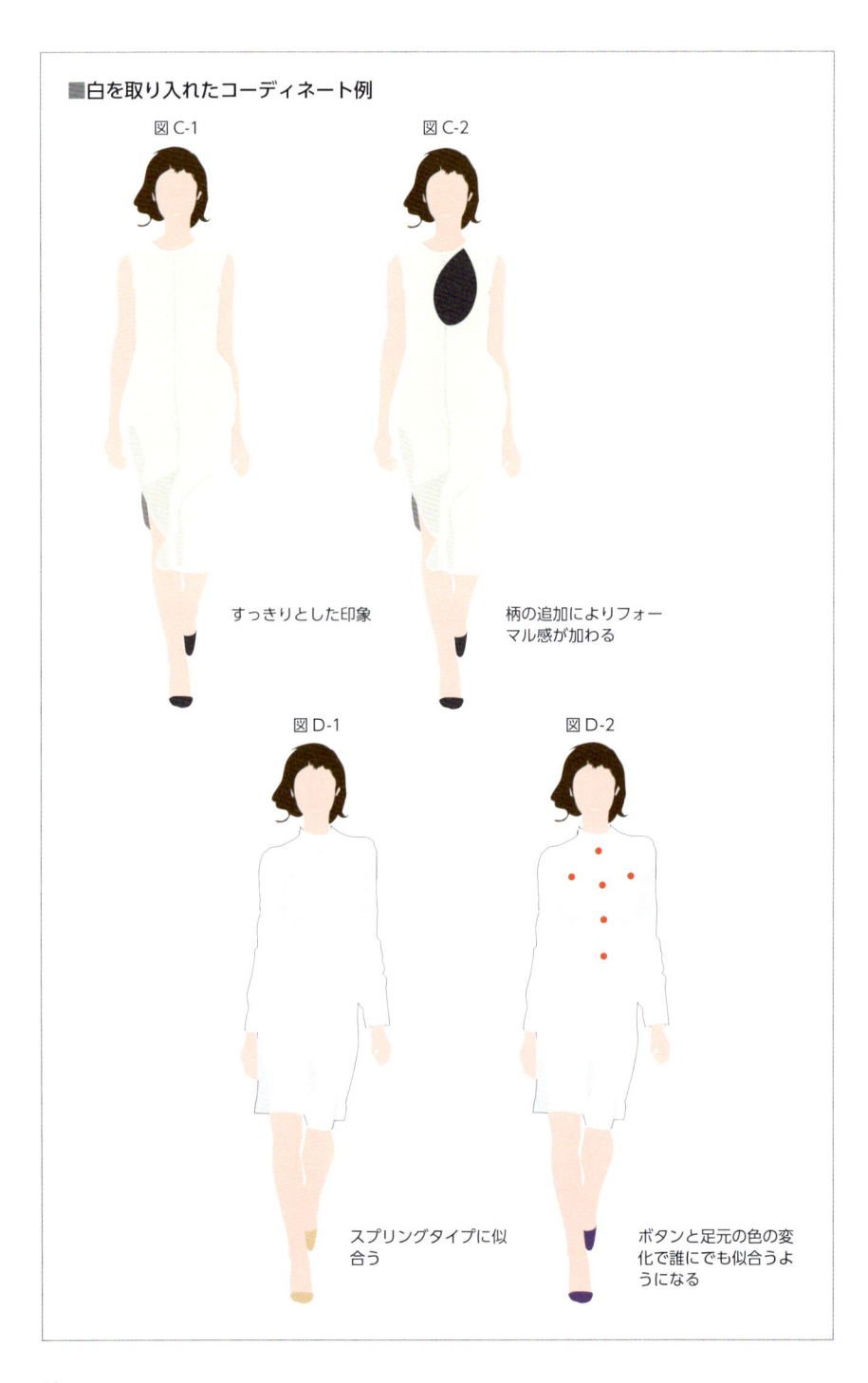

■白を取り入れたコーディネート例

図 C-1

すっきりとした印象

図 C-2

柄の追加によりフォーマル感が加わる

図 D-1

スプリングタイプに似合う

図 D-2

ボタンと足元の色の変化で誰にでも似合うようになる

えることもありますが、反対にすっきりと美しく見せることもできます。白の性質をCNEHに取り入れて、イメージを変化させるコーディネート方法を紹介します。

　カジュアル感のある服装（弱色・マル）にフォーマル感のある黒（強色）の柄を組み合わせるコーディネート例を図に示します。図C-1は、全身が白のため明るさと軽快感があり、すっきりとした印象に見えます。図C-2ではこれに、黒の柄（強色・マル）とダークグレーの足元（強色・シカク）で2つの強色を組み合わせています。

　弱色・マルの白のアイテムに強色・シカクを合わせることで、白が持っているカジュアル感にそれ以外の強色またはシカクが持つフォーマル感（強色・シカク）が加わります。黒の使い方で示したように、胸元の黒のアクセント、足元のダークグレーの効果で目線が上下に動き、背が高く見え、スタイルアップにもつながります。そのほか、加える色をC、N、E、Hの強色から選ぶことで、色が持つイメージ（Cの黄の場合は華やかでポップなど）を加えることも可能です。

　図D-1は、トップスとボトムスがともに比較的シカクの印象を持つ形で色が白（弱色）、足元をCのベージュ（弱色）にしています。全体のコーディネートは明るさのあるソフトな印象でトップスとボトムスの形がシカクのため、白のカジュアル感だけではなくフォーマル感もある組み合わせです。全身が明るい印象に見え、すっきりした組み合わせですが、肌の色の明るさや顔立ちなどによっては、顔がぼやけた印象になる、衣服が明るいので顔が暗く見える、衣服全体が明るすぎて派手感が出ることもあり、人によって似合う場合と似合わない場合があります。この組み合わせは、パーソナルカラーでいうとスプリングタイプの人がとくに似合います。このようなコーディネートでも、CNEHを用いると誰にでも似合うように変えることができます。

　図D-2では、トップスとボトムスを図D-1と同様に白（弱色・シカク）のままとし、ボタンの色をNの濁りみのあるオレンジ（強色）、足元をEの紫（強色）に変えています。ポイント的に強色を用いることで全体に見える明るさの印象は残しつつ、色のメリハリと衣服への立体感を印象づけ、少量ですがエレガントさ（Eの強色から感じるイメージ）とナチュラルさ（Nの強色から感じるイメージ）を加えたフォーマル感のある装いを実現しています。

CNEHでのグレーの使い方

　グレーは黒と白の中間的な役割や見え方を持ち、明度が低い場合は強色・シカク、明度が高い場合は弱色・マルです。グレーはどの色にもなじみやすく、一方で曖昧な印象を与えることもあります。中程度の明るさのグレーの場合はとくに主張する色ではないため、組み合わせる色によっては曖昧さのあるコーディネートになりやすい傾向があります。グレーのなじみやすさという性質をCNEHに取り入れて、その効果を発揮するコーディネート方法を紹介します。

　中明度のグレー（弱色）のカジュアル着（マル）のコーディネートに強色を取り入れて、カジュアル着を品のある装いへと変えるコーディネート例を図に示します。

　図E-1は、カジュアル感のある色と形のトップス（弱色・マル）に、ボトムスに同系色の弱色を組み合わせたコーディネート例です。全体に明るさはありますが、人によりぼやけた印象を与えます。全体にカジュアル感が強いコーディネートです。

　図E-2では、ボトムスの色を紺（Eの強色）に変え、ボトムスのマルの印象をシカクの印象に変えています。色みは同系色ですが、全体的に明暗感をはっきりさせることで曖昧さがなくなり、衣服全体の立体感を出しています。また、同系色の濃淡でコーディネートすることで色みの統一感を出し、人の目線が上下に動くため、背を高く見せたり、体型から目線をそらしたりすることが可能です。ただし、このコーディネートはパーソナルカラーのサマータイプの調和感につながるコーディネートであることから、顔映りが美しく見える人と、さみしげな印象に見える人に分かれます。

　図Fは、相反するものを取り入れて、誰もが似合うようにするCNEHを活用したコーディネート例です。図E-1、図E-2では上下ともに寒色同士を組み合わせましたが、図Fでは、ボトムスの色をバーガンディ（深い赤みの紫）、シューズの色を赤みのオレンジに変えて、寒色と暖色を組み合わせています。トップスとボトムスの形はマル、トップスの色のEのグレー（弱色）、ボトムスの色のHのバーガンディ（強色）、シューズの赤みのオレンジのNの強色と、マルと強色の組み合わせです。ボトムスの色のバーガンディからはハードさ（Hの強色から感じるイメージ）、バーガンディの赤みの持つ華やかさも印象として加わり、シューズで大人っぽさ（Nの強色から感じるイメージ）をプラスしています。全体に深みのある知的さ（Hの強色）と大人っぽさ（Nの強色）のあるコーディネートです。

■グレーを取り入れたコーディネート例

図 E-1

図 E-2

カジュアル感のある装い

サマータイプに似合う

図 F

色の変化で誰にでも似合うようになる

3.4 CNEH の実践

中明度のグレーの場合、加えるアイテムを強色にすることで、どの色とも相性が良く、ほかの色を引き立てるグレーの性質を活用することができます。たとえば図Fのコーディネートを異なるCNEHに展開し、トップスはそのまま弱色のグレー、ボトムスはCの弱色のミントグリーンに変え、シューズは強色の紺、Eの強色の紫のショールを追加するなど、衣服のコーディネートは弱色にし、小物で強色を取り入れるという方法もあります。このコーディネートの場合は、追加したショールの紫（E）でエレガントな女性らしい印象が加わり、明るさのある快活なCの印象のある装いが実現できます。

CNEHでの紺の使い方

紺は青を暗くした色で、寒色系の仲間です。寒色からはフォーマル感が出ることから、紺もフォーマル感があります。紺は、黒ほどの強さはありませんが、色、形ともに強色・シカクです。そのため、組み合わせたほかの色や形の見え方に強い影響力を持ちます。比較的誰もが好む色みのため多く活用されている色です。紺の性質をCNEHに取り入れて、イメージを変化させるコーディネート方法を紹介します。

明度と彩度が低い紺を使用し、女性らしさと比較的フォーマル感のある服装（シカクの形）に強色や弱色を組み合わせて華やかさを増すコーディネート例を図に示します。トップスは襟がある衣服であることから、ボトムスのスカートはドレープが大きくたっぷりしているので、ともに形はシカクです。紺は寒色系になるので、弱色の暖色系と合わせます（異なる性格のものを合わせる）。このようにほかの色みを加えることで、CNEHによりさまざまなイメージを作ることができます。

図Gは、一般的に合わせやすいとされる白と紺（Eの強色）を合わせた、カジュアル感のあるコーディネート例です。白と紺を合わせると白の軽快感や明るさが紺に爽快感を加え、また明暗感も出ます。一般的に好まれる色の組み合わせです。図Gのコーディネートはシカク同士の組み合わせなので、白と紺を合わせてもおしゃれ感を保つことができます。ただし、一般的な色同士の組み合わせであることから、人により無難になりやすく平凡な印象に見えることもあります。

図H-1では、シカクの形を活かし、襟元の色を紺（Eの強色）、トップスの色にペールピンク（Cの弱色）を使用し、紺（Eの強色）のスカートと合わせたコーディネートとしています。襟元にアクセントとして紺を取り入れることでトッ

■紺を取り入れたコーディネート例

図 G

おしゃれ感はあるが
人により無難になり
やすい

図 H-1

図 H-2

CとEのイメージを
感じる

柄を取り入れること
により、色と同様の
効果が現れる

3.4 CNEHの実践

プスに強色・弱色の組み合わせが生まれ、ピンクのかわいらしさ（Cの弱色）に紺のエレガントさ（Eの強色）のイメージの印象が加わります。

図H-2は、トップスの柄の部分とシューズに紺（Eの強色）を使用し、ボトムスを弱色に変えています。トップスの深みのある緑（Hの強色）、ボトムスのライトグレー（Eの弱色）に、柄の部分の紺（強色）の部分使いにより紺の信頼感や安心感、フォーマル感のある印象を加えています。少量の色と柄でも効果を発揮する強色の特徴を活かした装いです。

柄の中で強色と弱色を用いることで、色から感じる華やかさを加えた装いができます。色だけではできない、柄の効果を使った例です。

CNEHでのベージュの使い方

ベージュは、明度は高めで彩度はやや低め〜中程度のため、弱色・マルです。組み合わせる色により、全体のコーディネートの印象がぼやけて見えたり、反対にすっきり美しく見せることもできます。ベージュは、暖かみを感じる色のため、暖色です。ベージュの性質をCNEHに取り入れて、イメージを変化させるコーディネート方法を紹介します。

図I-1は、明度と彩度が高いベージュの印象を活かしたカジュアルな服装（弱色・マル）のコーディネート例です。トップスはEの弱色のグレー・形はマル、ボトムスはCの弱色のベージュ・形はマルです。全身が明るさのある色のため、カジュアル感や軽快感、かわいらしさの印象が強く出ますが、人により似合う場合と似合わない場合があります。

図I-2は、弱色のベージュに強色を合わせるコーディネート例です。図I-1では弱色・マルの同一の性格同士を合わせていますが、図I-2ではトップスにEの強色のグレーを合わせています。トップスのグレーを明度の低い強色に変えるだけでフォーマル感のある装いに変わり、ベージュの色が美しく引き立ちます。また、かわいらしさ（C）と女性らしさ（E）の印象が加わります。また、トップスの色を強色へ変えることで、形をシカクの印象へ変えることができます。

図J-1は、図I-1と同様の色みで、トップスとボトムスの形をシカクに変えています。トップスはEの弱色のグレー、ボトムスはCの弱色のベージュ、形はともにシカクです。形をシカクにすることで、全身は明るい印象を残しつつ、ベージュのカジュアル感やかわいらしさが少し落ち着き、多少ですがフォーマル感を出すことができます。形がシカクの場合、上下の色が弱色同士の配色でもさほどぼやけた印象にはなりません。色による見え方の効果のほうが形より

■ベージュを取り入れたコーディネート例

図 I-1

図 I-2

かわいらしさがあるが似合う人と似合わない人がいる

強色と弱色の組み合わせでかわいらしさと女性らしさを感じる

図 J-1

図 J-2

形からフォーマル感が出る

弱色同士の組み合わせでもシカクの形から締まりが出る

第3章 新しい色の法則を使いこなす

3.4 CNEH の実践

も印象を強くします。そのため、図I-1のイメージからはさほどかけ離れません。

　図J-2は、ベーシックカラーではなく色みを加えた例です。ベルトとシューズにNの弱色の浅い緑みの青を用いています。全身のコーディネートからはエレガント（Eの弱色）＋キュート（Cの弱色）＋ナチュラル（Nの弱色）の印象を感じます。新鮮さを感じるコーディネートです。このように、形をシカクの衣服にすることで、弱色を全身に取り入れることが容易になります。また、ベーシックカラーの弱色ではなく、有彩色を取り入れることで全体に締まりのあるコーディネートになります。

　なお、太めのベルトの場合は、強色にすると目を引くため、ウエストを強調します。強色の場合は、その色自体が特徴的に持つ印象がもっとも強く現れます。そのため、持っている衣服に部分的でも活用することで、新しい印象の衣服へと生まれ変わらせます。

CNEHでの茶の使い方

　茶は、無難かつ平凡に見えることもありますが、上手に使うと品の良い装いにすることができます。紺や黒のような重さや暗さはありますが、茶は暖色のため、フォーマルさよりもカジュアルさを感じさせる色です。茶は、黒ほどの強さはありませんが、色、形ともに強色・シカクです。そのため、組み合わせたほかの色や形の見え方に強い影響力を持ちます。茶の性質をCNEHに取り入れて、イメージを変化させるコーディネート方法を紹介します。

　図K-1は、明度と彩度が中程度の明るさを感じさせる茶のカジュアルな服装（弱色寄りの強色・マル）のコーディネート例です。Aラインのワンピースはかわいらしい印象を与えるため、形はマルです。全身の茶の色からナチュラルな印象を感じます。形（マル）と柄（強色）から、衣服のかわいらしさのある形が茶の色により抑えられ、比較的落ち着きのあるカジュアルなコーディネートです。

　茶は暖色系になるため、寒色系と合わせます（相反する性質のものを合わせる）。図K-2は、図K-1の柄の一部の色を強色の紺にして、カジュアル感とフォーマル感を合わせたコーディネート例に仕上げています。衣服の色と柄は暖色同士で組み合わせ、ウエストラインと足元に紺の寒色の強色を使用しています。強色の柄がもっとも目を引くので、柄のかわいらしい印象が強調されながら、紺（強色）により寒色の印象へと近づき、若干のフォーマル感が加わっています。

　なお、図K-1、図K-2の茶は弱色寄りの強色のため、たとえば弱色の柄と合

■茶を取り入れたコーディネート例

図 K-1

図 K-2

落ち着きのあるかわいらしさを感じる

強色によりシカクの印象が強まる

図 L

茶が爽やかな印象を合わせ持つ

第3章 新しい色の法則を使いこなす

3.4 CNEH の実践 　**243**

わせた場合は、茶をくすませて見せ、ぼんやりとした印象になりますが、図のように強色の柄を合わせることでさまざまなイメージを持たせることを可能とします。

　図Lは、トップスはマルの形、ボトムスはシカクの形、トップスはHの弱色、ボトムスはNの強色、足元はNの強色です。ナチュラルな印象の暖かみのある茶（Nの強色）に爽やかで明快な青（Hの弱色）を加え、マル・シカクの印象がそれぞれ強調されたコーディネート例です。形をマル・シカク、色を弱色・強色とすることで、茶が爽やかな印象に見えます。

　このほかにも図Lのボトムスの茶を活かし、トップスをC、N、E、Hの弱色、とくに寒色のライラック（E）やベーシックカラーのシルバーグレー（E）にし、同様のイメージを創ることができます。また、トップスに寒色ではなく暖色でC、N、E、Hの強色を使用する場合、ベルトやシューズ、ネックレスなどに弱色の寒色を取り入れ、装いに変化を加えることもできます。

　CNEHでコーディネートを行う場合、強色・弱色を取り入れ、前述している寒色または暖色で相反する性質の色を持ってくることで自在に組み合わせることができます。形のマルも強色の色によりシカクの印象に近づけることができます。また、形がシカクの場合は、色を弱色にすることでマルの形の印象へと近づけます。面積や素材感にもよりますが、1番目には強色、2番目に弱色、3番目にシカクの形、4番目にマルの形という順に人の目が動くことを知り、色を優先的に活用することがCNEHのコーディネートでは重要になります。

3.4.2　柄とCNEH

　柄（模様）には、ストライプ、チェック、幾何学、迷彩、アニマルなどさまざまなものが含まれます。柄の大きさには小柄なもの、大柄なもの、中程度のものとさまざまで、大きさやその配置により見え方が異なります（第2章「2.4 柄の法則」参照）。

　柄は、CNEHにおける形（シカク・マル）として考えることができます。

柄と色

　柄の性格とその色の性格は、たいていの場合は一致します。シマウマ柄は白と黒のシマウマの毛皮を表現し、シマウマから受ける印象と、柄の形、色が一致し、統一感があります。そのほか、植物や花などの柄も、色と形で同一の性

格の衣服や小物類が多く販売されています。色と柄の性格が同類であったほうが衣服を組み合わせる際に完成形をイメージしやすいためです。

一方、シマウマ柄にペールカラーのピンクやオレンジの色を組み合わせると、色によりポップな印象に変わり、シマウマの印象が薄くなります。このように、柄と同一ではない色を組み合わせると印象がガラッと変わることがあります。おもしろいことに色と柄がどちらも異なる性格を持ったもの同士を合わせる衣服は以前に比べ多く販売されるようになってきました。

異なる性格の柄と色同士を組み合わせて印象を変えることにより、今まではためらいがあった柄をコーディネートに取り入れやすくなります。これもCNEHによる効果の1つといえます。

CNEHと柄

「3.3 CNEHの各論」で説明したように、形の中にはCNEHのそれぞれの性格を持つものがあります。柄に使用されている図柄も同じです。Cの性格を持

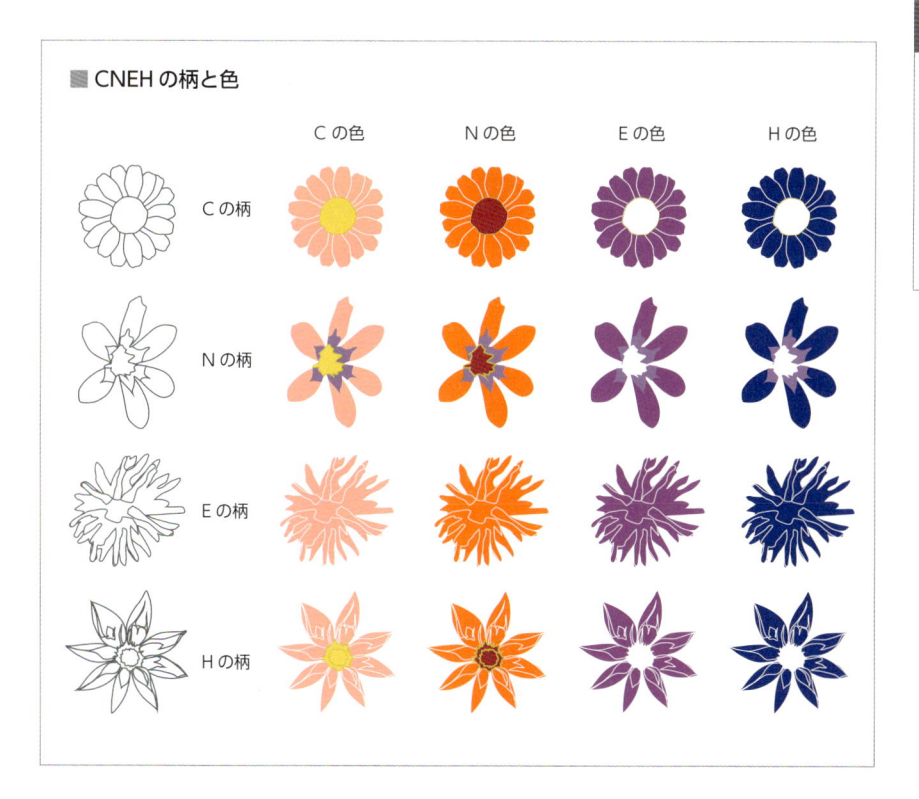

■ CNEHの柄と色

■柄と色の CNEH を取り入れたスカートの例

スカート、花柄ともに C の柄、C の色

| C の柄 | C の柄 | C の柄 | C の柄 |
| C の色 | N の色 | E の色 | H の色 |

地の色を E のグレーに変えるとエレガントさが加わり、
花柄の色を N、E、H に変えるとさらに印象が変わる

つ形が柄に使われているものは、Cを特徴的に表す柄と考えることができます。N、E、Hも同様です。

　CNEHの手法を使って、柄と色を組み合わせると、柄の性格が変わります。図（245ページ）では、CNEHそれぞれの柄（ここでは花柄）にCNEHそれぞれの色を組み合わせています。色が変わるだけで印象が変化することがわかります。

　次に、CNEHそれぞれの花柄を衣服の柄として取り入れた様子を見てみましょう。上図では、Cの花柄をスカートに取り入れています。地の色、花柄の

形と色をCにしたスカートは、パーソナルカラーのスプリングタイプになり、調和のとれた印象を与えます。これをCNEHで展開します。

スプリングタイプのスカートの、花柄の色はCのままで地の色だけをEのグレーに変えると、Eの色から感じるエレガントさがイメージに加わります。さらに、地のグレー（Eの弱色）とCの柄の形はそのままとし、柄の色をN、E、Hに変えます。すると、もともとCのキュートさを持っていた柄にN、E、Hの色の特徴（いずれも強色）が加わるため、キュートのみが強調された印象から、N、E、Hそれぞれから感じる、ナチュラル、エレガント、ハードの印象が主張され、イメージが大きく変化しています。

このように、Cの柄に異なる色のイメージを加えると全体の印象が変わり、着こなせなかった衣服の装いが可能となります。たとえばかわいらしい花柄も取り入れてみたいがかわいらしく見えすぎるのには抵抗があるというとき、Cの花柄にHのハードさ（あるいはNのナチュラルさやEのエレガントさ）を加えて、クールさがありながらかわいらしさも合わせ持つ装いに変えることもできます。

この法則を理解していれば、1着の衣服から理想のイメージを表現することが可能です。そのイメージを作る組み合わせの色と柄の衣服を探せば、今までなかなか挑戦できなかった柄の衣服にも容易に挑戦できるようになります。

また、1着の衣服の中に異なるイメージを持つ柄と色を取り入れると、満足感を得ることもできます。満足感が得られる理由は、「3.2.2　CNEHの色と形」でも説明したように、補色の効果によります（暖寒感も同様の効果を得ることができる）。補色関係にある2色を選択するだけで全体の色を含む色合いになり、それが人に満足感やバランスが整っているという感じを与えます。同様のことが、「異なるイメージのものを合わせる」CNEHにも当てはまります。CNEHは補色関係を色と形の両方で作ります。形には柄も含まれます。柄と色が相反する性質同士の組み合わせであっても、補色関係にある色と同様に、満足感が得られます。

3.4.3　CNEHの応用

これまで、ベーシックカラーや柄を組み合わせてCNEHを実践する方法を、衣服やコーディネートの具体例を見ながら紹介しました。ここでは、さまざまなCNEHの組み合わせの具体例をあげて、CNEHの実践方法についてさらに

■色または形でCNEHを実践する

図A-1　　　　　　図A-2　　　　　　図A-3

	図A-1	図A-2	図A-3
トップス	Cの強色・マル	Cの強色・マル	Cの強色・シカク
ボトムス	Cの強色・マル	Nの弱色・マル	Nの弱色・シカク
	華やかでかわいらしい印象だが人を選ぶ	かわいらしい衣服を大人っぽさのある印象に変える	形をシカクにするとさらに大人っぽい印象が加わる

理解を進めていきます。

色と形によるCNEHの展開

　CNEHでは、強色やシカクに弱色やマルを取り入れることを基本とします。

　ここでは、色による印象の違いをわかりやすくするために、あえてベーシックカラーは使用していません。図A-1は、形が上下ともにマル、トップスはCの強色のピンク、ボトムスはCの強色の黄です。華やかでかわいらしい印象に

■ CNEHの展開例（ボトムスの弱色を CNEH に展開）

図 B-1　　　　図 B-2　　　　図 B-3　　　　図 B-4

	図 B-1	図 B-2	図 B-3	図 B-4
トップス	Cの強色・マル	Cの強色・マル	Cの強色・マル	Cの強色・マル
ボトムス	Cの弱色・マル	Nの弱色・マル	Eの弱色・マル	Hの弱色・マル
	かわいらしい印象を与える	かわいらしさに大人っぽい印象が加わる	かわいらしさに女性らしい印象が加わる	かわいらしさにクールな印象が加わる

第3章　新しい色の法則を使いこなす

なりますがスプリングのコーディネートであり、人を選びます。これを色でCNEHに展開します。

　ボトムスの色を図A-2のようにNの黄にするだけで落ち着き感が生まれ、色のトーンを抑えることでかわいらしい衣服を大人っぽさのある印象に変えることができます。色の変化によるCNEHの展開例です。同じ色の組み合わせ（Cの強色とNの弱色）で上下の形を図A-3のようにシカクにすると、さらに大人っぽい印象が加わります。このように、強色を弱色、マルをシカクに変化させる

3.4　CNEHの実践

ことでCNEHを展開していくことができます。

　強色と弱色の組み合わせでCNEHに展開していく例を、図A-1のコーディネートを使用して示します。

　249ページの図B-1の組み合わせは、トップスにCの強色のピンク、ボトムスにCの弱色の黄を合わせています。強色と弱色の組み合わせなので、スプリングタイプでなくても似合う人もいますがやはり人を選びます。これをN、E、Hにそれぞれ展開していくと、誰にでも似合うようになります。トップスのピンク（強色）はそのままとし、ボトムスをN、E、Hそれぞれの弱色の代表色に変えていきます。

　図B-2はCとN（緑）の組み合わせでキュート（トップス）×ナチュラル（ボトムス）となり、かわいらしさと大人っぽさのある印象です。図B-3はCとE（紫）の組み合わせでキュート（トップス）×エレガント（ボトムス）となり、かわいらしさと女性らしさのある印象です。図B-4はCとH（ペールブルー）の組み合わせでキュート（トップス）×ハード（ボトムス）となり、かわいらしさとクール感のある印象です。このように、CNEHの法則を取り入れると、さまざまなイメージを複雑に組み合わせたコーディネートを創ることができます。

面積の量とCNEH

　配色の面積比率を変えると印象が変わることは、第2章「2.3.1　面積比率と印象」で説明しました。コーディネートに色みの異なるカーディガンなどを1枚加えるだけでも、印象は大きく変わります。このとき、CNEHの手法を取り入れると狙ったイメージを容易に創り上げることができます。

　図（252ページ～253ページ）は、上下で色の異なるコーディネートにカーディガンを加えて、インナーのトップスの面積の量が少なくなることによる全体の見え方の違いを示しています。ここではなるべくベーシックカラーは使用せずに3色を使用し、強色・弱色の色の組み合わせで展開するコーディネート例を示します。カーディガンの形はマル、インナーの形はマル、ボトムスのスカートはシカクで、形のみで見るとマル・シカクの組み合わせです。マルからはソフトでカジュアル感のある印象、シカクはその硬さからフォーマル感のある印象を感じます。

　図Cは、Hの強色の青がもっとも目を引く色で、カーディガンはCの弱色（黄緑）、スカートはEとHに共通の弱色（ミントグリーン）です。Hを主軸にC、EやHの印象を加え、すっきりとした爽やかさのある若々しいイメージにしてい

ます。インナーの青を主役とし、全体を青系の色みの弱色にし、強い色を弱めて軽さを出した、春、夏の季節に着こなしたい色の例でもあります。

　図Dは、強色のインナーとボトムスの色が目を引きます。インナーは華やかなオレンジ（Nの強色）、ボトムスはすっきりとした緑（Eの強色）、カーディガンはペールブルー（Hの弱色）です。大人っぽさの中に爽やかな女性らしさのあるイメージにしています。上下の強色を主役とし、カーディガンに弱色のペールブルーを使用することで、春、夏の季節に着こなせる類似色相同士の配色例です。インナーのオレンジは暖かみを感じる色のため、とくに秋、冬の季節に登場する色みです。オレンジをオールシーズン活用できる色の一例でもあります。

　図Eは、Eの強色の紫がもっとも目を引く色です。インナーはエレガントな印象のあるEの強色（紫）、スカートは落ち着きのあるNの強色（ピーコックブルー）、カーディガンはHの弱色（黄）です。女性らしさ、落ち着き感、すっきりとした若々しさのあるイメージにしています。インナーの紫を主役とし、上下ともに暖かみを感じさせない色の配色をあえて取り入れています。カーディガンがない場合は、重さがあり寂しげな印象になりますが、カーディガンに弱色の黄を用いることで、軽さとフレッシュさ、活動性を感じさせています。

　図Fは、Hのカーディガンの強色のロイヤルブルーがもっとも目を引く色です。カーディガンは知的ではつらつとした印象のあるHの強色（ロイヤルブルー）、インナーは自然な風合いを感じさせるNの弱色（浅い黄）、スカートは一般的に活用されるEの弱色（グレー）です。知的ではつらつとした、落ち着きとエレガントさのあるイメージにしています。上下の柔らかさのある色みを主役とし、カーディガンを強色とすることで上下のぼやけた配色を引き立たせ、青の色みによってすっきりとした動きをコーディネートに取り入れています。また、全体でもっとも目を引く箇所の色み（強色でも弱色でも）が上の位置にある場合は、目線が上に移りスタイルが良く見えます。

　図Gは、スカートのEの強色の青がもっとも目を引く色です。スカートは静かな印象のEの強色（青）、カーディガンは朗らかな明るさのあるNの弱色（サンタン）、インナーは若々しさのあるEの弱色（ピンク）です。ソフトでかわいらしく朗らかな印象に、涼やかな女性らしさが加わったイメージにしています。インナーとカーディガンを主役とし、ボトムスを青の強色にすることで、上半身の暖かみのあるかわいらしさにエレガントな印象を加えています。図Fと同様に隣接する色が同系トーンの場合、ぼやける（弱色同士）、派手感を増す（強

■面積の違いにより見え方の異なる CNEH

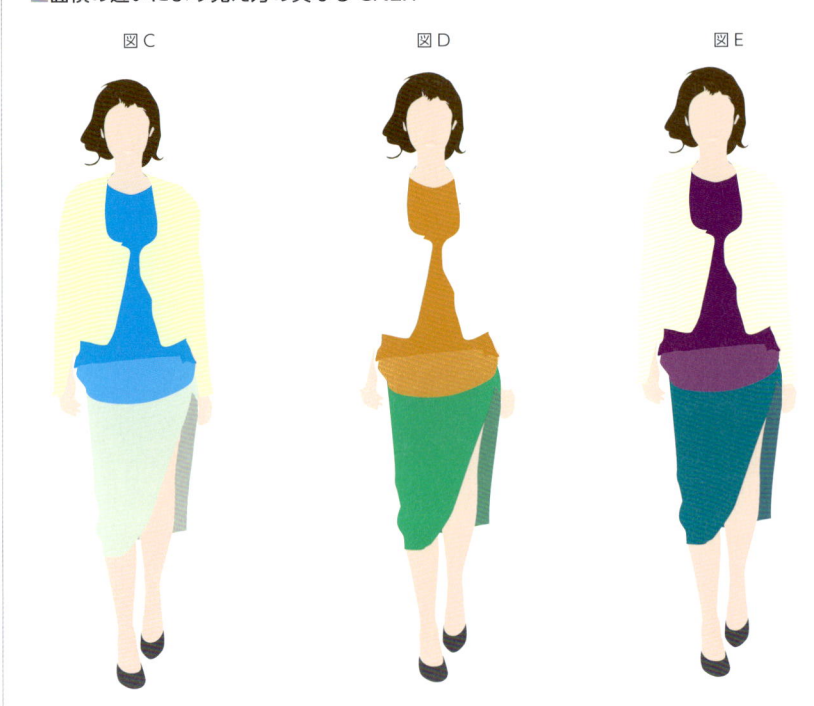

図C　　　図D　　　図E

	図C	図D	図E
カーディガン	Cの弱色	Hの弱色	Hの弱色
インナー	Hの強色	Nの強色	Eの強色
ボトムス	EとHに共通の弱色	Eの強色	Nの強色
	すっきりとした爽やかさがある若々しいイメージ	大人っぽさの中に爽やかな女性らしさのあるイメージ	女性らしさ、落ち着き感、すっきりとした若々しさのあるイメージ

色同士)、くすませて見せる(弱色同士・強色同士ともに)といったことがあります。図Gは、あえて上半身をそのように見せる配色とし、ボトムスで印象を変えるコーディネート例です。

　図Hは、Hの赤と黒の強色同士がもっとも目を引く色です。カーディガンは落ち着いたNの弱色(黄緑)です。上下の組み合わせから個性的でエネルギッシュな印象、そして渋さや粋な印象のあるイメージにしています。上下の配色を主

	図F	図G	図H
	Hの強色	Nの弱色	Nの弱色
	Nの弱色	Eの弱色	Hの強色
	Eの弱色	Eの強色	黒
	知的ではつらつとした、落ち着きとエレガントさのあるイメージ	ソフトでかわいらしく朗らかな印象に、涼やかな女性らしさが加わったイメージ	個性的でエネルギッシュな印象に、渋さや粋な印象が加わったイメージ

役とし、カーディガンをNの弱色の黄緑にすることで、上下の配色の派手感を抑え、大人の洗練感を取り入れたコーディネートにしています。Nの弱色は自然な色みが多く、心を和ませる心地良さがあり、草木染めのような美しさが感じられますが、衣服の組み合わせに取り入れるとくすみを感じさせる場合が多く、Nの弱色同士の組み合わせは濁りみや渋みをより感じさせ、年齢を感じさせます。強さのある色の配色の場合、Nの弱色を用いるとコーディネートがし

やすく、互いの色みを引き立てる効果があります。自然の美しい色みを衣服とともに生き生きと自分に合うようにうまく取り入れてみましょう。

小物を使ったCNEH

小物使いにCNEHを活用する方法もあります。下図は、衣服のトップスとボトムスの形はマル、アクセサリーとシューズの形はシカクで同型とし、強色

■小物を使ったCNEHの例

	図I	図J	図K	図L
トップス	Cの弱色	Hの強色	Eの弱色	Hの弱色
ボトムス	Nの強色	Hの強色	Hの弱色	Nの弱色
ネックレスとシューズ	Hの強色	Cの弱色	Hの強色	Hの強色
	強色が強い印象を与え、弱色と形のマルにより強さを軽減する		弱色同士の組み合わせが与える印象に強色が加わることで強色寄りに近づける	

と弱色の組み合わせで変化をつけたCNEHのコーディネート例です。衣服では色数を増やしづらいという場合でも、小物で少量の色を活用できる例です。

図Iは、Cの弱色（トップス）、Nの強色（ボトムス）に、ネックレスとシューズでHの強色を合わせています。図Jは、Hの強色（トップス）、Hの強色（ボトムス）に、ネックレスとシューズでCの弱色を合わせています。図I、図Jともに、全身のコーディネートに強色（図IはNとH、図JはHとH）が強い印象を与え、弱色（C）と形のマルにより強さを若干軽減しています。

図Kは、Eの弱色（トップス）、Hの弱色（ボトムス）に、ネックレスとシューズでHの強色を合わせています。全身を弱色（E、H）のみにすると、明るすぎてしまい、人により顔の印象がぼやける場合があります。そこで、多くの人に合うコーディネート例として、ネックレスとシューズの強色（H）で色から強い印象を与えます。明るすぎる印象を強色に近づけ、メリハリを持たせることができます。図Lは、Hの弱色（トップス）、Nの弱色（ボトムス）に、ネックレスとシューズでHの強色を合わせています。図Kよりもボトムスの色から明るさが軽減されています。ソフトな落ち着きのあるNの色のボトムスの効果です。さらに、ネックレスとシューズ（Hの強色）を取り入れることで、全身のコーディネートに強弱が生じ、締まりのあるコーディネートにしています。

トップスやボトムスなどいろいろなアイテムを加える際に、1つのイメージ（たとえば、上下ともにカジュアルな装いなど）の色や形同士で組み合わせているものでも、異なるもう1つのイメージ（色や形）を加えるだけで、手持ちの服に新鮮さが生まれ、新たに衣服を購入したような装いに変化させることができます。それは、日々変化している自然と同様に、新たな変化を加えることで、気づかなかった自分と出会える瞬間でもあります。

ここでは、衣服のコーディネートを中心に展開してきましたが、メイクアップやヘアスタイルでもコーディネート同様に、強色・弱色、シカク・マルを用いて自身の可能性を広げることができます。異なるものを1つずつ自分に加えていくことにより、2つ、3つと変化が増えていきます。

衣服は内面にあるものを外側に表すものです。「変化」はいでたちのみならず、姿勢、歩き方、発する言葉にも現れ、それまでとは異なる新たな世界の広がりを感じられるようになることでしょう。

第4章

色の科学

私たちの衣食住生活にある色や形は、無造作、無秩序のようですが、自然の変化と同じように秩序と規則があり、それらが心地良く美しい生活の基礎になっています。
　自然と生活をつぶさに観察して規則性を発見し、これが「色彩学」として成立しました。この規則性は、森羅万象の「調和」に結実します。私たちが日常生活で納得している主観的な調和に、理論に基づいた客観性が備われば、広く多くの人の理解を得ることができます。調和とは、誰もが美しく、心地良く感じることであり、不快や嫌悪とは対極の状態です。ここで主観を超えた調和にたどり着くもととなるのが「色彩学」です。
　四季の自然の変化を見て、誰もが感動することは、時代が変わっても永遠に止むことはないでしょう。春の芽生え、夏の成長、秋の結実、冬の休息と、自然は絶え間なく変化し、同じ様相は決して見せません。しかし、変化しながらもいつも自然は調和しています。調和した自然の壮大な動きの中で、私たちが毎日生活を送ることができるのは、とても幸いなことだと思います。
　四季の色の変化を見て美しいと感じることは、じつは見る人に調和の感覚が備わっているからです。誰もが「調和をとる」感覚を生まれながらに持ち合わせているのです。
　心や身体の何らかの理由で、四季の変化に気づかずにやり過ごしてしまうこともあります、身のまわりの「調和感」も同じで、気づきがないと見過ごしてしまいます。人は自然の変化、色彩の美しさの変化から調和感を学び、経験し、自分のものにしています。その感覚の目を覚まさせ、育むことが大切であると思います。

4.1 色の基礎

　色は、有彩色と無彩色に分類されます。赤、黄、青の原色から白に近い淡いピンクなどまで、色相（色み）があれば、濃淡にかかわりなく有彩色です。白、黒、グレーのように色みのないのが無彩色で、無彩色以外はすべて有彩色です。

　有彩色は、色み、明るさの度合い、鮮やかさの度合いという3つの属性を持ちます。また、無彩色は色みと鮮やかさの度合いの属性を持たず、明るさの度合いだけを持ちます。

　色みを色相、色の明るさの度合いを明度、鮮やかさの度合いを彩度といいます。これらを「色の3属性」と総称します。

　本章では色彩体系としてPCCSを用います。PCCSは、Practical Color Coordinate Systemの略で、財団法人日本色彩研究所（現在は一般財団法人）が発表したものです。なお、PCCSでは彩度を「飽和度」としていますが、本書では一般的な用語である「彩度」を用います。

　色の3属性はそれぞれ独立した性質で、有彩色は3属性を備えます。無彩色は色相を持たないので、明度だけを持ち、色相と彩度の属性は持ちません。

　すべての色（無彩色を含む）は、3属性を三次元空間に配置することができます。

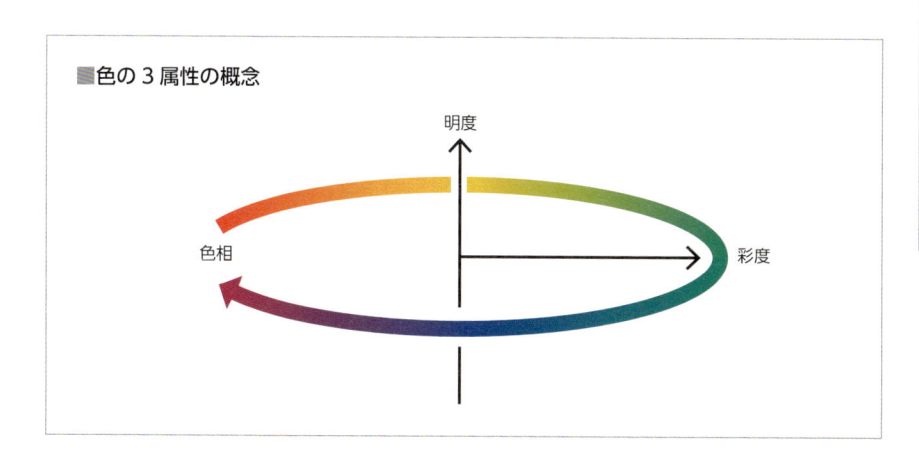

■色の3属性の概念

色相は赤から始まる色相環の円周上の座標、明度は黒から白までの無彩色段階の軸上の座標（縦軸の座標）、彩度は無彩色軸を中心とした放射上の距離（横軸の座標）で表します。すべての色はこの三次元空間に配置することができ、座標によって色相、明度、彩度を明確に表現し、再現することができます。色を三次元空間に配置したものを色立体といいます。

4.1.1　色相

　色相環とは、色が「赤〜橙〜黄〜黄緑〜緑〜青緑〜青〜青紫〜紫〜赤紫」と並び、元の赤に戻るという環状の図をいいます（ここに並べた10色の色名を基本色名という）。色相環には各色相の特徴や性質が含まれています。これを把握して、色の働きを組み合わせて応用していくことが重要です。なお、第1章〜第3章では色名として一般的な「オレンジ」を使用してきましたが、本章では色彩学用語である色名「橙」を使用します。

色相環

　色相環から、色相の分類、色相の明度差、暖寒色、混色、補色の関係などを知ることができます。また、配色の際には、色相環を利用して色同士の色相の差を角度で直感的に知ることができ、容易に配色を行うことができます。

　PCCSの色相環は、24色相で構成されています。トーン記号v1の紫みの赤から始まり、トーン記号v24の赤紫まで配列されています。

　PCCSでは有彩色をトーン記号（略記号ともいう）または色相記号（PCCS記号）で表します。右表のように、トーン記号は「トーン記号－色相番号」のように記述します。色相環には各色相のもっとも鮮やかな色が配置されるのでトーン記号はv（ビビッド〈鮮やかな〉の略）が記述されます。色相記号は、「色相番号：系統色名(英略名)」のように記述します。なお、表中の「系統色名」は色相やトーンによる修飾語と基本色名を組み合わせた色名で、PCCSやJIS（日本工業規格）に制定されています

　右図のように配置された色相環では、上部にある色相が明るい色です。もっとも明るい色は黄、次いで黄緑と橙になり、下方に向かうほど明度は低くなります。円環の下部にある青〜紫は色相環の中でもっとも暗い色相の範囲に含まれます。

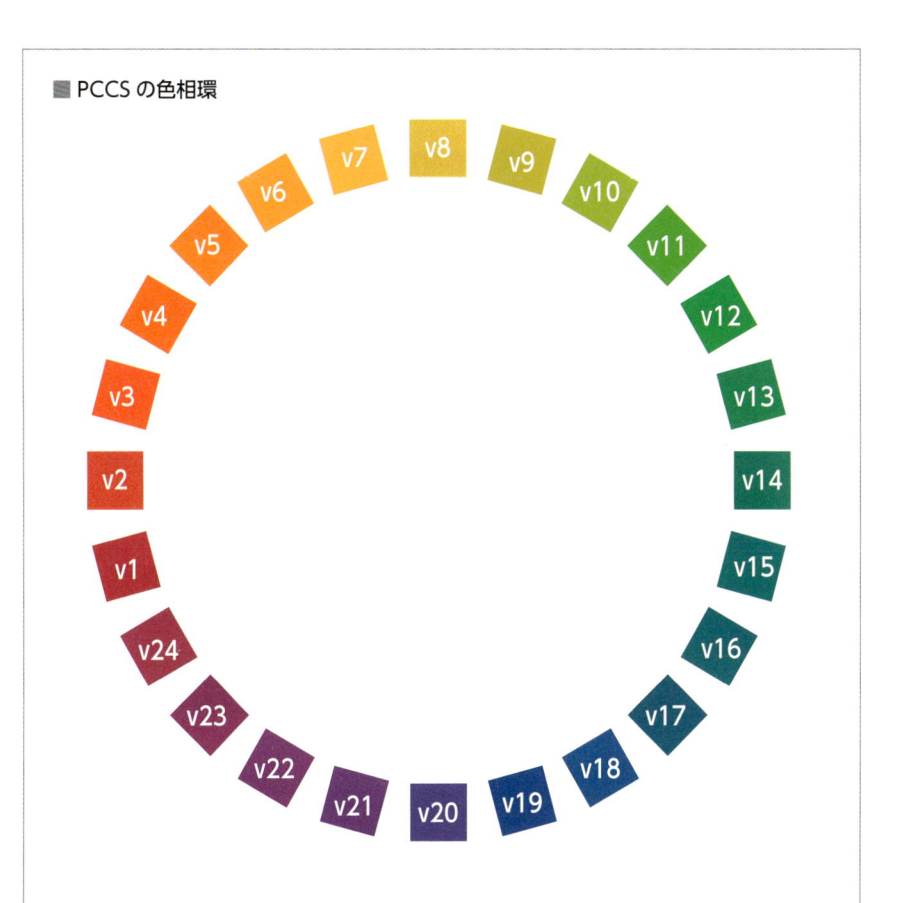

■ PCCSの色相環

トーン記号	色相記号	系統色名
v1	1:pR	紫みの赤
v2	2:R	赤
v3	3:yR	黄みの赤
v4	4:rO	赤みの橙
v5	5:O	橙
v6	6:yO	黄みの橙
v7	7:rY	赤みの黄
v8	8:Y	黄
v9	9:gY	緑みの黄
v10	10:YG	黄緑
v11	11:yG	黄みの緑
v12	12:G	緑

トーン記号	色相記号	系統色名
v13	13:bG	青みの緑
v14	14:BG	青緑
v15	15:BG	青緑
v16	16:gB	緑みの青
v17	17:B	青
v18	18:B	青
v19	19:pB	紫みの青
v20	20:V	青紫
v21	21:bP	青みの紫
v22	22:P	紫
v23	23:rP	赤みの紫
v24	24:RP	赤紫

第4章 色の科学

4.1 色の基礎

色みの片寄り

　色相環のトーン記号1〜3までが赤の範囲です。同じような赤でも、v2の赤を中心に考えるとv1の赤は紫みの赤で、中心の赤より紫みに片寄った赤です。v3の赤は黄みに片寄った赤です。パーソナルカラーや本書のCNEHでコーディネートをする際は、「色みの片寄り」が重要です。色相環から、各色相にある色みの片寄りの情報をしっかり把握したいものです。

　色みの片寄りを、「赤み」「黄み」「緑み」「青み」「紫み」の5つで表現し、この言葉を使って次の文例のように「色み」と「色みの片寄り」を書き表します。

　（文例）v12を「中心の緑」とすると、v11の緑は「黄みに片寄っている」ので「黄みの緑」、v13の緑は「青みに片寄っている」ので「青みの緑」です。緑でも「色み」の見え方が異なります。

暖色、寒色、中性色

　色には暖かく感じる色と冷たく感じる色があります。人は、寒すぎるのも、暖かすぎるのも、快適とは感じません。衣服や生活空間においても、暖寒のどちらかに極端に片寄ってしまうと、そこに違和感を感じます。

　快適なコーディネートでは、暖色系と寒色系の色がバランス良く組み合わせられています。寒色は文字どおり冷たく感じる色、暖色は暖かく感じる色、そのどちらにも属さない（寒くも暖かくも感じない）色を中性色といいます。大きく分類すると、暖色系の範囲は赤〜橙〜黄、寒色系は青緑〜青〜青紫の範囲、中性色系の範囲は緑や紫あたりですが、境界は明確ではありません。

　もっとも暖かく感じる色は橙系、もっとも冷たく感じる色は青系ですが、配色によっては、暖寒感が増減します。中性色についても、配色によって暖かみを感じたり、反対に冷たさを感じたりすることがあります。

補色

　色相環の反対に位置する色同士を補色といいます。一般的には反対色ともいわれています。色相環で180度対の位置にある色、PCCSの色相環では赤（v2）と青緑（v14）、黄（v8）と青紫（v20）、橙（v6）と青（v18）、緑（v12）と赤紫（v24）などが、それぞれ補色関係にある色です。補色は、物理補色と心理補色に分類されます。

　物理補色は、混色すると白（加法混色の場合）または明度・彩度が低下して

■補色の組み合わせ例

| 赤と青緑 | 黄と青紫 |
| 橙と青 | 緑と赤紫 |

黒に近づく（減法混色の場合）2色です。また心理補色は、ある色とその色を見つめた後に発生する残像色です（残像現象は色の知覚現象の1つ）。混色については、次項で解説します。

4.1.2　混色

　色と色を混ぜると別の色ができます。2種類以上の色を混ぜる操作を混色といいます。衣服の色やプリント柄の色、印刷物や建物の外壁の色など、私たちの身近なところで混色された色が使われています。混色は、加法混色と減法混色に分類されます（ほかに、中間混色として併置混色と回転混色があるが詳細は省略）。

　PCCS色相環には下記の3原色が配置されています。

加法混色と減法混色

　加法混色は、色光の3原色（R：黄みの赤、G：緑、B：紫みの青）による混色です。色光を混色すると、明るさは加算され、最終的には白色となります。光を投影して画像や映像を作る映画やスライドのスクリーン、パソコンの画面などでは、この加法混色が行われています。

　減法混色は、色料（絵の具、染料、塗料など）の3原色（C：シアン〈緑みの青〉、M：マゼンタ〈赤紫〉、Y：イエロー〈黄〉）による混色です。色料を混色すると明るさが減少し、最終的に黒に近づきます。私たちが「絵の具を混ぜる」といった方法で経験しやすいのが減法混色です。

　パーソナルカラーシステムで使用されるドレープは、減法混色によって再現された色が使われています（染料の混色）。混色の理論を理解しておくことは、パーソナルカラー分析やカラーコーディネートにたいへん役立ちます。また、肌の色などのボディカラーに合う色が、なぜ調和するかの理由もよく理解できるようになります。

混色の一次色、二次色、三次色

　イッテン（「4.3.1　イッテンの調和論」参照）は、人間なら誰でも、青や黄がかっていない赤、緑や赤がかっていない黄、緑や赤がかっていない青を明確に識別でき、12の色相を正確に思い浮かべることができる、としています。この12色相のうち、赤、黄、青を一次色、一次色同士を混色した3色を二次色、一次色と二次色を混色した6色を三次色といいます（266ページの図参照）。

■加法混色と減法混色

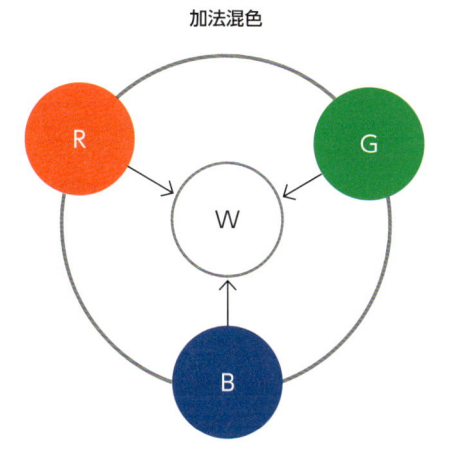

加法混色

紫みの青（B）＋黄みの赤（R）＝マゼンタ（M）
黄みの赤（R）＋緑（G）＝イエロー（Y）
緑（G）＋紫みの青（B）＝シアン（C）
黄みの赤（R）＋緑（G）＋紫みの青（B）＝白（W）

減法混色

シアン（C）＋マゼンタ（M）＝紫みの青（B）
マゼンタ（M）＋イエロー（Y）＝黄みの赤（R）
イエロー（Y）＋シアン（C）＝緑（G）
シアン（C）＋マゼンタ（M）＋イエロー（Y）＝黒（BK）

■一次色、二次色、三次色

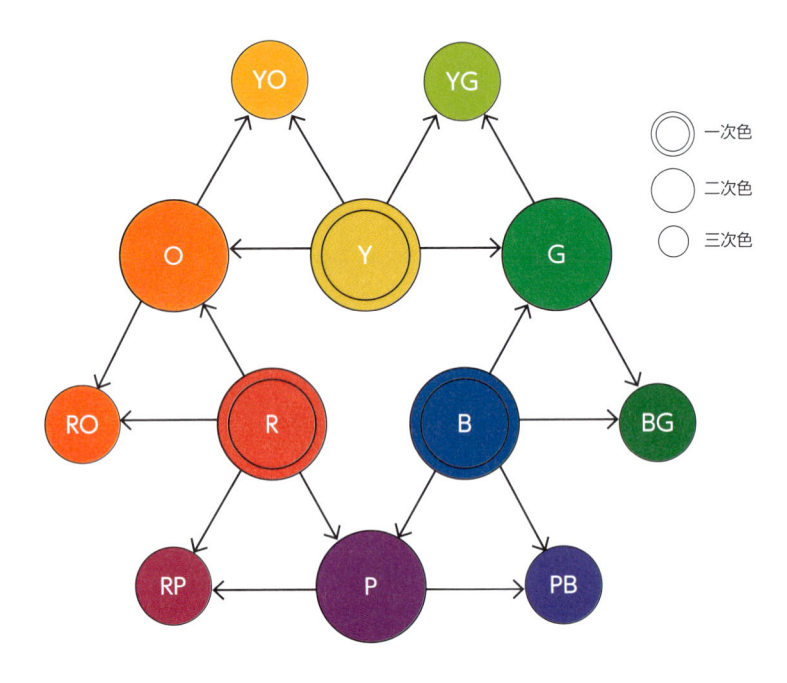

○ 一次色
○ 二次色
○ 三次色

	記号	色名	黄が含まれる	青が含まれる	赤が含まれる
一次色	Y	黄			
	R	赤			
	B	青			
二次色	G	緑	○	○	
	P	紫		○	○
	O	橙	○		○
三次色	YG	黄緑	◎	○	
	BG	青緑	○	◎	
	PB	青紫		◎	○
	RP	赤紫		○	◎
	YO	黄橙	◎		○
	RO	赤橙	○		◎

※◎は、○よりも色の量が多い。
※色名の記号は JIS による。

4.1.3　明度、彩度、トーン

　色彩体系では、色の3属性について、色相には番号が振られて区別され、明度、彩度については数値化されています。数値を意識することによって、より分析的に色を見ることができます。トーン（色調）は、カラーコーディネートに際して有効な指標となります。

明度

　明度は、明るさの度合いのことです。無彩色は色相と彩度を持たず、明度だけを持ちます。無彩色の明るさ、つまり白〜グレー〜黒に至る段階の明るさを基準として、有彩色の明度に対応させています。

　PCCSでは、明度を数値化し、黒を1.5、白を9.5として0.5間隔で17段階としています。もっとも明度の低い色が黒で、もっとも明度が高い色が白、その中間は暗いグレー〜明るいグレーのグラデーションです。

　図（268ページ上）に、同じ色相でも明度が異なると別の色になるという例を示します。左の例の2色の色相はどちらも赤系の同色相です。しかし、同じ色相でも明度が高いとピンク、明度が低いとバーガンディです。また、右の例は、同じ橙の色相ですが、橙に黒を混色すると明度が下がり茶になります。

彩度

　彩度とは、色の「鮮やかさ」や「鈍さ」の度合いのことです。「鮮やかさや鈍さ」は「強さや弱さ」と言い換えることもできます。無彩色には彩度はなく、これを彩度0とします。有彩色では、もっとも鮮やかな純色を彩度9sとし、もっとも鈍い色を1sとします（sは彩度を表す記号）。つまり、純色とは各色相の中でもっとも鮮やかな色です。彩度は、「派手感」「地味感」に深い関係があります。

　同一の色相でも、彩度が異なると異なる色みに見えることがあります。図（268ページ下）の例の左は2種類の青紫で、どちらも同じ色相ですが一方は明るい灰みの青で彩度が低く、他方は彩度がもっとも高い鮮やかな青です。図の例の右は、どちらも同じ色相の黄緑ですが一方は中彩度のくすんだ黄緑で、他方は彩度が高い鮮やかな黄緑です。

■色相が同じで明度が異なる色の例

| ピンク | バーガンディ | 橙 | 茶 |

■色相が同じで彩度が異なる色の例

| 明るい灰みの青 | 鮮やかな青 | くすんだ黄緑 | 鮮やかな黄緑 |

トーン

　トーンは、明度と彩度を複合した色の属性で、「淡い」「濃い」「明るい」「暗い」といった色の持つ調子（色調）を表します。PCCSでは、トーンは明度と彩度によって12種類に分けられています。各トーンには、すべての色相が配されます。

　トーンは、色の調和を図りやすいように開発されたシステムで、「イメージ創り」にもっとも適した考え方と方法です。トーンによって「印象」や「感じ」が共通の色を系統的に分類しているので、同一トーンのどの色相の組み合わせでも、一様な「イメージ表現」ができます。つまり、トーンが同じであればどのような色相の組み合わせでも調和し、同じ「イメージ」を表現できます。「イメージ」を優先したコーディネートを行う際にたいへん役立ちます。

　「イメージ」とは、たとえばブライトトーンは、「明るい、陽気、健康的、華

やか」といった印象を持っているということで、ブライトトーンの赤、黄、緑、青などはどの色でも同じ印象を持ちます。同一トーンの色を配色すると、そのイメージが引き継がれるということになります。

　PCCSのトーンを図に示します。下図が示すように、ペールトーン（記号はp）は、明度が高く、彩度が低い位置に属します。ビビッドトーン（記号はv）は、明度が中くらいで、彩度がもっとも高い位置に属します。ダルトーン（記号はd）は、明度と彩度のどちらも中くらいの位置に属します。ダークグレイッシュトーン（記号はdkg）は、明度がもっとも低く彩度も低い位置に属します。その他のトーンと各トーンの印象は表（270ページ）を参照してください。

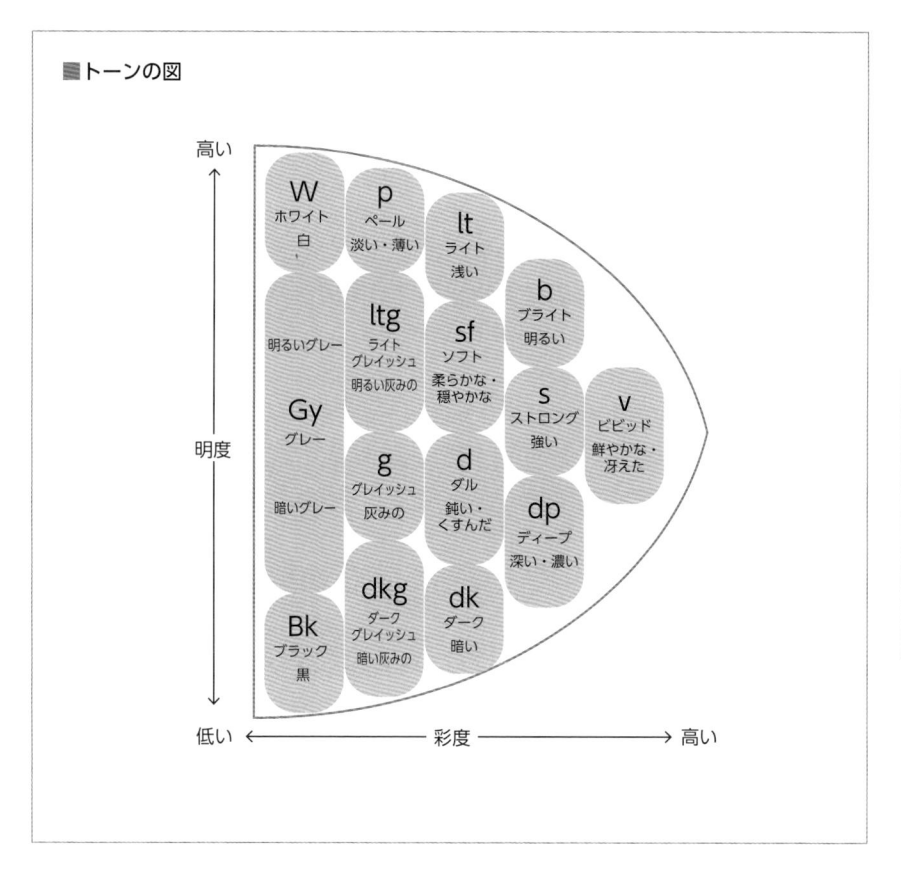

■トーンの図

高い ← 明度 → 低い
低い ← 彩度 → 高い

- W ホワイト 白
- p ペール 淡い・薄い
- lt ライト 浅い
- 明るいグレー
- ltg ライトグレイッシュ 明るい灰みの
- sf ソフト 柔らかな・穏やかな
- b ブライト 明るい
- Gy グレー
- g グレイッシュ 灰みの
- d ダル 鈍い・くすんだ
- s ストロング 強い
- v ビビッド 鮮やかな・冴えた
- 暗いグレー
- dkg ダークグレイッシュ 暗い灰みの
- dk ダーク 暗い
- dp ディープ 深い・濃い
- Bk ブラック 黒

4.1　色の基礎

■トーンの分類

トーン	記号	明度	彩度	性格
ペール (pale)	p	高	低	●淡い ●薄い ・軽い ・弱い ・あっさりした ・女性的な ・若々しい ・優しい ・かわいい
ライト (light)	lt	高	中	●浅い ・澄んだ ・爽やかな ・楽しい ・子どもっぽい
ブライト (bright)	b	高〜やや高	高	●明るい ・健康的な ・陽気な ・華やかな
ビビッド (vivid)	v	中	もっとも高	●鮮やかな ●冴えた ・派手な ・目立つ ・生き生きした
ストロング (strong)	s	中	高	●強い ・情熱的な ・くどい ・動的な
ディープ (deep)	dp	やや低	高	●深い ●濃い ・充実した ・伝統的な ・和風な
ソフト (soft)	sf	やや高〜中	中	●柔らかな ●穏やかな ・ぼやけた
ダーク (dark)	dk	低	中	●暗い ・大人っぽい ・円熟した ・丈夫な
ダル (dull)	d	中〜やや低	中	●鈍い ●くすんだ ・中間色的な
ライトグレイッシュ (light grayish)	ltg	やや高〜中	低	●明るい灰みの ・落ち着いた ・渋い ・おとなしい
グレイッシュ (grayish)	g	中〜やや低	低	●灰みの ・濁った ・地味な
ダークグレイッシュ (dark grayish)	dkg	低	低	●暗い灰みの ・重厚な ・陰気な ・硬い ・男性的な
ホワイト (White)	W	もっとも高	-	・清潔な ・冷たい ・新鮮な
グレー (Gray)	Gy (lt Gy m Gy dk Gy)	高〜低	-	・スモーキーな ・寂しい ・しゃれた ・地味な ・おとなしい
ブラック (Black)	Bk	もっとも低	-	・フォーマルな ・シックな ・締まった ・おしゃれな

※●印は、トーンの修飾語として一般に使われる語。

4.2 色に関するさまざまな現象

4.2.1 残像現象と色彩対比

残像現象、色彩対比、同化の現象といった眼の機能によって、色が実際とは異なって見えることがあります。これらをカラーコーディネートに応用することができます。

残像現象

赤をしばらく見続けた後に白い紙に目を向けると、薄くぼんやりした青緑が見えます。この現象を詳しく書くと、ある色（ここでは赤）を凝視すると、赤の刺激が網膜に刻まれ、赤の刺激に対する網膜の反応が弱まります。網膜に対する影響はその後にも残り、白い紙など色の刺激のない状態になると、赤の心理補色である青緑が残像として見える現象です。

色彩対比

色彩対比は、色と色を組み合わせた際に、色同士の相互の影響で見え方が変わることです。色彩対比は、同時対比と継時対比に分けられます。

同時対比は、色を同時に見た場合の見え方の変化のことで、色相対比、明度

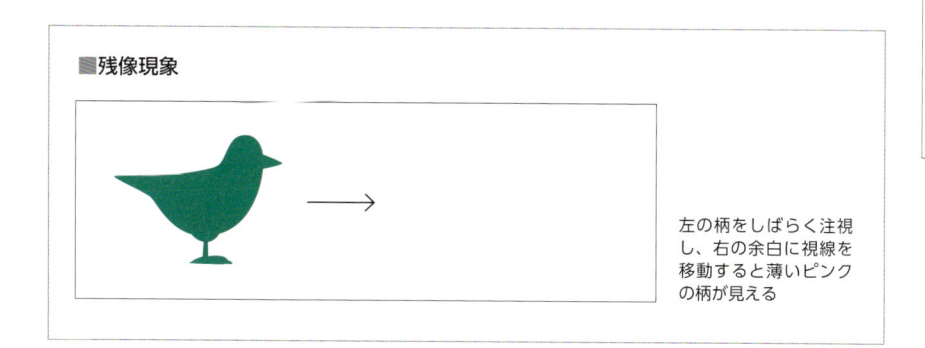

■残像現象

左の柄をしばらく注視し、右の余白に視線を移動すると薄いピンクの柄が見える

■色相対比

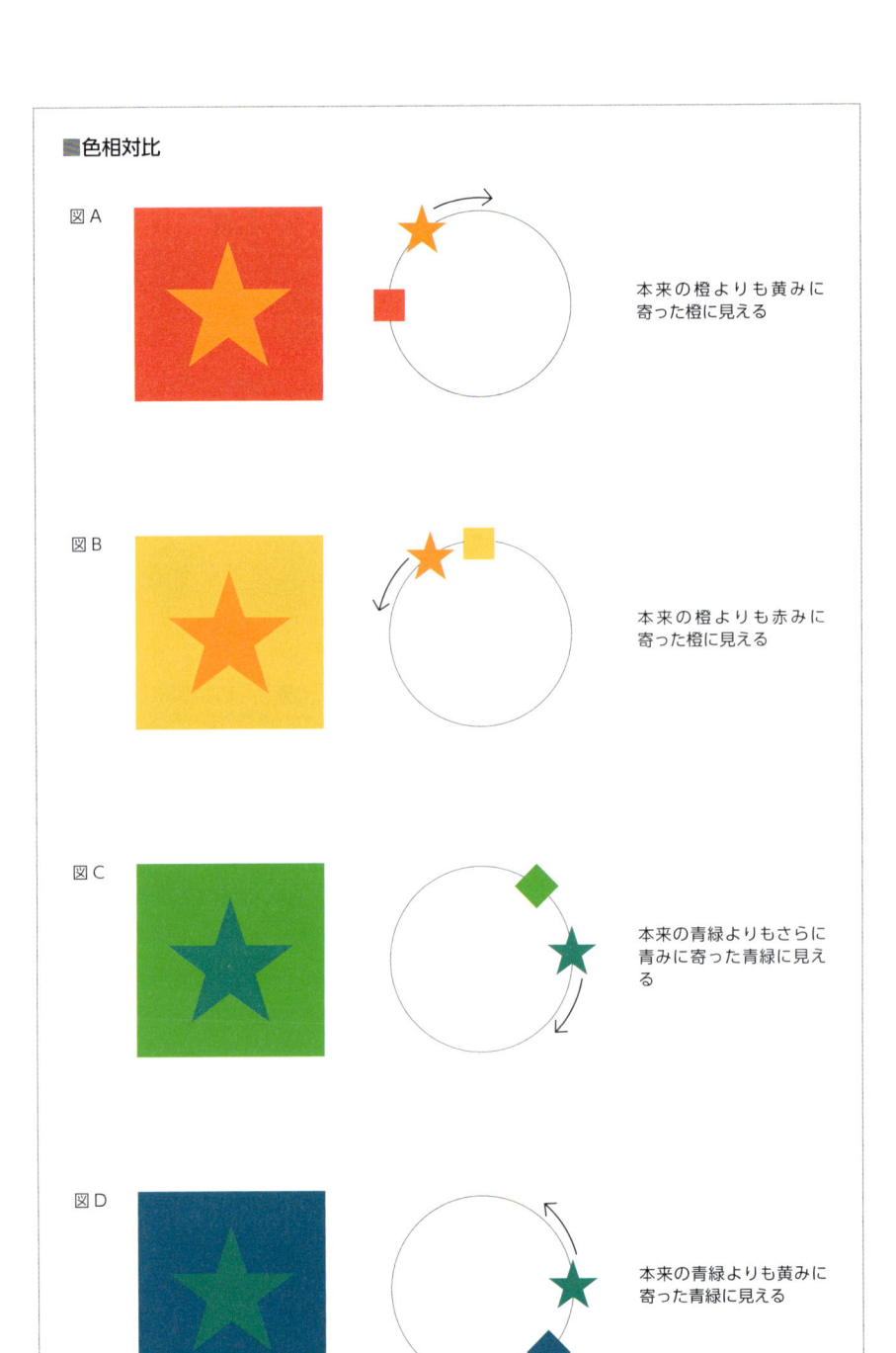

図A

本来の橙よりも黄みに寄った橙に見える

図B

本来の橙よりも赤みに寄った橙に見える

図C

本来の青緑よりもさらに青みに寄った青緑に見える

図D

本来の青緑よりも黄みに寄った青緑に見える

対比、彩度対比、面積対比、縁辺対比があります。継時対比は、時間を経過して色を見た場合の見え方で、前に見た色が後に見た別の色に影響を与える現象をいいます。

衣服などのコーディネートでは、同時対比が重要となります。

①色相対比

ある色がほかの色の影響によって、本来の見え方とは異なる色みで見えることです。影響を受けるほうの色は影響を与える色に対して色相間が離れた見え方をします（色相環において遠くなる）。影響を受けるほうの色は、本来の色とは少し色みが異なる色に見えます。

左図の赤の地（背景色）の上の柄（星形）は（図A）、赤の影響で本来の橙よりも黄みに寄った橙に見えます。黄の地の上の橙の柄は（図B）、黄の影響で本来の橙より赤みに寄った橙に見えます。黄緑の地の上の青緑の柄は（図C）、黄緑の影響で本来の青緑よりさらに青みに寄った青緑に見えます。青の地の上の青緑の柄は（図D）、青の影響で本来の青緑より黄みに寄った青緑に見えます。

②明度対比

地の色の明度の度合いにより、柄の色の明度が影響を受けて、本来の明度とは異なる明度に見えることです。図(274ページ上)のように、地の明度が低いと、柄の明度は本来の明度よりも明るく(明度が高く)見えます。地の明度が高いと、柄の明度は本来の明度よりも暗く（明度が低く）見えます。

③彩度対比

地の色の彩度の度合いにより、図（274ページ下）のように、柄の彩度が影響を受けて、本来の彩度とは異なる彩度に見えます。地の彩度が高いと、柄の彩度は本来の彩度より低く見えます。地の彩度が低いと、柄の彩度は本来の彩度よりも高く見えます。

④面積対比

同じ色であっても面積の大小によって見え方が変わり、その色の性質が強調されます。図（275ページ上）のように同じ色を小さい面積で見た場合と、大きい面積で見た場合とでは、色の見え方や感じ方が異なります。たとえば、明度や彩度が高い色の場合、大きい面積で見た場合のほうがより明るく、より鮮やかに見えます。明度や彩度が低い色の場合は、大きい面積で見るほうが、より暗く、よりくすんで見えます。こうした現象は、布地や用紙などの色見本を見る際などにしばしば経験します。

⑤縁辺対比

■明度対比

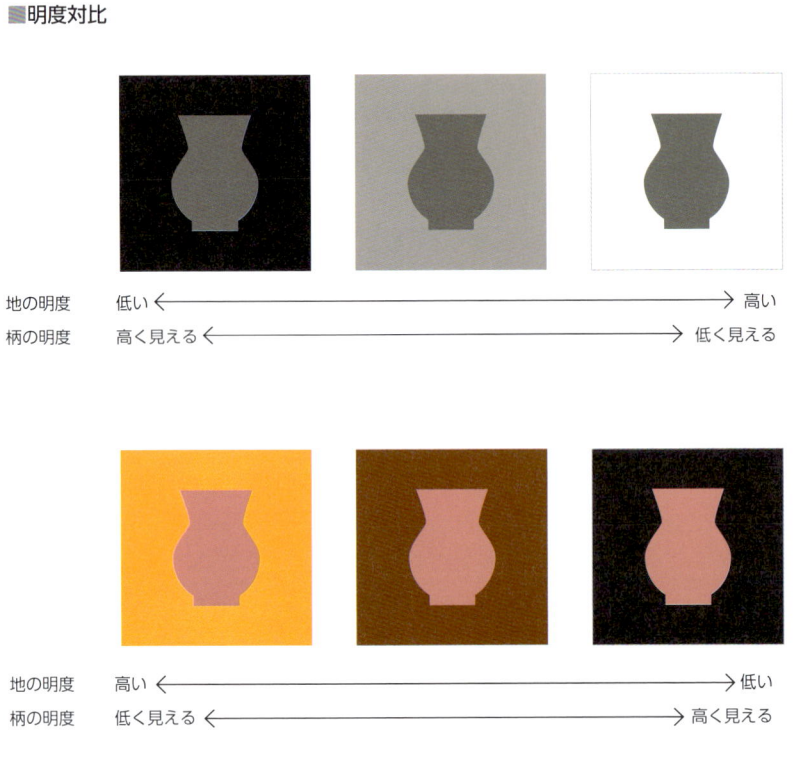

| 地の明度 | 低い ←――――――――――――――――――→ 高い |
| 柄の明度 | 高く見える ←――――――――――――→ 低く見える |

| 地の明度 | 高い ←――――――――――――――――――→ 低い |
| 柄の明度 | 低く見える ←――――――――――――→ 高く見える |

■彩度対比

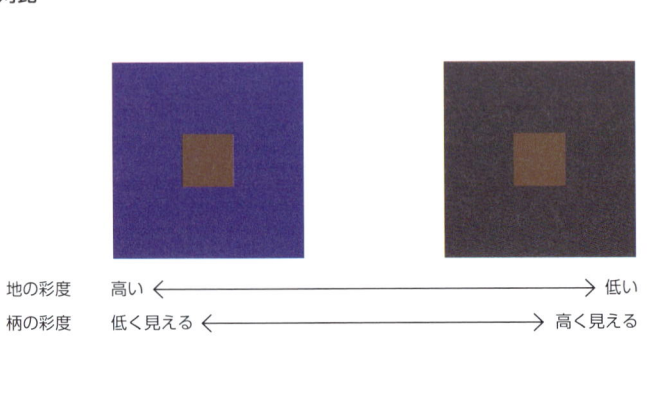

| 地の彩度 | 高い ←――――――――――――――――――→ 低い |
| 柄の彩度 | 低く見える ←――――――――――――→ 高く見える |

■面積対比

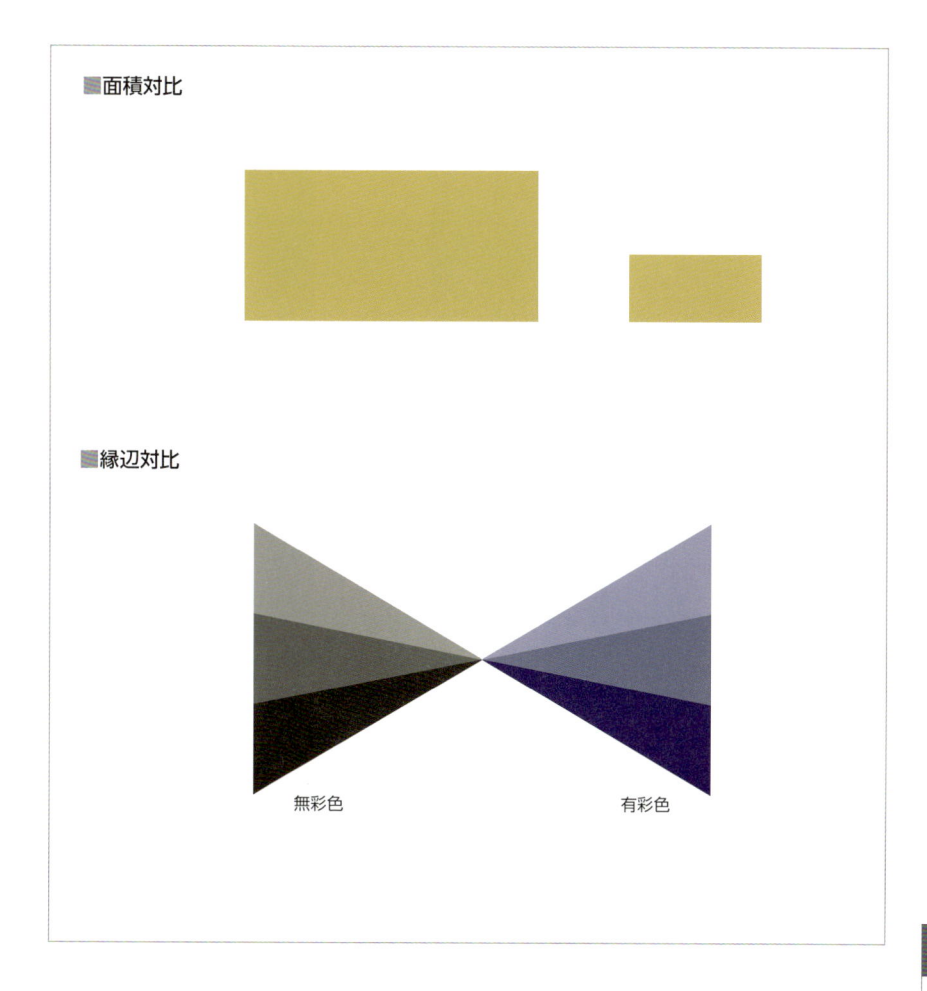

■縁辺対比

無彩色　　　　　　　　　有彩色

　隣接面の境界部分は、本来の状態（明度など）が強調されて見えます。たとえば、無彩色同士が隣接する境界部分は、相互の影響でより明るく見えたり、暗く見えたりします。上図の例では、左右の三角形のそれぞれ中央の部分は上部はやや暗く、下部はやや明るく見えます。

同化現象

　色彩対比とは組み合わせた色が互いに反発するような見え方をすることを表すのに対し、組み合わされた色が相互に近づくことを同化現象といいます。背景の地と柄の色相や明度が近似している場合、柄が細かく線が細い場合に、同化現象が現れやすくなります。同化現象は、色相の同化、明度の同化、彩度の

■ 同化現象

図A　色相の同化

黄みのほうへ　　　　　青みのほうへ

図B　明度の同化

明るく見える　　　　　暗く見える

図C　彩度の同化

彩度が高く見える　　　彩度が低く見える

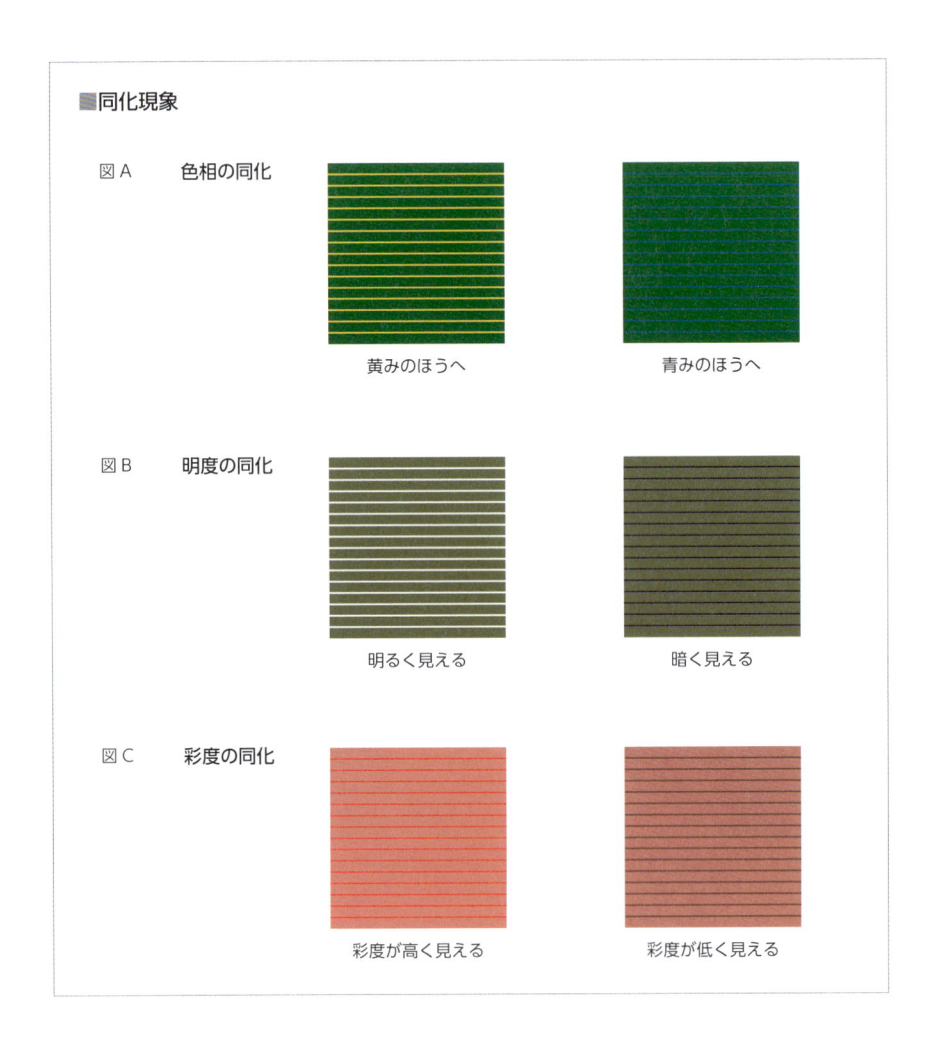

同化として現れます。

　図Aは色相の同化の例で、左は背景の緑が線の黄に同化して、背景が黄みの緑に見えます。右は背景の緑と線の青が同化して、背景が青みの緑に見えます。

　図Bは明度の同化の例で、左は背景のグレーが線の白に同化して、背景がもともとのグレーより明るく見えます。右は線の黒に同化して、元のグレーより暗く見えます。

　図Cは彩度の同化の例で、左は線が高彩度、右は線が低彩度となっています。同化現象によって、左の背景の色はもともとの色よりも鮮やかに、右では鈍く見えます。

4.2.2　色の感情

色には感情効果が伴います。国や地域、性別、また環境によって異なることもありますが、人類一般に色を見たときに発生する共通的な感情が存在するとされています。たとえば赤は暖かく、青は冷たく感じるのは誰にも共通しています。暑い季節には冷たく涼しく感じる色を、寒い季節には暖かい色を使いたくなる心理は誰にでも同じように働きます。

感情効果には、暖寒感、膨張収縮感、軽重感、派手地味感、興奮鎮静、強弱感、硬軟感、明暗感などがあり、衣食住のコーディネートに深くかかわります。

暖感と寒感

赤、橙、黄系は暖かい感じを呼び起こし、青系は冷たい感じを呼び起こします。

コーディネートの際、色の暖寒感は季節感とのバランスをとる際にたいへん重要です。冷たさや涼しさを色で表現するには、寒色系が使われ、暖かさや暑さを表現するには、暖色系が使われます。

「寒色系は食欲を減退させるので飲食店では使わないほうがよい」などと一般にいわれますが、これは暖色と寒色の性質を単純に表現しただけです。たとえば、壁の色の全面に寒色系が使われていても、テーブル、椅子、照明などが暖色系であればレストランとして自然な心地良さを演出できます。

膨張感と収縮感

色には、膨張して見える色と収縮して見える色があります。膨張と収縮は、

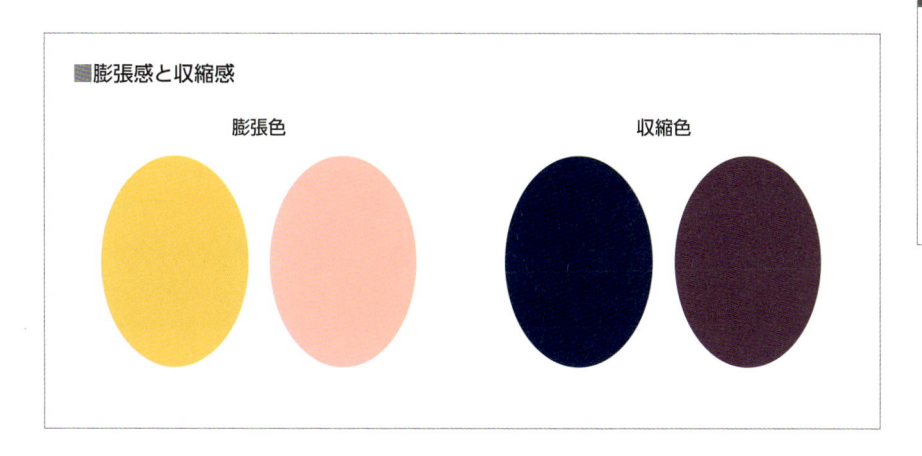

■膨張感と収縮感

膨張色　　　　　　　　収縮色

前進色と後退色の見え方に共通します。つまり、膨張色は前進色と、収縮色は後退色と似た性格を持ちます（膨張は「近づく」、収縮は「遠ざかる」）。

明度が高い暖色系の色は、膨張して見えます。ピンクや明るい黄が代表例です。明度が低い寒色系の色は収縮して見えます。紺が代表例です。

人の体型と衣服においては、膨張して見える色は体型が太く（広く、大きく）見え、収縮して見える色は体型が細く（狭く、小さく）見えるという、心理的な効果があります。なお、「薄いピンク系の服は膨張色なので太って見える」と思われがちですが、色は配色や形で見え方が変わるので、かならずしもそのようなことはありません。

軽感と重感

色には、軽い感じのする色と重い感じのする色があります。3属性の中で明度が、軽感と重感にもっとも影響を与えます。明るい色は軽快感を感じさせ、暗い色は重厚感を感じさせます。白と黒の対比を思えば納得できるでしょう。

有彩色なら、レモン色は軽快感、紺は重厚感を感じさせます。

派手感と地味感

彩度が高い色には派手な印象、彩度が低い色には地味な印象を感じます。3属性の中で彩度が、派手感、地味感にもっとも大きな影響を与えます。また、寒色系より暖色系が派手感を感じさせます。派手感は強感、興奮感、地味感は弱感、鎮静感を感じさせます。

硬感と軟感

3属性の中で明度が、色の硬い感じ（硬感）、軟らかい感じ（軟感）にもっとも影響を与えます。たとえば、ペールトーンは軟らかく優しい女性的なイメージです。ダークグレイッシュトーンの色は重厚で硬い男性的なイメージです。

■軽感と重感

軽い

重い

■派手感と地味感

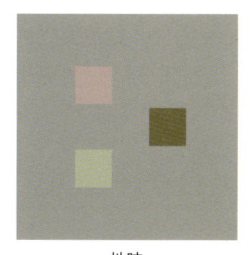

派手 地味

■硬感と軟感

硬い 軟らかい

4.2 色に関するさまざまな現象

4.3 調和論

　パーソナルカラーシステム、およびそれを発展させたCNEHは、その基本を「調和論」に置いています。古代ギリシャでは、天体、音響、色彩、数などについて思考をめぐらし、万物は調和と秩序のあるシステムとして存在するという宇宙観に到達しました。色彩の調和に関しては、イッテン、ルード、ジャッド、ビレンなどが論じており、本書で扱うパーソナルカラーシステム、およびそれを発展させたCNEHも、基本をこの「調和論」においています。

4.3.1　イッテンの調和論

　1919年ドイツのワイマールに、デザインを中心にしたものづくりのための人材を養成するデザイン学校として「バウハウス」が設立されました。画家のカンディンスキーやクレーなどとともに、ヨハネス・イッテン（1888〜1967、瑞）もその指導者の一人でした。また、イッテンは、バウハウス以外の学校でも指導者として活躍しました。

　1961年には、豊富な指導体験をもとにした『Kunst der Farbe（色彩の芸術）』を執筆・出版し、その中に調和論が収められています。

　イッテンは、色彩美学について、①画家の描く絵は視覚的効果を印象強く持たせるもので、題材と構成と色彩の要素が全体のバランスをとる、②画家たちの絵は情熱、静寂や寒々とした感情を表現して鑑賞者に持たせるが、その効果は色彩によっている、③構成の中の色彩は象徴的意味を持つと、3つの考え方を示しています。また、主観的な色彩特性として「青い目とピンクの肌を持ったブロンドの髪の人は、はっきりした純粋な色を好み、性格が柔和な人は柔らかい色を好む」、さらに「色彩の作品を通して現れる特徴的な色は、その人の主観色で、内面的な人格を表す」とも述べています。このような点がパーソナルカラーシステムに関連する考え方となっているのでしょう。

　イッテンは、色相環と色立体に基づき、規則性に従った位置にある色同士を

配色（たとえば、色相環上で正反対の位置にある2色、3等分した位置にある3色、4等分した位置にある4色など）する理論を提唱しました。また、調和のある配色は混色して無彩色を得るとしています。

4.3.2　ルードの調和論

　オグデン・ニコラス・ルード（1831～1902、米）の調和論は、自然観察から着想したもので、色相の自然の配列（Natural sequence of hues）、すなわち、木の葉に太陽光の当たった部分の色は明るく、黄みに寄り、影の部分は暗く、青みまたは紫みに寄って調和が生まれるということを理論化したものです。

　また、トーンの中で明清色（純色に白だけを混ぜた色、ティントトーン）系は寒感を持ち、暗清色（純色に黒だけを混ぜた色、シェードトーン）系は暖感を持ち、緑でも明度の低いオリーブグリーンは、明るい緑に比べて暖感があるとしています。ここから発展して、3色配色では2色は暖感のある色、1色は寒感の色で組み合わせると調和するとしています。

　ルードは、混色について併置混色についても論じています。色相差の少ない線や点などが併置されると、離れたところから見た場合に混色されて見え、混色された色の明るさは平均化されます。

　ルードの理論は、印象派の画家のモネやマネの絵に見ることができます。その後、新印象派のスーラ、シニャックに受け継がれ、対比や補色などの技法を取り入れた併置混色の点描画法として有名になりました。

4.3.3　ジャッドの調和4原理

　ディアン・B・ジャッド（1900～1972、米）は、多くの調和論を以下の4つの概要にまとめました。これらはとてもわかりやすい内容で、調和論の概要を理解するための好資料となります。

- 秩序性の原理：色立体の中から規則的に選ばれた色は調和する。

　色相環の中で等間隔の色相差を持つ色を選択します。色相差が色相環の中の正三角形の関係の場合の3色配色を「トライアド」、正方形の関係の4色配色を「テトラード」といい、これらが秩序性の原理の例です。統一性の原理ともいいます。
- 熟知の原理：見慣れた花や昆虫など、自然に存在する配色は調和する。

　見慣れて熟知しているということは、抵抗感がなく、意識することなく自然

にそれらの調和を受け入れているということです。「親近性」「なじみの原理」ともいい、ナチュラルハーモニー、明暗の自然な移行もこの原理によるものです。
・共通性の原理：共通の性格を持った色の組み合わせは調和する。

　ドミナントカラー（「4.4.4　配色技法」参照）では色相、ドミナントトーン（同参照）ではトーンに共通性があります。多色配色やインテリアの色彩計画などに便利な配色法です。類同性、類似性ともいいます。
・明快性の原理：明快な印象がある配色は調和する。

　同じような明度の色を組み合わせると、全体に曖昧な印象の配色に感じられますが、2色間にグレーや黒などを加えるセパレーション（「4.4.4　配色技法」参照）を採用すると調和感がある配色になります。明瞭性、明白性ともいいます。

　ジャッドは、調和の原理を以下の4つにまとめながら、調和への考察を深めています。

①好き嫌い（調和についての最終的な判断は、その人の好き嫌いによって決まる。不調和とされる配色でも、好きならばその人にとっては絶対の調和になる）
②絶対面積（絵画の中の調和感のある組み合わせの色をほかに応用しても、調和するとは限らない。調和には絶対的な面積が必要）
③面積比（異なる面積の色を組み合わせて調和感を得る場合は、弱い色を大きく、強い色を小さくしてバランスを整える）
④意味と解釈（時代の感性によって調和、不調和が決まる。流行配色は、ファッションとの関係で時代の感性を反映する）

4.3.4　ビレンの色彩調和

　フェイバー・ビレン（1900～1988、米）は、1940年代から1970年にかけてマーケティング、プランニングの色彩や環境色彩などに、実践的な色彩学を活用し活躍したカラーコンサルタントです。

　ビレンの調和論では、明度に自然連鎖の法則があるとし、色相を、暖かみを感じさせるウォームシェードと冷たさを感じさせるクールシェードに2分しています。もっとも暖かい色は橙で、橙の方向に寄るとどの色相も暖かみを感じ、もっとも冷たい色は青で、青の方向に寄るとどの色相もクール感を感じるとしています。また、暖感を持つ色は黒やシェードトーンと調和し、寒感を持つ色は白やティントトーンに調和するとしています（ビレンのカラートライアン

■ビレンのウォームシェードとクールシェードの考え方

ウォームシェード　　　　　クールシェード

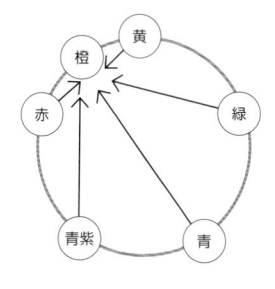

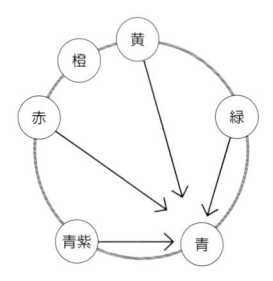

ビレンのカラートライアングル

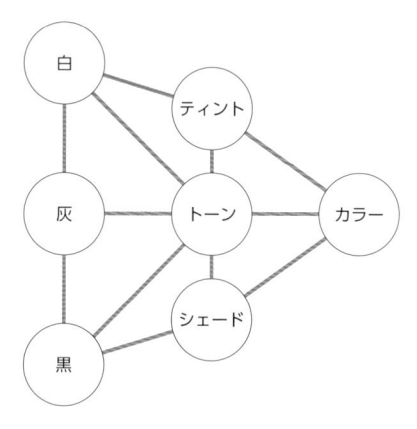

グル）。

　ビレンのウォームシェード・クールシェード説は、パーソナルカラーシステムのウォームベース（イエローベース）とクールベース（ブルーベース）に共通性があります。

4.4 配色

　配色を行うには、これまでに解説してきた色彩学の知識が役立ちます。色を見たときに、その色がどんな色なのか、正しく知ることが第一歩です。これが「色を読む」ことです。つまり、「色相、明度、彩度を読む」ことで、3次元の色立体の中でのその色の位置を知ることができます。すべての色は、色立体のどこかに配置できるからです。

　さらに「トーンを読む」とその色の持つ雰囲気が理解できます。それにより、直感や思いつきによる配色から、色の持つ特徴や性格を根拠にした説得力のある配色を行うことができるようになります。また、配色によってもともとの色が異なって見えたり、雰囲気や印象も違って見えてきたりします。このようなことを理解していると、配色の持つ雰囲気を自由に操作できるようになります。

　配色は、色相、明度、彩度、トーンのいずれかを中心に行い、それぞれ色相配色、明度配色、彩度配色、トーン配色と呼びます。

　なお、本書では、彩度配色については名前をあげただけで解説を加えていません。人間の視覚は色相や明度の違いはよく感じ取りますが、一般に彩度については色相や明度ほど敏感に感じないことが経験的にわかっています。色相と彩度を複合した色の属性であるトーンは比較的理解しやすいので、本書ではトーン配色に力点を置き、彩度配色は割愛しました。

　配色においては、色彩における調和を図るために「統一と変化」を意識する必要があります。統一と変化は、同系、類似、対照の3種類の類型に分類できます。
・同系配色による調和（色相、明度、トーンを同系にした調和）
・類似配色による調和（色相、明度、トーンを類似にした調和）
・対照配色による調和（色相、明度、トーンを対照にした調和）

　色彩調和は、次の例のような方法で得ることができます。

　同一色相または隣接色相で配色すると（色相の同系配色）、統一感、親近感、安定感、落ち着き（静）などが得られます。その際、トーンの変化を与えると調和のとれた配色となります。

同一トーンまたは類似トーンで配色すると（トーンの同系配色）、そのトーンの持つ性格が保持されます。その際、色相の変化を与えると調和のとれた配色となります。

対照色相または補色で配色すると（色相の対照配色）、変化があり、明瞭性、複雑性、動きが感じられます。その際、トーンの統一を与えると調和がとれます。

4.4.1　色相配色

色相配色は、ある色相を中心にして、その色相に別の色相を組み合わせて配色することです。色相配色は、色相差により下表のように分類されます。

■色相配色の例

名前	例	色相差	特徴
同一色相配色		0	・同じ色相の配色 ・濃淡をつけると自然で安定性のある配色となる
隣接色相配色		1	・隣同士の色相の配色 ・統一感、安心感がある ・同一色相配色より微妙な色相差が感じられる
類似色相配色		2〜3	・色相が2〜3離れた配色 ・同一、隣接色相配色に比べて色みの変化が感じられる ・統一感、親近感がある

（次ページに続く）

■色相配色の例（続き）

名前	例	色相差	特徴
中差色相配色		4〜7	・色相が4〜7離れた配色 ・同一色相配色と対照色相配色の中間的な配色 ・統一的でも対照的でもない組み合わせ ・適度な変化のあるバランスを感じさせる
対照色相配色		8〜10	・色相が8〜10離れた配色 ・変化がはっきり感じられる ・明瞭性、動きを感じさせる
補色色相配色		11〜12	・色相が11〜12離れた配色 ・色相環の対照的な位置関係 ・もっとも変化を感じさせる ・明瞭性のある動的な配色

補色色相配色の効果と見え方

　補色を組み合わせる配色を、補色色相配色といいます。視覚的にバランスがとりやすいことから、しばしば無意識に補色色相配色にしてしまいがちです。しかし、次のような期待しない効果が出ることがあるので注意が必要です。

　補色は互いに色を鮮やかにはっきり見せる効果があり、とくに彩度が高い補色同士だと派手感が高まります。また、彩度が低い同じトーンの補色同士だとぼやけた印象が強まります。補色色相配色を採用する場合は、このような効果が発生することが多いので、配する色同士のバランスに注意することが必要です。表の例を参考にしてください。なお、補色色相配色は、アクセントなどに使うと効果的で、積極的に使いたい方法です。

■補色色相配色の注意

配色の組み合わせ	例	バランスの変更方法
彩度の高い補色同士の配色		・どちらかの色を弱く（彩度を低く）する
		・面積の割合を変える ・一般的には彩度の高い色を少なくすると調和しやすい
		・素材を変える （ソフトな素材とハードな素材の組み合わせなど）
トーンが同じ補色同士 （彩度が高いトーンは除く）		・面積の割合を変える

同系、対照の配色の調和のとり方

　同系色相の配色は、色みに統一感が生まれ安定性を感じますが、統一性だけではもの足りなく感じることがあります。調和をとるためには、対照的な色相やトーンで変化をつけます。また、対照の配色には変化と動きが大きく感じられるため、統一性のある色相やトーンを配します。調和をとるには、同系の配色と対照の配色ともに、統一と変化を与えることが大切です。

4.4 配色

■同系の配色、対照の配色のバランス

同系色相 → 対照トーン

同系トーン → 対照色相

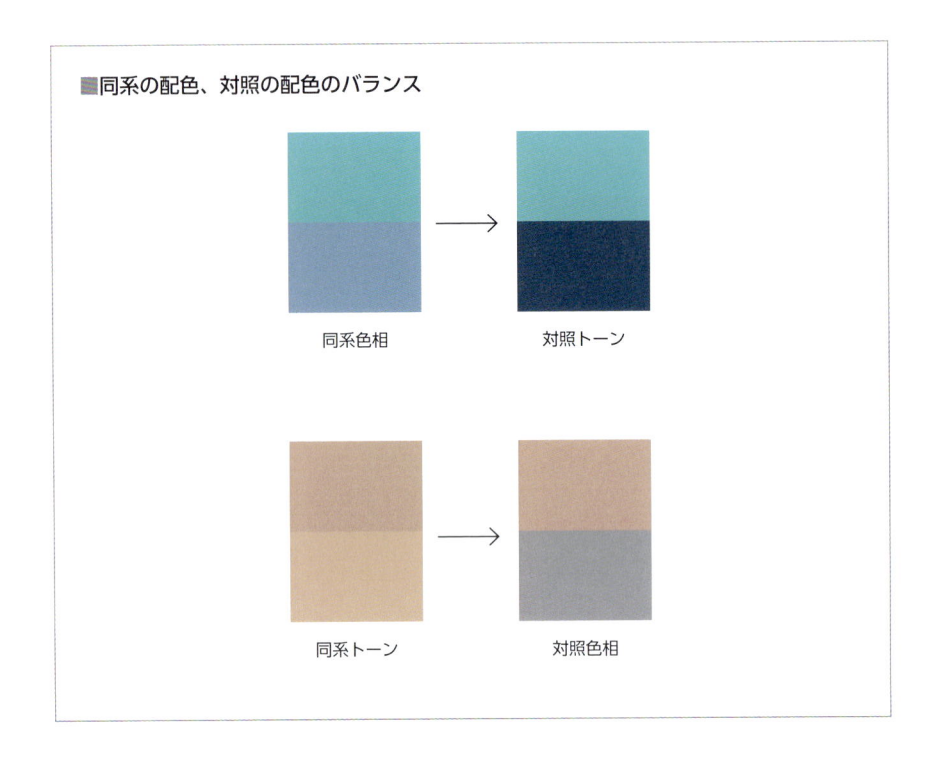

　図の上は、同系色相配色のトーンを対照的に変更した例です。また下は、同系トーン配色の色相を対照的に変更した例です。

ドミナントカラー配色

　色相配色では、同系の色相で配色するように、共通性によって調和を得る方法をしばしば用いますが、色相数が多数の場合は、統一感を作るのが難しいことがあります。そのような場合には、使用する色相の全部あるいは多くに黄みを持たせる、あるは青みを持たせるといった方法で統一感を得ます。

　これは、多色配色の全体に黄や青のフイルターを被せたような状態にすることで、全体が黄みあるいは青みになり、色みの統一感ができあがります。これをドミナントカラー配色と呼びます（配色例は「4.4.4　配色技法」を参照）。この手法を応用したのが、パーソナルカラーシステムのイエローベース、ブルーベースによるコーディネートです。

　なお、同様の手法をトーン配色に応用したのがドミナントトーン配色です（配色例は「4.4.4　配色技法」を参照）。

4.4.2 明度配色

明度に統一と変化を与える配色です。明度が同じ同一明度配色、対照的な明度の対照明度配色などがあります。明度配色は、有彩色でも無彩色でも可能です。同一色相の明度配色では、同一色相でも色みが違って見えます。たとえば、橙系と茶系の色相は同じですが、これらを組み合わせると異なる色の組み合わせのように見えます。ただし基本的には同一色相なので、統一感のある配色となります。下表に明度配色の例を示します。

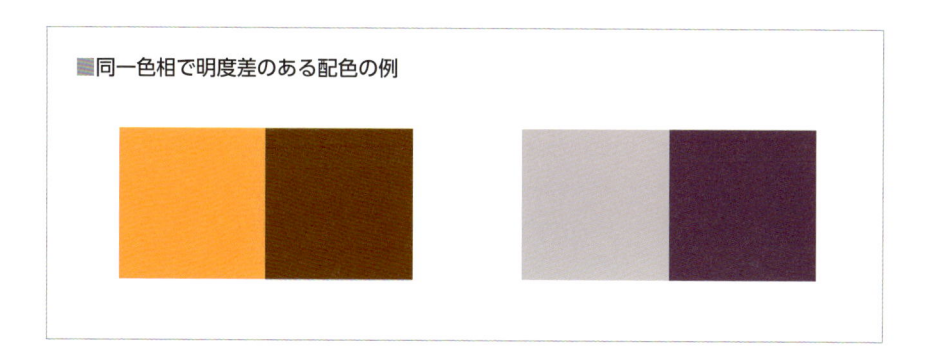

■同一色相で明度差のある配色の例

■明度配色の例

名前	例	特徴
同一明度配色		・同一の明度による配色
類似明度配色		・明度が近い配色

(次ページに続く)

4.4 配色

■明度配色の例（続き）

名前	例	特徴
対照明度配色		・明度が離れた配色

4.4.3 トーン配色

　トーン配色は、あるトーンを中心にして、そのトーンに別の、または同一のトーンを組み合わせて配色することです。

　右の表にトーン配色の例を示します。

トーンと明度差

　トーンは明度と彩度を複合した属性です。トーンによって明度の範囲は異なります。

　グラフに示したように、ブライトトーン（b）のもっとも明るい色は黄（b8）

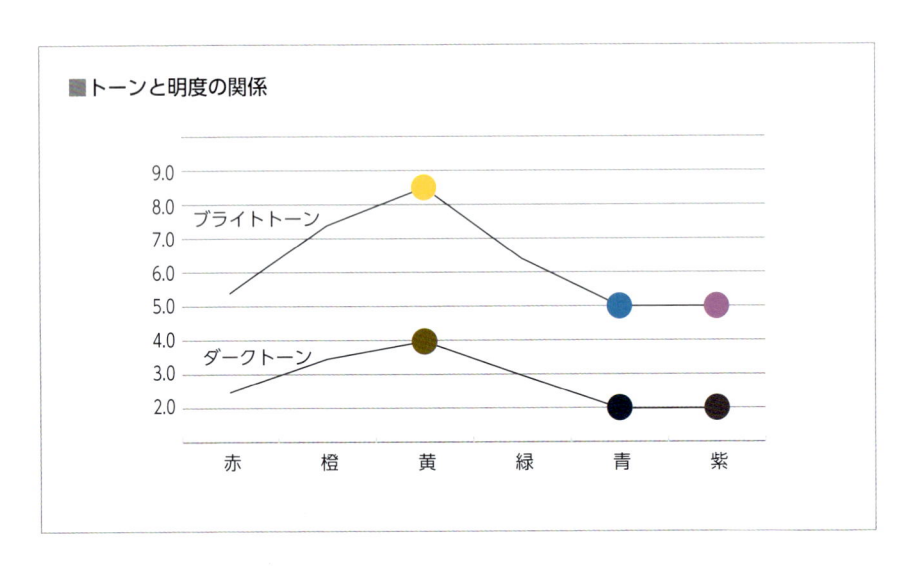

■トーンと明度の関係

■ トーン配色の例

名前	例	特徴
同一トーン配色		・同じトーン同士の配色 ・同じトーンであればどの色相を組み合わせても同じイメージの配色を作ることができる
類似トーン配色		・隣り合うトーンの配色 ・同一トーン配色より、明度、彩度に変化が感じられる ・親近感のある組み合わせを作ることができる
対照トーン配色		・1つ以上飛ばした位置にあるトーン同士の配色 ・明度、彩度が対照的な配色。 ・大きな変化が感じられる ・明瞭で動的

第4章 色の科学

4.4 配色

で明度は8.5、同じブライトトーンのもっとも暗い色は青（b18）、紫（b22）で明度は5、その明度差は3.5程度です。同じように、ダークトーン（dk）のもっとも明るい色は黄（dk8）で明度は4.0、もっとも暗い色は青（dk18）、紫（dk22）で明度は2.0、明度差は2です。

このように、トーンごとに明度の範囲が異なること、また色相ごとに明度差が異なることを把握しておくと、配色結果を想像しやすくなります。

代表的なトーンと明度の関係については、巻末付録に収録してあります。

4.4.4 配色技法

「このように配色するとうまくいく、調和しやすい」という定番の配色があります。それらを分析して法則が発見され、配色技法として名前がつけられています。ここでは多色配色の例を中心にいくつかの配色技法を解説します。こうした配色技法を活用し、さらに個性的な配色へ発展させることができます。

■配色技法の例

配色名	配色見本／特徴
アクセントカラー配色	・小面積の色で全体を引き締め、調和感を図る ・小面積でも目立つ色を選ぶ ・衣服、インテリア、その他のデザインで幅広く使われる ・アクセントカラーは対照的な色やトーンにする ・素材などの使い方で同様の効果が得られることがある ・アクセサリー、スカーフ、コサージュ、バッグ、シューズ、ベルト、手袋、靴下（タイツなども含む）、眼鏡、ヘアアクセサリーなどにアクセントカラーを配する ・重ね着にも応用できる

■配色技法の例（続き）

配色名	配色見本／特徴		
セパレーション配色	ライトグレイッシュトーン2色のセパレーション配色（白／グレー／黒）		
	ビビッドトーン2色のセパレーション配色（白／グレー／黒）		
	・配色の間に小面積の別の色を配して、2色を分離する ・分離された色は、もともとの色より美しく見えるように追加する色を選択する ・衣服、看板、印刷物、建築物などに多用される ・セパレーションには、無彩色、金、銀などが使われることが多い ・セパレーションに有彩色を使う場合は対照的でない（目立ちにくい）色を使う ・肌の色と上着が調和しない場合は、肌と上着の間に調和する色を入れてセパレーション配色とする ・ベルト、重ね着はセパレーション配色の応用例		
グラデーション配色	色相のグラデーション		
	明度のグラデーション		
	彩度のグラデーション		
	トーンのグラデーション		
	・「段階的に変化する」色という意味 ・色相と明暗の自然な移行による変化が代表的 ・多色配色で調和を得られる ・色相、明度、彩度、トーンの各属性のグラデーションが作成できる		

（次ページに続く）

4.4 配色

■配色技法の例（続き）

配色名	配色見本／特徴
レピテーション配色	
	・ある配色を繰り返して全体を構成する ・繰り返しにより秩序ある調和を得る ・チェック、ストライプ、プリント柄が代表例
ドミナントカラー配色	
	・色相の共通性によって調和が得られる ・多色の配色を行うのに便利
ドミナントトーン配色	
	・トーンの共通性によって調和が得られる ・多色の配色を行うのに便利 ・同一トーン配色が代表的

■配色技法の例（続き）

配色名	配色見本／特徴
ナチュラル ハーモニー配色	・ナチュラルハーモニーは、自然界にある色の調和感をいう ・ルードの「色相の自然の配列」を応用した配色で、明度の高い色は黄みに寄せ、低い色は青みまたは紫みに寄せて自然を模した調和を図る
コンプレックス ハーモニー配色	・ナチュラルハーモニー配色とは逆に、明度の高い色は青みまたは紫みに寄せ、高い色は黄みに寄せた配色 ・自然界には存在しない配色なので不自然に見えることがある

4.4.5 流行配色

時代の変化とともに、ファッションデザイナーやオートクチュールは、次のシーズンのコレクションを発表し、衣服の新しい潮流を作ってきました。その中で、意表を突く配色や色彩学的には不調和な配色が登場し、特徴的な配色技法のいくつかは名称とともに定着しました。ここではその一部を紹介します。

■流行配色の例

配色名	配色見本／特徴
トーンオントーン配色	・同一色相〜類似色相で対照トーンの色による配色 ・トーンを重ねるという意味で「同系色濃淡配色」とも呼ばれる ・同系の色みを使い、濃淡で調和させる ・絵画技法としてはキアロスクロあるいはグリザイユと呼ばれる
トーンイントーン配色	・トーンを統一する配色 ・色相は異なるがトーンが近い色を選んでトーンを統一する ・類似色相〜対照色相で、同系トーンまたは類似トーンの色を選択する ・配色の結果も同じような印象の配色となる ・後述のトーナル配色、カマイユ配色、フォカマイユ配色は、トーンイントーン配色の一種

■流行配色の例（続き）

配色名	配色見本／特徴
トーナル配色	・色相を問わず、ダルトーン、ソフトトーン、グレイッシュトーンの中間色調の色を選択する ・落ち着いた感じを与える配色 ・トーナル配色は、ドミナントトーン配色やトーンイントーン配色の一種
カマイユ配色	・同系色相で、ペールトーン、ライトトーン、ライトグレイッシュトーンの色を選択する ・ごく淡い色同士の組み合わせで、ひと目見ただけでは1色のように見える配色
フォカマイユ配色	・類似色相、同一トーンの色を選択する ・カマイユ配色よりもわずかに色相差のある色で、変化をもたらした配色 ・フォは「偽りの」「見せかけの」という意味（仏語）

（次ページに続く）

■流行配色の例（続き）

配色名	配色見本／特徴
トリコロール配色	・フランス国旗などに見られる明瞭な3色配色 ・トリコロールは「3色」の意（仏語）
ビコロール配色	・明瞭性のある2色配色で、色相は自由 ・ビコロールは2色の意（仏語、英語ではバイカラー）

付録

色名と色彩体系

色名

色の名前を色名といいます。色名は、命名法によって次のように分類されます。本書では、おもに固有色名・慣用色名・系統色名を用い、一部で伝統色名・流行色名も用います。

■色名の種類

色名	特徴
固有色名	植物、動物、鉱物、自然、染料などの名前がそのまま色名になったもの。 (例) キャメル、鶯色、ローズピンク、松葉色、群青、空色
慣用色名	日常の中で慣用的に使われている色名。 (例) 赤、朱色、緑、深緑、青緑、青、群青色、赤紫、鼠色、ローズピンク、ミントグリーン、スカイブルー
伝統色名	日本で昔から使われている色名。和式名ともいう。赤、黄、青、紫といった基本的な色名と、歴史的な事象、流行によって名づけられた色名がある。難読漢字の色名が含まれるので、現代人には疎遠となった色名もある。 (例) 紫、赤、藍、茶、鼠（ねず）、團十郎茶、瓶覗（かめのぞき）、利休鼠（りきゅうねず）
流行色名	社会的な流行現象に基づく色名。自然発生的あるいは作られた社会動向や流行から発生する。流行色名は慣用色名や伝統色名として定着することもある。 (例) 新橋色
系統色名	基本色名に修飾語を組み合わせて色の詳細を表した色名。JIS、PCCS などが制定している。 (JIS の基本色名) 赤、黄赤、黄、黄緑、緑、青緑、青、青紫、紫、赤紫、白、灰色、黒 (JIS の修飾語) ごくあざやかな、明るい、つよい、こい、うすい、やわらかい、くすんだ、暗い、ごくうすい、明るい灰味の、灰みの、暗い灰みの、ごく暗い、中位の。赤みの、黄みの、緑みの、青みの、紫みの。赤みを帯びた、黄みを帯びた、緑みを帯びた、青みを帯びた、紫みを帯びた

色彩体系

　色を伝達・記録するために、色を記号や数値で表現した枠組みを、色彩体系または表色系といいます。色彩体系には、PCCS、マンセル、オスワルト、NCS、DINなどがありますが、本書で色彩体系によって色を表現する場合はPCCS（日本色研配色体系）のものを用います。
　PCCSでは、3属性表記、または略記号で、色を記述します。

・3属性表記
　　（例）　2：R-4.5-9s（読み方＝色相2－明度4.5－飽和度9s）…赤の純色
　　　　　　n:8.5（読み方＝色相なし－明度8.5－飽和度なし）…ライトグレー（無彩色）
・略記号
　　（例）　v2（読み方＝ビビッドトーン－色相2：R）…赤の純色
　　　　　　Gy8.5（読み方＝グレイ－明度8.5）…ライトグレー（無彩色）
　トーン（色調）は12に区分されて表現され、色相番号とともに記述します。
・トーン
　　（例）　v2（読み方＝ビビッドトーン－色相2：R）…鮮やかな赤
　　　　　　p2（読み方＝ペールトーン－色相2：R）…薄い赤

※色相、明度、飽和度（彩度）、トーンについては第4章でも解説しています。

■ PCCS色彩体系で使用する3属性

色相	基本色（赤、黄、緑、青）。基本色の補色（青緑、青紫、赤紫、黄みの橙）。この8色の間を均等に分割し、4色相を加えて12色相とし、さらにその中間色相を挿入して合計24色とする。色相番号は1（紫みの赤）〜24（赤紫）。
明度	もっとも明るい明度9.5（白）から、もっとも暗い明度1.5（黒）まで、0.5刻みで17段階に分割する。
飽和度（彩度）	「飽和度」と「彩度」は同じ意味。もっとも高い飽和度を9、飽和度のない無彩色の飽和度を0として、10段階に分割する。各色相の最高飽和度を9とする。9s、8s、…のように記述する（sは飽和度saturationの意味）。

色相・トーン・明度ダイアグラム

　色を上手に使うには、色の3属性を読み取ることが必須です。人間の視覚機能は、色相や明度には敏感に反応しますが、とくに初心者にとって彩度を正しくとらえることが困難なようです。

302ページ〜303ページに掲載するダイアグラムは、カラーコーディネートに役立つように、明度と主要な6色相を縦横軸にとり、主要なトーン別に色を配置して、簡易的に明度とトーンの関係を把握できるようにしたものです（明度とトーンはPCCSのものを用いています）。

なお、このダイアグラムについては、第4章「4.4.3　トーン配色」でも取り上げてあります。

ダイアグラムの読み方

・同色相でもトーンにより明度段階が異なる

　黄の場合、ペールトーンがもっとも明るく、ダルトーンが中間の明るさ、ダークグレイッシュトーンがもっとも暗い黄です。トーンにより明度が異なるので、同じ色相でも色みが違って見えます。

・同トーンでも色相により明度段階が異なる

　vトーンの場合、黄がもっとも明るく、青と紫がもっとも暗い明度を持ちます。つまり、同じトーンでも、色相によって明るさの段階が大きく異なります。

ダイアグラムの使い方例

・ダイアグラムを横方向に見る

　同明度・近似明度の色を知ることができます。たとえば、明るい明度でまとめるには、ダイアグラムの上部（「もっとも明るい」に近い部分）から色相とトーンを選択します。

・ダイアグラムを縦方向に見る

　トーンによる明度の違いを知ることができます。たとえば、明度差のあるコーディネートをするには、同色相あるいは異なる色相の、縦軸の上下に離れた色とトーンを選択します

■ダイアグラムに示したトーン

記号	トーン名
sf	ソフト
p	ペール
dk	ダーク
lt	ライト
d	ダル
b	ブライト

記号	トーン名
ltg	ライトグレイッシュ
v	ビビッド
g	グレイッシュ
dp	ディープ
dkg	ダークグレイッシュ

■色相・トーン・明度ダイアグラム

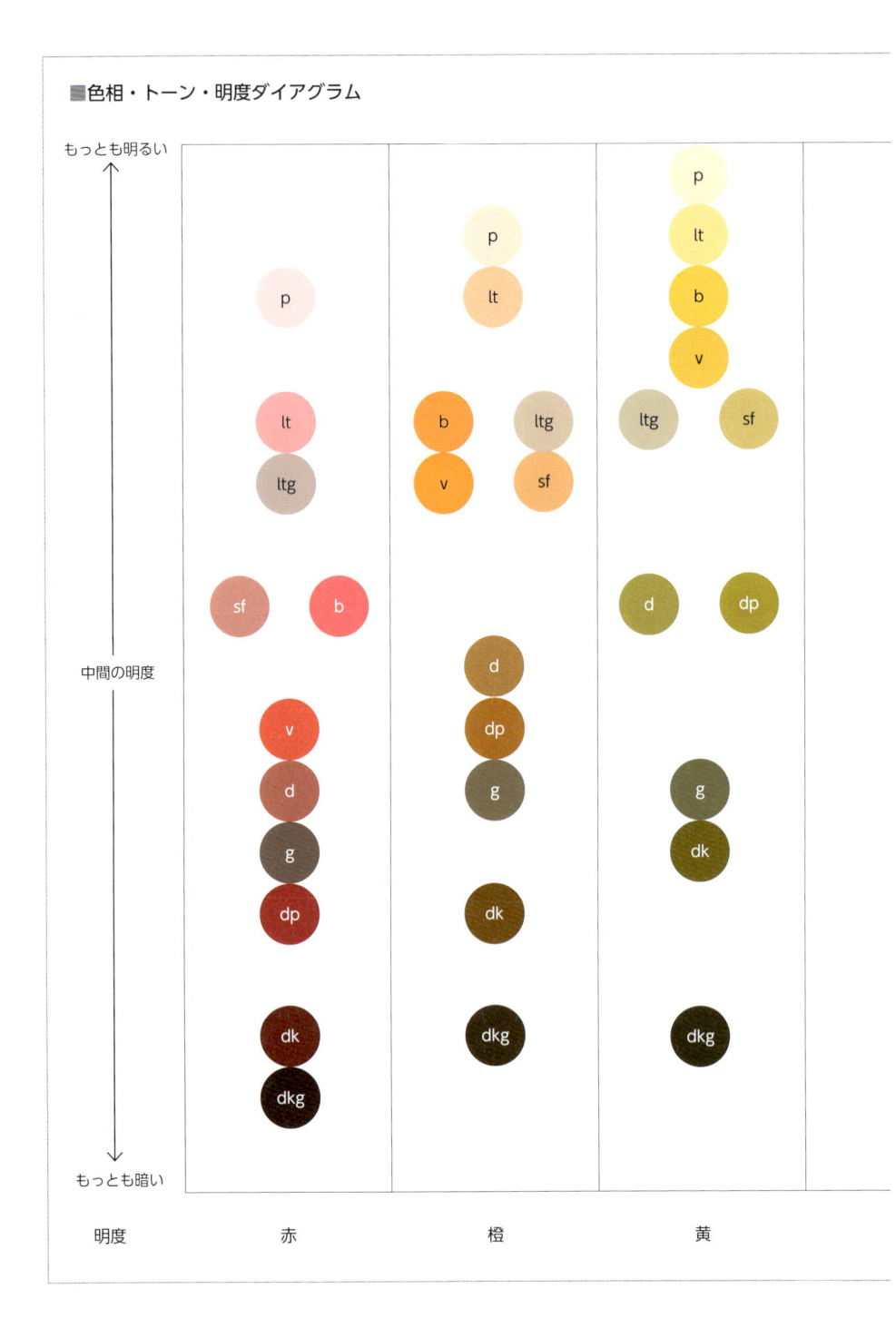

もっとも明るい ↑

中間の明度

↓ もっとも暗い

| 明度 | 赤 | 橙 | 黄 |

	緑	青	紫	明度

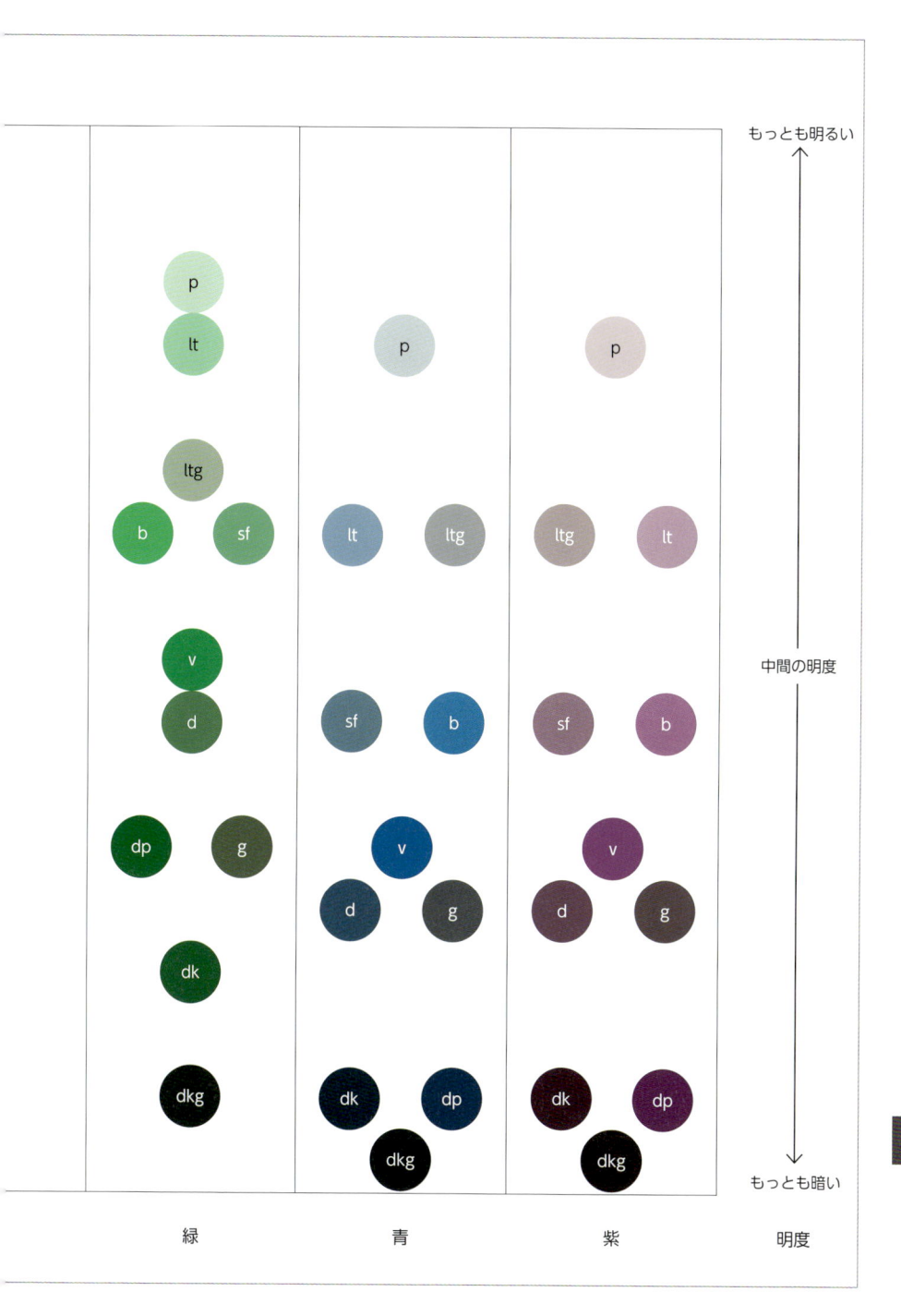

↑ もっとも明るい

中間の明度

↓ もっとも暗い

あとがき

　人は、四季折々の自然の色彩りの変化に和まされ、励まされ、感動します。人生の喜びの瞬間には、花びらや花束といった形で、色とりどりの花が祝福してくれます。花は自然の産物であり、自然は人間にとってとても親しいものなのです。悲しみや苦しみの瞬間には、四季の自然が心を癒してくれます。自然に根を発する色の世界は、人生のさまざまな場面で人間と深くかかわっています。

　色には人を救う力があります。自分に似合う色を身にまとうと気持ちが和みます。あるいは気持ちが高まり、嬉しくなり、一日を快適に過ごせます。部屋の中で自分の好きな色が眼に入ると、ホッとした気持ちになり、一日の疲れが消えます。パステルや色鉛筆を手に取り、何も考えず、思いつくままに色を使って絵を描いていると、いつしか時を忘れ、心が鎮まります。衣服、インテリア、その他身のまわりのすべての彩りは、新たな境地に導いてくれます。私自身も、これまでの人生の中で何度も色に救われてきました。色とは、本当に「すごい」ものだと何度も実感しました。
　色にかかわる自身の経験から、色が秘める力と奥の深さをできるだけ多くの人に伝えたいと思うようになり、カラーコンサルタントという仕事を選びました。

　カラーコンサルタントとしてのスタート地点では、パーソナルカラーシステムを基本として色の提案を行いました。思い返すと、パーソナルカラーシステムに出会えたことは、たいへんに幸運であり、その後のカラーコンサルタントの活動の礎となりました。
　パーソナルカラーシステムでは、人にはそれぞれ持って生まれた個性に調和する色があり、その色がすなわち似合う色（パーソナルカラー）であるということ、似合う色によって人の個性は生きること、そのことが個人の尊重へつな

がることを提言しています。パーソナルカラーシステムは人と色のつながりを深化させることに気づき、色の「おもしろさとすごさ」を多くの人に伝えたいと思い、色彩学の理論も加えて、カラーコンサルタントという職能の普及や人材の育成に精進しました。

　色について学ぶということは、私にとって決してやさしいことではありませんでした。想像していたよりも多くの人が、経験や先入観から「色」を思うように使いこなせない、生かすことができないと思い込んでいるようなのです。そうした人は、「色」に対して構えてしまっていることが多いようです。色彩に関する指導をしながら、どうしたら多くの人が「構えてしまうことから解放」され、色をのびのびと自由に扱うことができるようになるか、どうしたらその人の美しさを色から自由に発想して引き出し、色の楽しさとその変化を味わうようになれるだろうかなど、さまざまに模索をしてきました。このときの模索の最中に出会ったのが、次の言葉です。

　「この一輪も、長い冬を耐え、今、花を咲かせたのだ。ならば私も冬に耐え、あくまで生きてゆかねばならぬ！」その花の生命を受け取ったかのように、私の気持ちはすっかり入れ替わった。（『紅心―小堀宗慶の世界』世界文化社刊）

　ここにある「花の生命を受け取った」という言葉は、たいへん心に残る言葉でした。これは、遠州茶道宗家・小堀宗慶という方のシベリア抑留の体験を記した文章です。酷寒の地シベリアでの過酷な捕虜生活が4年続き、飢えと疲労で生きる気力を失い、絶望で死線を彷徨ったとき、根雪の間から顔をのぞかせた一輪の花が著者を救ったというのです。花－自然－命。花が咲く－色。冬―花が咲く。言葉から連想するさまざまなイメージが頭を駆けめぐり、そのときまでに模索が一気に解消されました。決められた枠の中だけで動こうとせず、

自分の思うままに自由にやればいいのだと思い至ったのです。色を自由に扱うには、「色を意識して公平に使う」ことであると。
　誰にも好きな色と嫌いな色があり、色を好き嫌いで使うと特定の色ばかりを使ってしまうことになります。意識的に色を公平に使おうと努力すると、自分の色の好みの片寄りに気づき、すべての色を平等に扱うことができるようになります。色を扱うことに対する自信も生まれます。私の場合はその自信が色を伝える喜びへと発展しました。

　多くの人へ「色のおもしろさ」を伝えられるようになり、それまでには思い至らなかった事実に気づき、考えつかなかったような新しいアイデアが生まれてきました。色を自由に扱うための方法として、まず、パーソナルカラーシステムにある色数を増やすことを考えました。カラーパレットの色を増やす試みは、すでにカラーコーディネーターの先人である先生方からさまざまな形で提案されていましたが、なかなか普及するには至りませんでした。
　4シーズンのカラーパレットの中の色には限りがあり、季節感や応用範囲を広げるには不便なこともあります。そこで、各色相の特徴や性格を分析し、より多くの色が使えるパレットを再構築することを目指しました。同時に、パーソナルカラーでは、一般に「似合わない色」（自分のパーソナルカラーではない色）は積極的に用いませんが、それを解消するコーディネート術やカラーパレットの枠を飛び越えたコーディネートなどを考えました。
　私は、パーソナルカラー分析のために多数の人の肌の色、眼の色などの身体色を観察してきたのですが、そのときに眼に入る「骨格」や「目鼻立ち」など、「形」の要素がじつはとても重要であることに気づきました。つまり、形もグループに分類できることがわかったのです。そしてそれが、パーソナルカラーシステムの4シーズンに似た性格を持ち、「似合う色」と深い関連があることに気づいたのです。色と形が統合された瞬間でした。

また、多くの人の衣服のコーディネートを繰り返すうちに、自分自身の身体のラインを自分で知ることが重要であり、人が抱える身体のコンプレックスは、線や形の使い方で十分に解決できることがわかりました。それもコーディネートに取り入れることができました。色の世界の広がりに形が加わり、色の持つ可能性がますます大きくなっていきました。

　古典的な理論によって色の調和が説かれたように、美術作品のみならず日常生活の中でも色と形の調和を求めることができます。色と形が互いに関連し合って「美しい」を産み出しているのです。しかしそうはいっても、色と形を組み合わせて美しさを引き出すことは簡単ではありません。そこで、誰にでもわかりやすく、使いやすい方法を目指して長い間蓄積された経験と知識とアイデアを集約したのが第3章で解説した「CNEH」です。

　現代社会では、色と形の造形のみならず、科学技術の進歩により素材も多様化しています。同時に、多くの情報が飛び交うことから、何をどう使ったら自分が表現できるかがわからなくなってきています。しかし、自然界に目を向けると、変化しているように見えて大筋は変わらず、変化していないように見えて細部が変化している様子が見えてきます。社会現象も同じです。文明が進化しても人が美しいと感じる源は変わりません。だからこそ、現代人の私たちが、ギリシャやルネッサンスの美術品に感銘を受け、飛鳥時代の仏像や江戸時代の演劇や浮世絵などの作品に感動するのです。

　私は、カラーコンサルタントの使命として、色を使いこなすためのさまざまな提案を行ってきました。常に心がけてきたことは、提案がただの知識の伝達であってはならない、人に幸福感・充足感を与えるものでなければならないということです。

　色には、組み合わせる色によってどのようにでも変化するという特徴があり

ます。このおもしろさは、色のコーディネートで十分味わうことができます。私がそうしてきたように、多くの方が色と形に触れる機会を増やし、色と形の調和を感じていただくことが、私の最大の喜びです。色と形への関心が、人の心と身体を美しくすることに役に立てれば、本当に嬉しいことです。本書をきっかけに、読者の皆様が色を自由自在に操作できるようになること、そして、色や形が美しく心地良く変化していくように、この本を読んでくださった皆様一人ひとりの個性が進化し続けていただきたいと心より願っています。

　この本が誕生するまでに、多くの方々のお力添えをいただきました。そしてこのように、色と形を合わせたCNEHを紹介する本ができあがりました。長年にわたりご指導いただいた清野恒介先生をはじめ、かかわりをいただいた皆様に心より感謝申し上げます。

神山瑤子

図書案内 （著者名、編者名『書名』出版元、発行年）

　色と形に関する図書は多数出版されています。ここではさらに興味を持たれた方のために、本書の企画から執筆に際して発想のもとになった図書、参考になった図書を中心に何冊かを紹介します。現在、やや手に入りにくいものも含まれていますが、その場合は図書館や古書店などを活用してください。また、インターネット上の古書店などを検索することで比較的容易に入手できることもあるようです。

■全般に関する図書

清野恒介（編著）『色彩用語事典』新紀元社、2009

神山瑤子、長坂信子『パーソナルカラーの教科書』新紀元社、2004

小堀宗慶『紅心 小堀宗慶の世界』世界文化社刊、2006

■色名に関する図書

清野恒介、島森功『色名事典』新紀元社、2005

日本流行色協会（監修）『日本伝統色色名事典』日本色研事業、1984

日本色彩研究所（編）『色名事典』日本色研事業、1984

■調和論に関する図書

清野恒介、島森功『配色事典』新紀元社、2006

日本色彩学会（編）『新編色彩科学ハンドブック 第3版』東京大学出版会、2011

ドレス・デナーロ、山野英嗣(編)『ヨハネス・イッテン造形芸術への道 図録』石川潤（訳）、京都国立近代美術館、2003

ヨハネス・イッテン『色彩論』大智浩（訳）、美術出版社、1971

上村六郎『日本の色彩』河原書店、1965

■ファッションに関する図書

バンタンコミュニケーションズ（編）『新ファッションビジネス基礎用語辞典』チャネラー、2001

間壁治子『改定 被服のための人間因子』日本出版サービス、2000

閏間正雄、富森美緒『テキスタイルファブリック130種』文化出版局、1988

■造形に関する図書

小林重順『新版 造形構成の心理』ダヴィッド社、2002

大山正『視覚心理学への招待』サイエンス社、2000

岩井寛『色と形の深層心理』日本放送協会、1986

マーガレット・コフーン『植物への新しいまなざし』丹羽敏雄（訳）、涼風書林、2007

■色彩学に関する図書など

大井義雄、川崎秀昭『カラーコーディネーター入門 色彩』日本色研事業、2007

デイヴィッド・バーニー『光（ザ・サイエンス・ヴィジュアル）』守部信之（訳）、東京書籍、1993

「PCCSハーモニックカラーチャート201-L」日本色研事業

「新基本色票シリーズ」日本色研事業

■五行に関する図書

根本幸夫、根井養智『陰陽五行説』じほう、1991

杨维增、凌志轩（著）、张志春（編）『中国哲学的魅力（易经实用预测）』新彊人民出版、2004

索引（用語）

数字

1：1 分割	112
1：2 分割	112
2：1 分割	112
24 色相	260
2 色配色（ベーシックカラー）	168
3 色配色（ベーシックカラー）	170, 172
3 属性表記	300
4 シーズン	14, 22
4 シーズンの赤	32
4 シーズンの言葉	33
4 色配色（ベーシックカラー）	172

英字

A	14
C	193, 212
CNEH	192, 210, 212, 230
CNEH の組み合わせ	223
CNEH の展開	248
Cute	193, 212
C の形	214
C の柄	214, 245
C を感じるコーディネート	224
E	193, 218
Elegant	193, 218
E の形	219
E の柄	219, 245
E を感じるコーディネート	224
H	193, 220
Hard	193, 220
H 型	95, 98
H の形	222
H の柄	222, 245
H を感じるコーディネート	229
N	193, 215
Natural	193, 215
N の形	216
N の柄	217, 245
N を感じるコーディネート	224
PCCS	259, 300
PCCS 記号	260
SP	14
SU	14
W	14
WH 中間型	95, 99
W 型	95, 96

あ行

相反する性質（CNEH）	199, 207
アウトライン	118
明るい（ライン）	126
明るい色	143
明るさの度合い	259
アクセントカラー配色	292
鮮やかさの度合い	259
鮮やかな色	141
脚（コンプレックス）	137
暗清色	281
アンダートーン	14, 177
イエローベース	14, 17, 177
一次色	264
イッテン	264, 280
イメージ（C）	212
イメージ（CNEH）	193, 197
イメージ（E）	218
イメージ（H）	220
イメージ（N）	215
イメージ（トーン）	268
色（CNEH）	193
色と形の組み合わせ（CNEH）	207
色と感情	54
色による自己表現	60
色の 3 属性	259
色の片寄り	31, 57
色の組み合わせ（強色と弱色）	204
色の刺激度	140

色の好き嫌い	58
色の面積	139
色への気づき	59
色み	31, 57, 259
色みの片寄り	262
インテリア	64
インライン	120
ウィンター	14, 24, 28, 30, 34, 39, 43, 66, 180, 194
ウィンターカラー	19, 24, 148, 177, 185
ウエスト	91, 94
ウエスト（コンプレックス）	134
ウォームシェード	282
ウォームベース	177
エレガント	193, 218
縁辺対比	273
大柄模様	152
オークル（肌の色）	37
オータム	14, 23, 26, 29, 34, 38, 42, 65, 179, 181, 194
オータムカラー	19, 23, 148, 177, 183
重い（ライン）	126
面長型	122

か行

顔（コンプレックス）	128
顔の形（4シーズン）	41
顔幅	93
カジュアル感	230
硬い（ライン）	126
形（CNEH）	193
形と色	79
形の4シーズン	44
形の組み合わせ（シカクとマル）	206
肩幅	93
肩幅（コンプレックス）	131
慣用色名	300
加法混色	264
カマイユ配色	297
柄	107, 151, 244
柄（4シーズン）	47
カラーパレット（4シーズン）	15, 16, 18, 22, 31, 177, 179, 180, 186
カラーパレット（C）	213
カラーパレット（E）	218
カラーパレット（H）	221
カラーパレット（N）	215
身体色	14, 36
身体のバランス	90, 93
身体のラインの分析	88
柄と色（CNEH）	244
柄の大小感	165
軽い（ライン）	126
寒感	277
寒色	141, 177, 230, 262
幾何学的な形（4シーズン）	45
季節感	177
基調色	14
基本色名	260
逆三角型	122
逆三角形のライン	118
キュート	193, 212
強色	193, 199, 200, 204, 209
強色（C）	213
強色（E）	218
強色（H）	221
強色（N）	215
曲線	110
嫌いな色	54
均等	116
均等分割	114
クールシェード	282
クールベース	177
首（コンプレックス）	128
暗い（ライン）	126
暗い色	143
グラデーション配色	293
繰り返し（ライン）を打ち消す	124
グレイッシュトーン	269
グレー（トーン）	269
軽感	278
軽重感	161
系統色名	260, 300
減法混色	264
硬感	278

格子柄（4シーズン）	47
コーディネート（CNEH）	223
コーディネート（CNEHにおけるベーシックカラー）	230
コーディネート（CNEHのグレー）	236
コーディネート（CNEHの黒）	231
コーディネート（CNEHの紺）	238
コーディネート（CNEHの白）	235
コーディネート（CNEHの茶）	242
コーディネート（CNEHのベージュ）	240
コーディネート（柄）	153
コーディネート（異なる柄同士）	155
コーディネート（ベーシックカラー）	159
小柄模様	152
五行	60
言葉のイメージ（CNEH）	197
五味五色	60
小物を使ったCNEH	254
固有色名	300
混色	264
コンプレックス（体型）	87, 128
コンプレックスハーモニー配色	295

さ行

彩度	141, 259, 267, 301
彩度対比	273
彩度の対比効果	164
彩度の同化	275
彩度配色	284
サマー	14, 24, 27, 30, 34, 39, 42, 65, 180, 194
サマーカラー	18, 24, 148, 177, 184
三角	71, 77
三角形（4シーズン）	47
三角形のライン	118
三角と四角、丸と色の組み合わせ	84
三次色	264
残像現象	271
シーズンのイメージを表す言葉	22
シェードトーン	281
四角	70, 75
シカク	193, 199, 202, 206, 209
四角型	122
四角形（4シーズン）	47
四角と色の組み合わせ	82

色光の3原色	264
色彩学	258
色彩体系	300
色彩対比	271
色相	15, 31, 57, 259, 260, 301
色相・トーン・明度ダイアグラム	301
色相環	180, 260
色相記号	260
色相対比	273
色相の自然の配列	281, 295
色相の同化	275
色相配色	284
色調	268
色布	15
色名	300
色料の3原色	264
刺激が強い色	140
刺激が弱い色	140
地味（ライン）	126
地味感	278
弱色	193, 199, 200, 204, 209
弱色（C）	213
弱色（E）	218
弱色（H）	221
弱色（N）	215
ジャッド	281
重感	278
収縮感	277
住生活	59
住の色	64
主観色	280
純色	267
食生活	59
食の色	62
身体実測スケッチ	89
心理補色	262
垂直分割	116
水平分割	112
好きな色	54, 56
好きな形	87
ストロングトーン	269
砂時計のライン	118
スプリング	14, 23, 25, 29, 34, 38, 41, 65, 179, 180, 194
スプリングカラー	18, 23, 148, 177, 182

セパレーション配色	145, 293
線	69, 72
相剋関係	62
相生関係	62
ソフトトーン	269

た行

ダークグレイッシュトーン	269
ダークトーン	269
台形型	122
体型を分類する3つのタイプ	95
対照色相配色	286
対照トーン配色	291
対照配色による調和	284
対照明度配色	289
楕円形のライン	118
縦のライン	90, 101, 107
たまご型	122
ダルトーン	269
暖感	277
暖寒感	167
暖色	141, 177, 230, 262
中差色相配色	286
中性色	262
長方形のライン	118
調和	258
調和しない色	145
調和論	280
直線	101, 110
強い（ライン）	126
ディープトーン	269
ティントトーン	180, 281
伝統色名	300
同一色相配色	285
同一トーン配色	291
統一と変化（色彩における調和）	284, 287
同一明度配色	289
同化現象	275
同系配色による調和	284
同時対比	271
頭部	90
トーナル配色	297
トーン	267, 268, 301
トーンイントーン配色	296
トーンオントーン配列	296
トーン記号	260
トーン配色	284, 290
ドミナントカラー配色	288, 294
ドミナントトーン配色	288, 294
トリコロール配色	298
ドレープ	15

な行

ナチュラル	193, 215
ナチュラル（肌の色）	37
ナチュラルハーモニー配色	295
斜めのライン	105, 107
軟感	278
似合う色	13, 15, 36, 52, 192
濁った色	141
二次色	264

は行

パーソナルカラー	13, 15, 31, 148, 194
パーソナルカラーシステム	13, 22, 159, 179, 192
パーソナルカラー分析	13, 15, 17, 21, 37
ハート（4シーズン）	50
ハード	193, 220
配色	139, 250, 284
配色（ベーシックカラー）	168
配色技法	292
バスト	91
バスト（コンプレックス）	133
バスト幅	94
肌質（4シーズン）	40
肌の色	14, 36, 39, 56, 146
バッグ（4シーズン）	50
派手（ライン）	126
派手感	278
花（4シーズン）	47
反対色	262
非均等	116
ビコロール配色	298
ヒップ（コンプレックス）	134
ヒップ幅	93

ビビッドトーン	269
表色系	300
ビレン	282
比和関係	62
ピンク（肌の色）	37
ファッションアイテム（4シーズン）	50
フェイスライン	41, 122
フォーマル感	230
フォカマイユ配色	297
物理補色	262
ブライトトーン	268
ブラック（トーン）	269
ブルーベース	14, 17, 177
ヘアスタイル（4シーズン）	41, 43
併置混色	281
ベーシックカラー	17, 159, 230
ベーシックカラー（ウィンター）	28
ベーシックカラー（オータム）	26
ベーシックカラー（サマー）	27
ベーシックカラー（スプリング）	25
ベージュ	167
ベース型	122
ベースカラー	14, 17
ペールトーン	269
ベルト（4シーズン）	50
膨張感	277
膨張収縮感	162
飽和度	259, 301
補色	63, 141, 209, 247, 262
補色色相配色	286
ホワイト（トーン）	269

ま行

マル	193, 199, 202, 206, 209
丸	69, 73
丸（4シーズン）	45
丸型	122
丸と色の組み合わせ	80
無彩色	259
明暗感	161
明暗比	145

明清色	281
明度	139, 161, 259, 267, 301
明度感	146
明度対比	273
明度の対比効果	163
明度の同化	275
明度配色	284, 289
眼鼻立ち（4シーズン）	41
面	139
面積対比	273
面積の量とCNEH	250
面積比率	139, 250

や行

柔らかい（ライン）	126
有彩色	259
横のライン	93, 103, 107
弱い（ライン）	126

ら行

ライトグレイッシュトーン	269
ライトトーン	269
ライン	86
ラインが持つ心理的働き	126
ラインによる錯覚	100
ラインによる分割	112
ラインの繰り返し	122
理想の体型	88
リボン（4シーズン）	50
略記号	260, 300
流行色名	300
流行配色	296
輪郭線	117
隣接色相配色	285
類似色相配色	285
類似トーン配色	291
類似配色による調和	284
類似明度配色	289
ルード	281
レピテーション配色	294

索引（色名）

あ行

青	190, 260
青み	31, 262
青緑	260
青紫	260
赤	186, 260
赤（4シーズン）	32
赤み	31, 262
赤紫	260
アクア	182, 183
アクアマリン	27, 183, 184
あずき	183
アップルグリーン	182
裏葉色	183
ウルトラマリン	184, 185
江戸紫	26, 183, 185
オールドローズ	183, 184
オレンジ	187

か行

カーネーションピンク	25, 182, 184
瓶覗	184, 185
黄	188, 260
黄み	31, 262
きみどり	182
黄緑	260
キャナリー	182
キャロットオレンジ	182, 183
京紫	183, 184
グレー	160, 166, 230, 236
黒	160, 230
ゴールド	26, 182, 183
コバルト	182
紺	160, 166, 230, 238

さ行

サーモンピンク	26, 182, 183
サフランイエロー	25, 182, 183
サルビア	182, 184, 185
サンオレンジ	25, 182
サンタン	183
シアン	185
ジェードグリーン	184
シェルピンク	182, 183
白	160, 230, 233
新橋色	185
ストロベリー	182, 184
スプルースグリーン	183, 185
青磁色	183
ソフトレモン色	27

た行

ターコイズグリーン	182
ターコイズブルー	25, 182
橙	260
ダックブルー	26, 183
たまご色	25
茶	160, 168, 230, 242
とびいろ	183
トマトレッド	183

は行

バーミリオン	25, 182
パールグレイ	185
パウダーブルー	184, 185
ビクトリアバイオレット	28, 185
白ぐん	183
ヒヤシンス	27, 184
ひわ色	182, 183
鶸萌葱色	183

ピンク 187

フォッグブルー 183
深緑 183
フクシア 28, 185
藤色 182
藤紫 184, 185
ブライトイエロー 182

ベージュ 160, 230, 240
ペールオーキッドピンク 182, 184, 185
ペールオレンジ 183, 185
ペールレモン 182, 184, 185
ベビーピンク 182, 184, 185
ベビーブルー 182, 184, 185
ベリーペールオレンジ 184, 185
ベルフラワー 25, 182

ポピー 185
ボルトグリーン 185

ま行

マゼンタ 185
抹茶色 26, 183
マラカイトグリーン 28, 185
マルベリー 183, 184, 185
マロー 184, 185

みかん色 26, 182, 183
水浅葱 183
緑 189, 260
緑み 31, 262
ミモザ 183
ミントグリーン 182, 183, 184, 185

紫 191, 260
紫み 31, 262

モーペット 184

や行

山吹色 183

ら行

ライトキャロット 184, 185
ライトブルー 27

ライトミントグリーン 184, 185
ライムライト 27, 182, 184
ラッカーレッド 26, 182, 183
ラベンダー 27, 184

ルビー 28, 185

レーズン 183, 185
レモンイエロー 28, 184, 185

ロイヤルブルー 28, 185
ローズピンク 27, 182, 184
ローズレッド 27, 182, 184

わ行

ワインレッド 184, 185
若竹色 182, 183, 184
若葉色 25, 182

本書に掲載の写真・イラストの著作権は、下記を除きすべてそれぞれの著作権者に帰属します。

第1章
63ページ　食品の補色関係
　　　　（左）　　©kei u - Fotolia
　　　　（右）　　©Africa Studio - Fotolia

第2章
73ページ　丸の形状から思い浮かべるもの
　　　　（左上）　©hanabunta - Fotolia
　　　　（右上）　©jillchen - Fotolia
　　　　（左下）　©ValentinValkov - Fotolia
　　　　（右下）　©ValentinValkov - Fotolia
75ページ　四角の形状から思い浮かべるもの
　　　　（左上）　©naruto_japan - Fotolia
　　　　（右上）　©mochanchan - Fotolia
　　　　（左下）　©安ちゃん - Fotolia
　　　　（右下）　©Sora - Fotolia
76ページ　中身で様相が変わる
　　　　（左）　　©yasuhiro - Fotolia
　　　　（右）　　©Marco Desscouleurs - Fotolia
77ページ　冬の準備期間を経て芽を出す
　　　　　　　　©paladin1212 - Fotolia
78ページ　三角の形状から思い浮かべるもの
　　　　（左上）　©demerzel21 - Fotolia
　　　　（右上）　©kasiati2012 - Fotolia
　　　　（左下）　©yuratosno - Fotolia
　　　　（右下）　©www.matteozanga.it - Fotolia
　　　　ネパールの国旗
　　　　　　　　©Pekchar - Fotolia
79ページ　サンピエトロのピエタ
　　　　（左）　　©naruto_japan - Fotolia
　　　　（右）　　©piotrwzk@go2.pl - Fotolia

第3章
164ページ　ベーシックカラー：黒と彩度の対比効果
　　　　　　　©Africa Studio - Fotolia

■著者紹介

カラースクール イヴ・ガーデン
http://www.evegarden.jp/

神山瑤子（かみやま　ようこ）
茨城県つくば市出身。子どものころから色彩表現が好きで、絵画制作などを続けていたところにパーソナルカラーと色彩学に出会う。1991年、カラースクール イヴ・ガーデンを設立、色彩全般について各種学校、官公庁、民間企業の研修を手がけ、カラーコンサルタントの指導・育成につとめる。2002年、株式会社EVE・GARDENコーポレーションを設立。近年は、中国古来の自然哲学への造詣を深め、色彩との融合を研究する。著書に『パーソナルカラーの教科書』共著（新紀元社）、『色彩楽』、『カラーパレット』などがある。株式会社EVE・GARDENコーポレーション取締役。

楢崎悦子（ならさき　えつこ）
東海大学教養学部芸術学科美術学課程卒業。彫刻を専攻し、翌年同大学研究科修了。在学中より横浜美術館や幼稚園にて子どもの造形に携わり、その後、子ども向け造形プログラム「こどものアトリエ」の主宰、また、聖マリアンナ医科大学精神科での研究生としてアートセラピーを研究。イギリス留学を経て、カラースクール イヴ・ガーデンにて色彩にかかわる活動を開始する。パーソナルカラーから派生して、イヴ・ガーデンコスメブランドを立ち上げ、またコーディネート主体のセレクトショップ事業を発案し、その展開を担当。そのほかに女性起業家のためのプロデュース、コーディネート業も行う。株式会社EVE・GARDENコーポレーション代表取締役。

新しい「色」の教科書

2015年9月28日　初版発行

著者	神山瑤子（かみやま　ようこ）
	楢崎悦子（ならさき　えつこ）
装幀、イラストレーション	楢崎史朗 - Aransia
企画・制作	有限会社ソレカラ社
編集	有限会社ソレカラ社
	株式会社新紀元社 編集部
デザイン・DTP	スペースワイ
発行者	宮田一登志
発行所	株式会社新紀元社
	〒101-0054　東京都千代田区神田錦町1-7
	錦町一丁目ビル2F
	Tel 03-3219-0921
	Fax 03-3219-0922
	http://www.shinkigensha.co.jp/
	郵便振替　00110-4-27618
印刷・製本	株式会社リーブルテック

ISBN978-4-7753-1373-2
定価はカバーに表示してあります。
©2015 Yoko KAMIYAMA/Etsuko NARASAKI　Printed in Japan